Andreas Altenburg, Jg. 1969, ist seit 1993 als Morgen-Redakteur, Autor und Sprecher mit Schwerpunkt Comedy bei NDR 2 tätig. Bei rororo erschien u. a. 2011 das Fanbuch zur Kultserie «Frühstück bei Stefanie» und «Wir sind die Freeses». Andreas Altenburg erhielt zusammen mit Harald Wehmeier den Deutschen Radiopreis für die Radiocomedy «Frühstück bei Stefanie»; die Fernsehcomedy «Jennifer – Sehnsucht nach was Besseres» wurde mit dem Deutschen Comedypreis 2018 als «Beste Sitcom» ausgezeichnet.

Andreas Altenburg

MAN DARF JA WOHL NOCH FRAGEN

Ralf Prange lässt nicht locker

Rowohlt Taschenbuch Verlag

Originalausgabe
Veröffentlicht im Rowohlt Taschenbuch Verlag,
Hamburg, Mai 2023
Copyright © 2023 by Rowohlt Verlag GmbH, Hamburg
Covergestaltung Cordula Schmidt Design, Hamburg
Coverabbildung Kai Würbs
Satz aus der Abril Text bei Dörlemann Satz, Lemförde
Druck und Bindung CPI books GmbH, Leck
ISBN 978-3-499-01081-1

FSC
www.fsc.org

MIX
Papier | Fördert
gute Waldnutzung
FSC® C083411

MAN DARF JA WOHL NOCH FRAGEN

Ralf Prange lässt nicht locker

Eigentümer seit 2015:
DER «ÖKOSPIESSER» UND (SEIN FREUND) DER «BLASSE»

Hat eine eigene Firma für Energieberatung und nervt mit Innovations-Vorschlägen für das Haus und die Hausgemeinschaft.
Beide sind Fahrradhelm-Träger, leidenschaftliche Wanderer und lieben Kohlsuppendiät.

 Mieter seit 10 Jahren:
DAS EHEPAAR KAPELLA

Tanja, Frank und Hund. Die Lautstarken. Man fragt sich, warum sie eigentlich verheiratet sind, so oft, wie die auf dem Balkon streiten. Und dann beginnt Pranges Dörte auch noch eine Paarfreundschaft mit den beiden!

 Eigentum seit 2017:
FRÄULEIN SCHÖNEBORN: DIE «ELBLETTE»

Die Wohnung wurde von ihren Eltern gekauft. Sie ist Mitte/Ende 30, und Horst ist ein großer Fan – was er nie zugeben würde.

 Mieter seit über 20 Jahren:
HORST ROHDE

Er ist der Gegenpol zu Prange. Der Flur zwischen beiden Wohnungen ist so etwas wie umkämpftes Niemandsland, aber neben Paketmann Micki ist Horst der einzige wirkliche Vertrauensmann, wenn es um die Belange im Haus geht.

Eigentums-Dachgeschosswohnung, üppige Dachterrasse:
DER «FERNSEHMANN»

Man kennt ihn aus dem Abendprogramm. Mysteriöser Lebemann. Immer im Einsatz. Er kommt und geht und … bleibt weg. Auch deshalb ist Prange etwas übergriffig mit dem einzigen Promi in der Straße.

 Mieterin seit 1952:
DIE «NAZI-OMA»

Etwas übertrieben vielleicht, dieser Spitzname, aber Prange ist oft erschrocken, welche Begrifflichkeiten diese zuckersüße alte Dame (*1923) verwendet. Ist sie einfach verwirrt oder doch böse?

 Mieter seit 2020:
FAMILIE «BUTSCHI»

Julia Köster-Demirbay, Hamza Demirbay, der 9-jährige Butschi, Ex-Arschlochkind. Dem Vater gehören vier Tankstellen. Die Mutter ist voll berufstätig und überbehütet ihren Sohn. Und ausgerechnet mit diesem kleinen Scheißer hat Prange Mitleid.

 Wechselnde Mieter seit 2014:
«DIE WG»

Der Hackenläufer, der Bumser und noch ein paar. Prange weiß nicht genau, wie viele. Tendieren dazu, zu laut Fußball zu gucken.

 Mieter seit Kindheit:
RALF PRANGE

Allein lebend seit dem Tod der Mutter und Auszug seiner Schwester Silke. Einziger Kontakt war – zunächst – sein Beo Berni. Dann kamen Paketmann Micki, Butschi und Paketfrau Dörte ins Spiel.

 Souterrain mit eigenem Eingang:
ILONA – DIE «LIEBESDAME»

Prange bildet sich permanent ein, Geräusche aus ihrer Wohnung zu hören. Was aber ein Irrtum ist. Wenn Ilona in Montur ihre Pakete bei ihm abholt, wird es manchmal pikant.

1

«Man darf ja wohl noch fragen!»

«Jetzt lass doch die armen Leute, Ralf.»

«Das soll die Zukunft sein? Ist doch wahr ...»

Seit zwanzig Minuten! Seit zwanzig Minuten stehe ich mit meiner Schwester jetzt schon in dieser Schlange im *DHL*-Shop. Im *DHL*-Shop! Seit mein Lieblingspostamt dichtgemacht wurde, muss ich die meisten Postsachen über den Snack- & Getränkeshop in der Parallelstraße regeln, der nebenbei einen Pakete-Schalter beherbergt. Glaubt man das? Paketannahme war mal so was wie ein Ausbildungsberuf, das haben früher sogar Postbeamte gemacht, und heute steht da ein junger Typ im Samtnicki-Trainingsanzug, gepeikert bis zum Hals, und nimmt meine Paketware und, ja, sogar Einschreiben in seine Obhut!

Und ich stehe hier auch nur, weil meine Schwester Silke es wieder nicht lassen konnte, mir einfach ungefragt zum wiederholten Male im Homeshopping irgendeinen Scheiß aus der «Ultradust-Welt mit Alicia Schönberg» zu bestellen. Diesmal einen Teleskop-Staubwedel, mit dem man sogar unter der Waschmaschine wischen kann. Das Video davon hat meine Schwester mir gerade auf ihrem Handy gezeigt, weil sie immer noch beleidigt ist, dass ich das Teil zurückschicken möchte.

«Warum soll ich unter der Waschmaschine wischen?»

«Fürs Gefühl. Du wischst ja auch auf Schränken.»

«Nur da, wo ich rankomm. Alles, wofür ich 'ne Leiter brauch, wisch ich nicht.»

«Man stellt doch mal 'ne Tasche aufn Schrank.»

«Wenn ich da rankomm, ja! Aber nicht, wenn ich extra 'ne Leiter holen muss.»

«Das ist doch ekelig, wenn man da denn mit'm Finger rüber-geht.»

«Silke! Was soll ich da mit'm Finger rübergehen, wenn ich mir dafür extra 'ne Leiter holen muss!»

«Das sind so tolle Tuchaufsätze. Das ist dies *ultradust*. Stefan macht damit seine Fahrradspeichen. Kann man nämlich abma-chen, von diesem Aufsatz. Und das ist das.»

«Nur als Tuch?»

«Auch nur als Tuch. Geht auch.»

«Das ist ja der reinste Wahnsinn.»

«Hör auf, mich zu verarschen. Wollte dir nur 'ne Freude ma-chen.»

«Das Ding ist, Dörte hat ein eigenes Staubwedelsystem mit in den Haushalt gebracht, und …»

«Okay. Alles klar. Ich versteh.»

Sie dreht beleidigt den Kopf weg und studiert schweigend die Produktinformationen im Chipstüten-Regal, an dem sich die Leute langsam auf dem Weg zum Paketannahmeschalter vorbeischlängeln. Eigentlich freut sie sich ja, dass ich eine feste Freundin habe. Sie mag Dörte, und Dörte findet auch meine Schwester ganz in Ordnung, und manchmal geht mir das sogar ein bisschen auf den Sack, wenn beide sich gegen mich zusammentun. Kommt vor. Bisher hat Silke als meine große Schwester eben immer drauf geachtet, dass ihr kleiner Ralfi in Sachen Haushaltsbewältigung stets auf dem neuesten Stand ist, und jetzt mit Dörte im Haus ändern sich die Dinge halt ein bisschen. Wir sind zwar nicht mal richtig zusammen-gezogen, jeder hat seine eigene Wohnung, aber hängen trotz-dem meistens bei mir ab, weil wir hier eine Satelliten-Haus-anlage haben und Dörte nur DVB-T, und weil die Lieferdienste bei mir in Barmbek-Süd schneller an die Wohnungstür liefern als bei ihr in Bramfeld – ich hab's gestoppt. Von meinen ganzen

Verpflichtungen im Haus in puncto Paketannahme ganz zu schweigen. Weil, ich bin Wunschnachbar. Die meisten im Haus geben das bei ihren Paketbestellungen so an. «Wunschnachbar: Prange». Ich hab mir das nicht ausgesucht, und es nervt auch, wenn es überhandnimmt, aber es geht natürlich eine gewisse Verantwortung damit einher, und das muss Dörte einsehen. Sie selbst ist immer noch Fahrerin bei *Hermes*, und daher kennt sie ja diese ganzen Vorgänge und ist, was das angeht, sowieso die richtige Frau an meiner Seite. Und das eben meistens bei mir zu Hause.

«Nun tu doch nicht so, als wenn Staubwischen dir komplett am Arsch vorbeigeht, Ralf Prange! Du hast doch bisher auch immer mit deinen feuchten Duschhandtüchern gewischt.»

Meine Schwester hebt ihren Kopf und knetet dabei etwas gespielt verlegen eine Tüte Erdnusswürmer, um davon abzulenken, dass sie eigentlich auf Angriff schaltet.

«Das mach ich immer noch, wenn ich sie sowieso danach in die Wäsche schmeißen will.»

«Aha.»

«Nix aha. Das geht super. Duschrestfeuchte im Handtuch kannst du auch einfach aufs Ceranfeld in der Küche legen und damit alte Spiegeleierkruste vom Glas lösen.»

«Ach. Aber Dörte darf ihr eigenes Staubwedelsystem mit in deinen Haushalt bringen. Da bist du dann auf einmal offen.»

«Sie wischt ja auch mal bei mir. Du nicht!»

«Ich hab auch schon bei dir gewischt, Ralf Prange. Aber ich bin ja froh, dass du jetzt jemanden hast.»

«Dann ist ja gut.»

«Ja. Nee, isses auch.»

Pause.

«Silke, letztes Jahr hat diese Alicia Schönberg doch noch diese Gummidinger für die Kochtöpfe verkauft.»

«Kochblumen.»

«Sag ich ja. Und jetzt auf einmal Staubwedel?»

«Du bist nicht der Einzige, der sich weiterentwickelt hat, Ralf Prange.»

«Wieso kannst du den Kram eigentlich nicht auf dem Postamt bei dir zurückschicken, Silke?»

«Wir haben bei uns kein Postamt mehr. Das macht *Edeka*.»

«Ja, toll.»

«Kannst du's denn nicht deiner Dörte mitgeben?»

«Die ist bei *Hermes*!»

«Ach, stimmt ja. Und dieser Micki? Dein *DHL*-Kumpel?»

«Ich will ihn damit nicht auch noch belasten! Außerdem hast du das doch bestellt, ohne mich zu fragen.»

«Ich will mir sowieso noch Erdnusswürmer kaufen. Das zum Beispiel kannst du nicht bei der Post».

«Aber hier sind zwei Kassen! Eine für Erdnusswürmer und eine für Post. Hier an der einen muss ich erst das Paket bezahlen und dann an der anderen noch extra die Erdnusswürmer kaufen! Und das ist jetzt der Fortschritt? Was ist das für 'ne kranke Welt? In einem echten Postamt kann man an einem Schalter seine Briefe aufgeben, das Päckchen abholen und sogar Radiergummis und Klebebandrollen aus dem Postshop bezahlen!»

«Aber keine Erdnusswürmer.»

Sie will es nicht verstehen.

«Für die Retoure musst du doch auch nicht bezahlen.»

«Lass gut sein, Silke. Generell. Du weißt ja, wie ich meine.»

Das ist jetzt auch schon Bockigkeit bei ihr. Sie weiß, dass ich recht habe.

«Wird dir das alles zu viel, Ralfi?»

«Was denn zu viel?»

«Na ja, es ist viel Veränderung in deinem Leben. Die neue

Partnerin und die neue Wohnsituation. Dann die ganzen Wohnungen im Haus, die in Eigentum umgewandelt werden ...»

«Die kriegen mich nicht raus. Das wissen die auch.»

«Trotzdem. Du hast 'ne sehr kurze Lunte zurzeit.»

«Was ist falsch an Postämtern, Silke? Was ist falsch daran?»

«Du hörst mir ja gar nicht zu!»

Wir schweigen. Ein Typ vor uns schiebt mit den Füßen abwechselnd eine Bierkiste und einen großen Versandkarton vor sich her. Auf den Armen hält er drei Toastbrote, eine Tüte Nachos und ein Glas Käsesoße. Okay, man bekommt hier eine volle Mahlzeit, aber das ist doch kein vernünftiges Päckchen-Austauschklima, zwischen Snack-Regal, Naschi-Tüten zum Selber-Befüllen und einer kleinen Fertiggerichteabteilung mit Raviolidosen und Mikrowellentortellini. Ist doch wahr. Pakete, die noch rausgehen sollen, und die, die angekommen sind, direkt nebeneinander. Das kann doch nur schiefgehen. Sogar ich als Privatperson habe in meinem Flur extra diesen kleinen, sauberen Paketebereich geschaffen, wo die Ware exakt vorsortiert für die Nachbarschaft auf Abholung wartet und wo auch nix durcheinanderkommen kann.

Wir schweigen.

Ein riesiger Paketstapel wartet hier auf Abholung – direkt vor dem Weinregal! Und jedes Mal, wenn jemand sich eine 1,5-Liter-Flasche Weißwein für 4,99 €, quasi als Bückware, aus dem untersten Regalboden greifen möchte, rammt er mit seinem Rucksack oder einfach nur mit dem dicken Hintern immer denselben quersitzenden Karton aus der Mitte, als wäre das hier *Jenga* für Grobmotoriker. Und dann – tatsächlich – kippt einiges um.

«Oh.»

Das ist alles. «Oh.» Ansonsten keine Reaktion. Ich weiß ja

nicht, was da in diesen Kartons so drin ist, aber das kümmert hier offensichtlich kein Schwein. Nicht mal die Ladenbetreiber.

«Oh.»

«Alles gut.»

«Ah.»

Was für ein Chaos! Ich weiß nicht genau, wie der Betreuungsschlüssel früher bei der Bundespost war, also wie viele Pakete in der Obhut eines Paketannahmebeamten waren. Ich denke mal so etwa 1 zu 30, was vergleichbar wäre mit meiner Grundschullehrerin Fräulein Wriedt und uns 34 Kindern aus der 2c, also alles einigermaßen gut zu überblicken. Der eigentliche Unterschied zu heute ist aber, dass früher die Pakete einfach durch eine Luke oder ein kleines Fließband im Lagerraum verschwanden. Aus den Augen, aus dem Sinn. Wird schon gut gehen. Wie bei so einem Hund, der im Frachtraum im Flugzeug mitfliegen soll und am Spezialschalter in seiner Box auf dem Fließband hinter diesen Gummilappen verschwindet. Der Rest ist Vertrauen. Man muss sich nur mal vorstellen, was los wäre, wenn Herrchen und Frauchen noch die ganze Zeit bis zum Abflug freie Sicht auf einen Haufen schlecht gestapelter Hundeboxen hätten, die alle schon – direkt neben dem Cola-Whiskey-Probierstand am Duty-free-Shop! – auf halb acht stehen und jedes Mal, wenn ein Breitarsch sich nach *Toblerone* oder *Gucci*-Düften bückt, umzukippen drohen! Da wäre aber richtig was los. Und genauso unwohl und ohnmächtig fühl ich mich eben auch, wenn ich meine Post diesen Leuten überlassen muss.

Ich hatte neulich über *eBay*-Kleinanzeigen ein fabrikneues Paar No-Name-Badelatschen, was ich während der Nachtschicht in der Räucherei tragen wollte, verkauft, leider falsche Größe, Fehlkauf, kein Bon mehr – und habe das Paket vormittags im *DHL*-Shop abgegeben. Und nachmittags hatte ich Lust auf eine bestimmte Marken-Spezi, die sie im Tankstellenshop

vom Vater von Butschi, dem Kind aus meinem Haus, nicht führen, und bin wieder rein, und da sah ich mein Paket ganz am
Rand vom Stapel direkt auf dem Boden liegen. Auf dem Boden!
Und obendrauf ein ganzer Karton *Capri-Sonne*, der überhaupt
nix mit *DHL* zu tun hat.

«Könnten Sie bitte die *Capri-Sonne* von meinem Paket run-
ternehmen?»

«Was?»

«Das da unten ist mein Paket.»

«Ja und?»

«Da steht ein Karton *Capri-Sonne* drauf. Ich hab nur Angst,
dass mein Paket vergessen werden könnte, wenn da was draufsteht.»

«Nee, das klappt schon. Keine Sorge.»

«Alles klar. Ich dachte nur.»

Pause.

«Darf ich das Paket oben auf den Stapel stellen?»

«Was'n los, Mann?»

«Ist doch egal. Ich fühl mich dann wohler.»

Und dann schüttelte er schon den Kopf und verdrehte die
Augen, und am Ende fühlte ICH mich dann wieder wie derje-
nige, der einen an der Marmel hat. Glaubt man das? Aber so was
kommt von so was.

«Du bist 'ne Helikopter-Mum, Ralf Prange!»

Am Telefon hat Silke mich damit auch noch aufgezogen. Das
muss man sich mal vorstellen.

«Ich kann doch nicht so tun, als wenn nichts gewesen wär.
Da hätt ich mir ja Vorwürfe gemacht, wenn das nicht geklappt
hätte.»

«Guck …»

Kurz überlegen.

«Weißt du noch, als du damals bei *Ikea* zum Rauchen kurz

vor die Tür gehen wolltest und auf dem Weg zum Ausgang durch das Fenster zum Kinderparadies plötzlich Malte und Fehmke gesehen hast, und Malte sprang in Unterhose und Socken in die Bälle?»

«Das ist doch wohl was völlig anderes.»

«Ist es nicht, Silke. Ist es nicht. Ich kann mir ja vorstellen, dass Pakete zwischendurch auch mal so rumstehen. Aber ich will es nicht sehen müssen! Und du konntest damals auch nicht mehr abschalten und hast deine beiden Lütten da rausgeholt.»

Sie will gerade noch was erwidern, aber dann sind wir endlich dran. Wenn ich ehrlich bin, läuft alles so weit ganz gut. Der junge Mann macht es nicht zum ersten Mal. Er nimmt mir den Retourenschein ab und packt ihn vor meinen Augen in das Paket. Es ist mir wichtig, dass er noch mal ein Auge drauf wirft, dass ich auch alles korrekt ausgefüllt habe – und Silke verdreht schon die Augen. Er klebt meinen Karton zu. Faltenfrei. Gute Arbeit. Dann sichert er mir zu, dass er den Aufkleber gleich vernünftig auf das Paket kleben wird. Und da ist es mir plötzlich ganz recht, dass wir noch die Erdnusswürmer für meine Schwester bezahlen müssen und ich einen guten Grund habe, so lange am Tresen stehen zu bleiben, bis der Aufkleber vernünftig auf die Pappe gedrückt wurde. Mit dem Handrücken noch mal drüber. Da kann man nicht meckern.

«So, dann noch die Erdnusswürmer hier.»

«Die sollen's sein?»

Hohle Phrasen, als wenn man im Schuhgeschäft wär. Also ehrlich.

«Dann müssen wir eben noch an die andere Kasse rüber.»

«Mmmhm. Aha.»

«Geht gleich los. Wenn die Dame dort fertig ist.»

Und das ist das. Wer Pakete aufgibt und dann noch Erdnusswürmer kauft, will zu viel. Das wird bestraft. Die «Dame» dort ist eine rustikale Kettenraucherin, so wie sie klingt, und hat gerade eine XXL-Dose Stopftabak geordert. Ihre EC-Karte steckt schon im Lesegerät, und erst da fällt es ihr ein, dass sie vielleicht doch noch ein Tabak-Beratungsgespräch benötigt. Glaub man das?

«Was ist eigentlich Premium Cut?»

«Wie bitte?»

«Es steht auf der Dose. Premium Cut. Ist das vom Geschmack her?»

«Das weiß ich nicht. Ich rauch nicht selber.»

Ich raste gleich aus.

«Murat?», ruft der Tankstellenverkäufer nach hinten ins Lager. «Was ist Premium Cut?»

«Premium Cut?», kommt es zurück.

«Ja. Was das ist. Die Dame fragt.»

«Weiß nicht. Ist ja aber gut.»

«Hören Sie?», sagt er zur Dame.

«Ja gut», sagt sie. «49,95 € für 310 Gramm. Was wär das vergleichbar in echten Schachteln?»

«Kommt drauf an, wie dick sie stopfen …»

Dann fragt sie noch, was von diesen neuen Tabak-Erhitzern zu halten ist, wo man nix anzünden muss. Die seien so weit ganz gut, kommt es aus der Kassenschlange, aber die haben sie hier leider nicht im Shop, muss der Kollege von Murat gestehen. In der *Hamburger Meile* würde es einen Spezialladen geben, wo sie Shishas verkaufen, da solle sie mal nachfragen. Dann überlegt sie sich das lieber noch mal, sagt die Dame und lässt den ganzen Bezahlvorgang stornieren. «Wer weiß, ob der Premium Cut überhaupt warm gemacht werden darf.» Ich hasse sie bereits nach diesen sechs Minuten und hab das größte Mitleid mit ihrem Partner – falls sie einen hat.

Ich bin dran.

«So, dann wollen wir mal. Einmal die Flips sollen's sein? 2,90 Euro bitte.»

«Mit Karte.»

«Mit Karte erst ab zehn Euro. Sorry.»

«Ich hab nur 'n Fünfziger dabei. Den würd ich ungern anbrechen.»

«Tja …»

Es ist nicht zu fassen! Ich bringe ein Paket zurück, das meine Schwester ungefragt für mich bestellt hatte. Und weil *sie* unbedingt noch Erdnusswürmer haben will, obwohl sie selbst gar kein Geld dabeihat und mich jetzt flehend anguckt wie so ein Dackel vorm Kühlschrank, kaufen wir tatsächlich noch drei Tüten mehr und zwei Duplos, um über die verkackten *Zehn-Euro-Mindest-EC-Karten-Bezahlwert* rüberzukommen!

Das ist die Zukunft des Paketebusiness? Leck mich am Arsch.

Na ja. Nachher guck ich noch mal, ob es unserem Päckchen gut geht.

2

Wissen Löwen im Zoo eigentlich, dass sie beobachtet werden? Ich würde sagen, ja. Das habe ich schon immer geglaubt. Sie machen ja nichts. Liegen nur rum. Verständlicherweise. Sie werden von Hunderten Leuten angeglotzt, und jeder, der schon mal etwas unglücklich in der Öffentlichkeit von einem Bacon Burger abgebissen hat, kann sich ungefähr vorstellen, wie es sich anfühlen muss, einen sehnigen Drei-Kilo-Klumpen Schlachterei-Abfall klein zu nagen, wenn Leute dabei zugucken. Das geht den Löwen bestimmt auch so. Deshalb halten die sich zurück. Ich selbst war früher mit der ganzen Familie ständig bei *Hagenbeck*, als es da sogar noch eine Delfinshow gab. Und ich habe zum Beispiel noch nie gesehen, wie sich ein Hagenbeck-Löwe zwischen den Beinen leckt.

«Was ist denn los mit dir?», fragte meine Schwester Silke gerade eben noch Telefon.

«Ich mein doch nur.»

«Das kommt doch wohl ständig vor, dass Löwen sich ablecken.»

«An den Pfoten, Silke. An den Pfoten. Aber zwischen den Beinen nur in freier Wildbahn, wenn sie mit so Geheimkameras von Sielmann gefilmt wurden.»

«Du glaubst allen Ernstes, dass Löwen sich darüber bewusst sind, dass die Leute gucken, und sich deshalb schämen.»

«Man schämt sich ja nicht. Es ist nur einfach unangenehm. Die rechte Freude will wahrscheinlich nicht aufkommen.»

«Sie sind gehemmt?»

«Ja, so was in der Art.»

Und es ist ja tatsächlich mittlerweile fast schon bewiesen, dass Zootiere unter Beobachtung anders drauf sind. Als in China wegen Corona die Zoos geschlossen waren, gab es sofort Panda-Nachwuchs. Glaubt man das? Warum die es nicht einfach nachts tun, weiß der Geier. Der Hund der Kapellas aus dem zweiten Stock in meinem Haus mag es offensichtlich nicht haben, wenn er bei seinem großen Geschäft beobachtet wird, dabei gucken Butschi und ich sogar extra weg, wenn ich mal die Hundesitter-Tour mitgehe, weil ich sowieso denselben Weg habe, wenn ich Altglas zum Container bringe. Und kaum entdeckt der Köter eine abschüssige Stelle, einen Graben oder auch nur das Ufer des Goldbekkanals, stürzt er sich kopfüber runter und hält seinen Hintern merkwürdig in die Höhe, wie ein Kleinkind, das sich denkt: «Wenn ich keinen sehen kann,

kann mich auch keiner sehen.» – Tja, dumm gelaufen, kleiner Percy. Es sieht verheerend aus.

Warum mir das alles durch den Kopf geht? Es ist Sonnabendvormittag, und ich habe jetzt schon keinen Bock mehr. Woher auch? Ich sitze mit meinem Paketmannkumpel Micki und meinem Nachbarsjungen Butschi vor der Glotze. Er spielt auf seiner Playstation, die er an meinen Fernseher angeschlossen hat, Online-Fußball gegen einen Jungen aus Aserbaidschan, und wir zwei alten Herren gucken wortlos zu und essen Mikrowellen-Bacon-Burger, die Micki aus dem Tankstellenshop von Butschis Vater mitgebracht hat. Und wo er schon mal dabei war, hat er eben auch gleich Butschi mitgebracht, der seit Neuestem am Wochenende zur Taschengeldaufbesserung bei seinem Vater die durchgefummelten *Capri-Sonnen* im Kühlregal wieder gerade hinstellt und so was alles.

Jedes Mal, wenn ich gerade von meinem Burger abbeiße und ein ganzes Stück Bacon zwischen den Brötchenhälften rausziehe, sodass mir ein Fleischstreifen über dem Kinn hängt, zusammen mit Remoulade und Röstzwiebeln – genau in dem Moment! –, klingelt es, und Herr Kramer steht mit dieser Familie aus Cloppenburg vor meiner Tür.

«Herr Prange? Könnten Sie uns noch einmal unter den Teppich schauen lassen?»

Und genau in diesen Momenten ist es ganz besonders schwierig, einen trockenen Brocken Mikrowellen-Hack die Speiseröhre runterzukneten, und ich spüre diese Blicke dieser Familie und fühl mich wie ein Löwe im Zoo, der sich die Eier leckt. Ist wirklich so.

Die Sache ist nämlich die: Herr Kramer ist Makler und führt seit zwei Wochen Kaufinteressenten durch meine Wohnung. Also, ich ziehe nicht aus, auf keinen Fall. Ich wohne hier quasi seit Geburt, und so eine Miete bekommt man in Barmbek kein zweites Mal. Das wissen diese Brüder von der Immobiliengesellschaft ganz genau. Können sie gar nix machen. Vor zwei Jahren wurde das Haus vom alten Besitzer an diese Typen verkauft, die das Ganze Schritt für Schritt modernisieren und in Eigentumswohnungen umwandeln wollen. Mit der Dachgeschosswohnung vom Fernsehmann fing alles an. Die gehört jetzt ihm. So ein Moderator hat wahrscheinlich das nötige Kleingeld. Auch der Ökospießer und der Blasse haben ihre Wohnung schon gekauft, Stichwort Vorkaufsrecht, und selbst ich habe ganz kurz gezuckt. Aber ehrlich? Für meine Miete bekommt ein Student heutzutage nicht mal mehr ein WG-Zimmer, und dann soll ich fast 400 000 Euro dafür bezahlen, nur, damit die Wohnung mir gehört? Sind die bekloppt?

Und nun sollen eben andere mit der «Kapitalanlage in einem Mehrfamilienhaus im Herzen Barmbeks» glücklich gemacht werden. Heute ist diese Familie aus Cloppenburg zu Gast, die wahrscheinlich für ihren Sohn eine Wohnung sucht, wenn er zum Studieren oder sonst was nach Hamburg geht. Aber nach über fünfzig Jahren, die ich hier schon lebe, kriegen die mich sowieso niemals raus, sagt mein Anwalt.

Wie dem auch sei, jetzt soll ich wieder meine Auslegeware im Wohnzimmer an der aufgeknibbelten Stelle aus der Ecke ziehen, um zu zeigen, dass darunter noch makelloser Pitchpine-Boden liegt. Bitte schön. Das dürfen die leider, dagegen kann ich gar nix tun, das hat Silke mir noch mal bestätigt.

«Aber du musst ja nicht dabei sein, Ralfi. Lass einfach den Makler rein und trink solange gegenüber bei Horst einen Kaffee oder so.»

«Silke, spinnst du? Ich soll mich beim Nachbarn verstecken, damit diese Leute in meinen Sachen rumschnüffeln können?»

«Nur, weil du immer bei allen Nachbarn, wo du den Schlüssel hast, in den Schränken rumschnüffelst, müssen das ja nicht alle machen.»

«Wie kommst du darauf, dass ich so was mache?»

«Erstens: Bei mir machst du's auch. Weiß ich. Und zweitens: Hat Horst mir erzählt. Er war dabei, als ihr mal zusammen bei diesem Fernsehmann in der Wohnung wart.»

Unangenehme Geschichte! Horst hatte den Schlüssel vom Fernsehmann, um den Handwerker reinzulassen, und hat mir bei der Gelegenheit endlich mal die Bude ausgiebig von unserem Hauspromi gezeigt, und dann, also wirklich ... peinlich! Überall Überwachungskameras, und wir wissen bis heute nicht, ob der Fernsehmann irgendwas mitbekommen hat. Und das ist eben auch Horst mit seiner Neugier.

«Er selber ist ja wohl der Schlimmste.»

«Der Makler würde doch aufpassen.»

«Der ist ja noch schlimmer. Der verteilt Schuhüberzieher an seine Kunden, als wär er der Gastgeber. Dabei ist das meine Wohnung.»

«Ralf, du kannst doch nicht verlangen, dass die Leute sich die Schuhe ausziehen.»

«Der Klempner neulich hat's gemacht! Und Micki bringt sich mittlerweile eigene Hausschuhe mit. Und wenn die hier mit diesen Gummi-Überziehern durch meine Wohnung laufen, sieht das aus, als wär's ein Tatort.»

«Ja, und?»

«Das drängt mich in die Defensive, Silke. Das wollen die ja nur!»

Ist doch wahr. Ich bin eh schon kein Mann, der sich jedem in Hausschuhen zeigen mag. Und mein Nachbar Horst zieht sich manchmal sogar extra seine Straßenschuhe mit Trickabsätzen an, wenn es an der Tür klingelt, damit er mit mehr Statur an der Schwelle steht. Und ich sitze hier jetzt mit störrischem Burger-

Hack im Hals, und dieses Rascheln an den Füßen der Besucher macht mich wahnsinnig.

«So, hier haben wir Pitch Pine. Einmal abschleifen überall, und die ganze Wohnung ist noch mal Zehntausend mehr wert. Falls Sie sich fragen, warum wir das nicht schon gemacht haben ...»

«Weil ich hier wohne!», unterbreche ich den Makler, und er wirft mir einen strengen Blick zu, als wären wir beide Komplizen und müssten an einem Strang ziehen, um diese Träumer aus Cloppenburg gemeinsam über den Tisch zu ziehen.

«Mit Teppichboden ist es ja nicht so edel», sagt die Frau aus der Provinz.

«Den müssen Sie sich wegdenken für Ihr Investment, und sobald Ihnen die Wohnung dann gehören sollte, können Sie hier ganz nach Ihren Vorstellungen umgestalten», sagt der Arsch, während er die Cloppenburger am ausgestreckten Arm aus meinem Wohnzimmer zurück in den Flur geleitet.

«Wichser.»

Stille. Irritation, die ich bis hier ins Wohnzimmer spüre. Mein versauter Beo Berni. Und noch mal: «Wichser.»

Butschi und Micki müssen lachen. Manchmal passt es einfach. Der Makler hatte mich schon nach dem letzten Besichtigungstermin angerufen und gemeint, dass das so nicht ginge mit meinem Papagei.

«Es ist ein Beo. Die sind so.»

«Ach ja. Ihr Vogel hat zu meinem Kunden Pimmelgesicht gesagt. Meinen Sie, das macht meinen Job leichter?»

«Ich habe das dem Vogel nicht beigebracht. Das hat er von einem Pastor mit Tourette, bei dem er vorher gelebt hat.»

«Das weiß ich. Aber das macht es ja nicht besser. Menschen, die mehrere Hunderttausend ausgeben sollen, wollen nicht als Pimmelgesicht beschimpft werden.»

«Es ist meine Wohnung, und da geben wir uns so, wie wir sind. Auch auf Besichtigungen. Wir sind die Katze im Sack! Wir werden doch quasi mitgekauft.»

«Das ist ja das Problem, Herr Prange. Das ist das ja.»

Nicht meins. Ich kann schließlich nichts dafür, dass Herr Kramer immer dieselbe Sorte Mensch mitbringt, die alles in meinem Zuhause abschätzig taxiert.

Meistens geht es schon gleich im Flur los, mit meinen Schaumtapeten.

«Solche Dinger hatte meine Oma früher. Dass es so was überhaupt noch gibt.»

«Wenn wir da mal selber einziehen sollten, kommt der ganze Scheiß aber raus!»

Dann gerät mein Paketwagen mit diversen Päckchen für die Nachbarn und der großen Weinlieferung im 24-Flaschen-Versand-Karton für den Fernsehmann in den Blick.

«Bei denen haben wir auch mal bestellt. Silvaner. Hatte ich Kopfweh von.»

Das Knäuel an diversen Dreier-Steckern, das seitlich hinter dem Fernseh-Regal hervorquillt.

«Oh. Achtung, Kabelbrand.»

Die winzige schwarze Ecke an der Gummidichtung meiner Dusche.

«Der ganze Schimmel hier muss natürlich weg. Könnten Sie bitte notieren, dass das schon vorher war, Herr Kramer?»

Und fast jeder Besucher fragt den Makler dann natürlich auch nach der Gegensprechanlage über dem Klopapierhalter auf der Toilette.

«Was ist das denn bitte für ein komischer Knopf?»

«Da drück ich drauf, wenn's klingelt und ich am Scheißen bin. Damit die Paketleute wissen, dass ich auch wirklich zu Hause bin und ich nicht wieder mit runtergelassener

Hose zur Wohnungstür hetzen muss. So! Sonst noch Fragen?»

Wie gerne hätte ich den Mut, genau so mit diesen Leuten zu reden. Mache ich aber nicht. Ich weiß auch nicht, wieso. Es ist wahrschcinlich einfach diese defensive Lage, in der man sich befindet, wenn Wildfremde durch das eigene Revier laufen und man schutzlos sein Innerstes preisgibt. Weil man mittendrin sitzt.

«Ich weiß gar nicht, warum du dir das immer so gefallen lässt, Ralfi. Das ist doch gar nicht deine Art», meinte Silke vorhin am Telefon.

«Es ist die Situation, Silke!»

Ich war heute früh schon mit Dörte im Baumarktcafé frühstücken, und sie hat mich hinterher einfach nur schnell vor meiner Wohnung rausgelassen, an ihrem freien Tag (!), weil sie auch schon keinen Bock mehr darauf hat, angestarrt zu werden. Irgendwo muss man ja hin in seiner eigenen Wohnung, wenn die Leute da durchtigern. Als ich das erste Mal Wohnungsbesichtigung bei mir hatte, saß ich mit Dörte gerade am Abendbrottisch, als es klingelte.

«Wie, Wohnungsbesichtigung? Jetzt?»

«Ja. Ist ja keine große Sache, Dörte. Wir bleiben ganz normal sitzen und essen.»

«Während die hier durchlaufen, soll ich essen?»

«Ist doch kein Problem!»

Heute weiß ich es natürlich besser. Man sieht sich plötzlich selbst mit den Augen der anderen. Und kommt dabei nicht gut weg. Im Nachhinein denke ich, dass es vor allem an dem *Erasco*-Texas-Eintopf lag, den ich zusammen mit den Würstchen vom Vortag als Schnibbelwurst warm gemacht hatte und der vielleicht tatsächlich im Topf auf dem Tisch nur so mittelmäßig lecker aussah. Die Gläser, alte Senfgläser noch von meiner Mutter, waren stumpf gespült. Unterschiedliche Teller. Einer mit abgestoßenem Goldrand, einer mit Zwiebelmuster. Als Servietten *Zewas*. So präsentiert man sich und seinen Alltag, und mit dem unguten Gefühl des Beobachtetwerdens fallen einem immer mehr Negativpunkte an sich auf. Der Makler kam mit zwei Interessenten aus der Neustadt hinter mir in unsere Küche. Dörte blickte nur kurz schüchtern auf.

«'n Abend.»

«'n Abend. Kramer. Essen Sie ruhig weiter. Wir schauen uns nur ein wenig um?»

Ich hasse es, wenn Leute eine Feststellung als Frage formulieren, um ein Mindestmaß an Höflichkeit vorzugaukeln. Natürlich hatte Dörte nicht weiteressen können, genauso wie Micki jetzt gerade seinen Burger zur Seite legen musste.

Die Interessenten nickten uns nur kurz zu und schauten sich schweigend in der Küche um, und diese Blicke waren demütigender als jedes offene Ablästern. Wie zwei fette Ochsenfrösche, die einen ganzen Schwarm Gewitterfliegen vor sich rumschwirren haben, blickten sie in Sekundenschnelle hektisch in alle Ecken und klatschten mit ihren Zungen zu: das schiefe Regal – klatsch! – die Spinnenweben über dem Dunstabzug – klatsch! – die diversen alten Bohrlöcher, wo mal ein beleuchtetes Gläserregal für meine Mutter hängen sollte, das aber nie an der bröseligen Wand hielt – klatsch! – der Eintopf, die Teller, die *Zewas* – klatsch! Klatsch! Klatsch!

Und während man ihnen dabei zusieht, nimmt man erst wahr, was ihnen noch alles ins Auge fallen könnte: mein drahtiges Nasenhaar, das ich am Morgen schon über meiner Oberlippe spürte, der Eintopf-Fleck auf meiner Fleeceweste, das leere Glas mit Wurstwasser, Dörtes Gerstenkorn im linken Auge.

Und obwohl Dörte mir mit ihrer Selbstsicherheit ansonsten

mächtig imponiert, lässt sie sich durch so was auch irritieren. Neulich haben wir im Supermarkt den Ökospießer und den Blassen getroffen, die selbst noch nichts in ihrem Wagen hatten und in ebenjener froschhaften Art beim Small Talk aus den Augenwinkeln unsren Einkaufswagen abscannten. Bier. Plockwurst. No-Name-Käse. Und ohne hinzuschauen, griff sich Dörte, während sie dem Blassen bei seinen genölten Ausführungen über den neuen Fahrradschnellweg durch die City Nord zuhörte, irgendeinen sündhaft teuren Balsamico-Essig (mit gewachstem Flaschenhals!) aus dem Feinkost-Regal und legte ihn wie selbstverständlich in den Einkaufswagen.

Sicherlich, eine kleine Schwäche. Aber auch dafür habe ich sie gern.

Letztes Mal hat mich der Makler gebeten, was anderes im Fernsehen anzugucken oder den Fernseher wenigstens ein bisschen leiser zu machen, als im *Mittagsmagazin* eine Reportage über Risiken beim Fettabsaugen lief und er Kundschaft erwartete. Fehlt nur noch, dass ich seichte Lounge-Musik anmachen soll. Was glaubt er denn? Man hat als Kunde doch wohl genug Vorstellungsvermögen. Als ich mich in der riesigen Hi-Fi-Abteilung für meinen Fernseher entschieden hatte, lief auf dem Ausstellungsstück gerade «Der weiße Hai», weil der Azubi wohl etwas zu gedankenlos den zentralen Blu-Ray-Player bestückt hatte und mehrere Mütter hektisch nach den Fernbedienungen suchten. Und trotzdem habe ich das Gerät gekauft.

«Dürfte ich mir mal die Hände waschen?», fragte Herr Kramer irgendwann und wartete die Antwort schon gar nicht mehr richtig ab. Stille. Zu still. Ich schlich mich an meine Badezimmertür, unter normalen Umständen wär das vielleicht grenzwertig, und lauschte. Kramer lupfte offenbar langsam und behutsam den Klodeckel, der dann doch mit einem leichten Geräusch gegen die Fliesen schlug. Man bekommt es nie ganz geräuschlos hin, das weiß ich aus eigener Erfahrung, wenn ich nachts hoch muss und Dörte bei mir zu Besuch ist und wach wird, wie eine Wachhündin, die nur döst. Klack – «Ralf?»

Ich bezog mich innerlich auf mein Hausrecht, als ich durchs Schlüsselloch schaute und sah, wie dieser Makler tatsächlich nur schnell kontrollieren wollte, ob mein Klo einigermaßen vorzeigbar ist. Glaubt man das? Was kommt als Nächstes? Dass er mit mitgebrachten Feuchttüchern die Zahnpastareste von meinem Becher abwischt?

«Ich weiß, was Sie da tun, Herr Kramer.»

Stille. Rascheln. Als er rauskam, tat er so, als hätte er mich gar nicht gehört. Im Nachhinein vielleicht auch besser so.

Im Hier und Jetzt macht sich Familie Gernegroß aus Cloppenburg ans Aufbrechen. Wahrscheinlich fanden sie die Wohnung im Internet dann doch irgendwie verlockender als in echt. Der Makler hatte ein paar Bilder mit Weitwinkel und diesen Fotofiltern in die Annonce im Internet gesetzt, auf denen meine Küche wie das Fernsehstudio von Mälzer wirkt. ’tschuldigung, dass meine Bude nur so lala ist!

Jetzt stehen alle drei zusammen mit dem Makler im Flur wackelig auf der Türmatte zum Treppenhaus und bemühen sich, die Schuhüberzieher vom Fuß zu ziehen, ohne dabei umzukippen, als wär’s eine Art Zeitungstanz.

«Was riecht hier eigentlich so komisch?», fragt der Sohn leise seinen Vater und denkt, ich hör das nicht. Micki und Butschi spielen toter Mann und schauen wieder regungslos auf den Bildschirm. In die Stille hinein setzt Berni dann noch einen kleinen versauten Schlusspunkt. Entgeistert nickt man mir ein letztes Mal zum Abschied zu. Ich drücke dem Makler noch meinen Gelben Sack in die Hand und dem einen Cloppenburger mein Badezimmerbeutelchen.

«Einfach kurz in die Tonnen werfen. Danke.»

Also, wenn ich jetzt das Gefühl hätte, da will jemand Seriöses die Wohnung kaufen, in der ich lebe, nette Leute, gute Vermieter auf Augenhöhe, dann würde ich vorher sogar Staub saugen oder Käsestangen zum Knabbern hinstellen, quasi als *mein* Investment in ein gutes Mietverhältnis. Aber der Markt ist zurzeit einfach überhitzt.

3

«Habt ihr Eiswürfel?»

Ein scharfer Blick, ein Augenrollen von Dörte, aber man wird ja wohl noch fragen dürfen.

Wir sitzen bei den Kapellas auf dem Balkon und haben Weißweinschorle vor uns, die mir so labberig vorkommt, dass ich mein altes Credo bemühen muss: Eiskalt macht trinkbar! Das gilt für schlechtes Bier, für fiesen Aquavit sowieso und selbst für diese komische Erdbeermilch, die Butschi sich manchmal gönnt.

Vor einer Stunde sind wir spontan eingeladen worden, und ich weiß nicht wieso, aber Dörte hat sich offensichtlich fest vorgenommen, bei den Kapellas anzudocken. Sie und «Tanja» haben sich quasi schon angefreundet.

Das Ganze passierte, als Frau Kapella bei mir (uns) klingelte, um ihr *Hermes*-Päckchen abzuholen, das von Dörte an mich geliefert wurde, als Frau Kapella auf Arbeit war. Dörte und ich trennen Berufliches und Privates sehr genau in solchen Situationen. Eigentlich. Weil, als Frau Kapella abends vorbeikam, um ihr Päckchen mit einem Animal-Print-Oberteil abzuholen, fragte sie doch tatsächlich, ob Dörte da sei und mal einen Blick drauf werfen könnte.

«Auf was?»

«Auf mein Oberteil. Da in dem Päckchen.»

«Und was soll das bringen?»

«Ob's passt.»

«Wie soll das gehen? Dann müssten Sie's ja anprobieren.»

«Ja, das dacht ich ja. Und wenn's nicht passt, kann Ihre Lebensgefährtin das ja gleich wieder retour nehmen.»

«Ich bin doch kein Modehaus hier!»

«Prange Moden?»

Dörte kam lachend um die Ecke, und die beiden konnten sich gar nicht mehr einkriegen.

«Das geht doch ganz schnell, Ralf.»

Beide verschwanden kichernd in meinem (!) Badezimmer. Tatsächlich passte dieses Oberteil, und Frau Kapella behielt es gleich an und lief freudestrahlend ins Treppenhaus. Und ich durfte den Karton entsorgen, den sie mir dagelassen hat. Glaubt man das? Und jetzt dieser spontane Pärchennachmittag.

«Fra-hank, hol uns doch noch mal was Schönes zum Knabbern, für zwischendurch.»

«Ich weiß gar nicht, ob wir noch was Schönes haben.»

«Sonst kann Ralf doch noch was von unten hochholen. Wir haben noch Wasabi-Nüsse irgendwo», schaltet sich Dörte ein. Und ich hab jetzt schon keinen Bock mehr. Wir sind hier schließlich nur zu einem sogenannten Feierabendwein eingeladen, mit der Aussicht, dass Herr Kapella – es fällt mir immer noch schwer, Frank zu sagen – noch ein paar Würste auf den Grill wirft, wofür Dörte schon eine Packung Kartoffelsalat aus dem Tankstellenshop von Butschis Vater beigesteuert hat. Understatement. Keine große Sache. Die Kapellas sind Gastgeber, aber man will ja was in der Hand haben, und sie haben das Mitbringsel unter größtem gespielten Protest in den Kühlschrank verbracht.

«Ihr seid doch verrückt. Was soll das denn, Leute? Es ist doch alles da. Ham wir doch gesagt.»

Jetzt wühlt Frank Kapella in der Küche in den Schubladen und hat schon einen Kleinen sitzen, habe ich das Gefühl.

«Hier ist noch diese Tüte Käsebälle.»

«Oh nee! Das können wir den beiden nicht anbieten.»

«Sonst ist da nix.»

«Ich weiß gar nicht, wo wir die überhaupt herhaben. Das is doch ekelig, Frank. Er nu wieder!»

Sie guckt uns entschuldigend an, als hätte ihr Macker nicht alle Latten am Zaun. Käsebälle! Diese fast golfballgroßen Mais-Dinger mit Käsegeschmack. Ähnlich wie Erdnusswürmer. Nur noch ekliger – aber auf die faszinierende Art. Ich weiß auch nicht, worin der Reiz dieser Dinger liegt. Fasst man sie einmal an, stinken die Hände noch 72 Stunden wie die Nylonstrumpf-füße meiner Oma, sodass ich davon ausgehe, dass sich manche Schuhverkäuferinnen und -verkäufer am Wochenende fühlen, als hätten sie eine ganze Tüte Käsebälle gegessen. Und ja, auch ich habe sie schon konsumiert. Und sobald man den ersten Ekel nach dem Öffnen der Tüte überwunden hat, kann man sich in diese Sache regelrecht reinknabbern, und wenn die Tüte leer ist, der Bauch knallhart, die Finger stinken, spürt man die Ohn-macht gegen die Tricks der Lebensmittelindustrie. Kurzum: Ich hätte jetzt gegen ein paar Käsebälle nichts einzuwenden.

Die Kapellas spielen dieses Spielchen, als wären Käsebäll-chen zum Feierabendwein eine wirklich viel zu verrückte und fast perverse Spielart der, wie sagt man, Snackbereitstellung, dabei wollen sie es eigentlich beide! Das spüre ich! Ich traue mich allerdings auch noch nicht ganz aus der Deckung, zumal Dörte mir mit der dringlichen Aufforderung, meine angebro-chenen Wasabi hochzuholen, stumm zunickt.

So ungefähr stelle ich mir übrigens die Anbahnung von Pärchen-Swinger-Abenden vor. Aber noch sind wir zum Glück nicht so weit. Ich hol meine Wasabi von unten, und «Fra-hank» macht in der Zwischenzeit eine Weißwein-Schorle für mich klar, und ich überlege schon, ob ich mir unten in meiner Wohnung schnell ein kleines Blitzbier am Kühlschrank reinziehe.

Ich hab das Prinzip «Verschorlung» noch nie verstanden. Am Ende knallt man sich sowieso die ganze Flasche Weißwein rein, pro Person, nur eben auf sechs Gläser verteilt statt auf drei, und Frau Kapella, Tanja, macht das Glas ziemlich voll. Bis zum Anschlag. Und es ist schon verdächtig, dass sich Fertigschorle in Flaschen, also mit Wasser gepanschter Weißwein, noch nicht so richtig durchgesetzt hat. Aber bei den Kapellas wird der Schein der gepflegten Nachmittagskonversation gelebt, und dass einer von den beiden später beim Aufstehen zum Toilettengang trotzdem in eine ganze Altglas-Batterie leeren Grauburgunder latscht, mit Flip-Flops, spielt jetzt noch keine Rolle. Nein, nein. Die Kapellas fühlen sich an diesen sonnigen Nachmittagen auf ihrem Balkon wie die Kennedys und halten Hof. Und meine Freundin Dörte lässt sich von dieser Show da oben total einfangen.

Ich geh mit meinen Wasabi oder Wasabis – was sagt man da eigentlich? – ins Treppenhaus und lauf Horst in die Arme.

«Wo willst du denn drauf los, Prange?»

«Zu den Kapellas.»

«Aha?»

Er ist offensichtlich irritiert, dass ich mit einer Tüte Wasabi und in Hausschuhen zu den Kapellas hoch will.

«Auf 'ne Weinschorle.»

Er guckt mich ungläubig an, ich schäme mich fast ein bisschen. Als hätte ich ihn hintergangen.

«Hat sich so ergeben ...»

«Alles gut.»

Komisch ist das schon. Ist er beleidigt? Warum denn? Darf man keine Bekanntschaften im Haus pflegen? Er war ja auch schon mit der Elblette auf ihrem Balkon. Alleine. Weil er ihr einen Blumenkasten am Geländer festgeschraubt hat und sie gerade grünen Smoothie im Mixer hatte. So nicht, Herr Rohde!

Ich würde die Kapellas jetzt nicht als Freunde bezeichnen, weil vor allem Dörte zusammen mit Tanja die treibende Kraft ist, aber ein schlechtes Gewissen muss ich in der Sache auch nicht haben.

Trotzig und im aufrechten Gang komm ich mit meinen Wasabis – man sagt Wasabis, da leg ich mich jetzt fest – bei den Kapellas an. Ich hatte die Wohnungstür einfach einen Spalt offen gelassen. Das ist natürlich ein Zeichen nachbarschaftlicher Vertrautheit, die über das übliche Maß hinausgeht. Aber in eine Freundschaft will ich mich deshalb nicht reinziehen lassen. Es muss alles passen.

Als die Strehlers noch hier wohnten, da, wo jetzt Butschi und seine Eltern ihre Wohnung haben, über den Kapellas, da entstand schon mal so etwas wie ein freundschaftliches Band. Es war der Brettspiel-Winter 18/19, kurz bevor die Strehlers ausgezogen sind, was damals noch nicht abzusehen war. Alles begann damit, dass meine Schwester Silke übers Wochenende zu Besuch war und ihre Dosis Stadtluft brauchte. Ihr Mann Stefan war in den Herbstferien mit Kumpels in der Holsteinischen Schweiz Fahrradfahren – um Himmels willen –, und die Kinder waren bei Stefans Mutter in Brandenburg, wo Oma, vorübergehend lesbisch geworden, mit einer Freundin auf einem Selbstversorgergrundstück eigenen Cider herstellen wollte. Das Projekt ist mittlerweile genauso tot wie die Partnerschaft, aber an jenem Wochenende genoss meine Schwester die Auszeit bei mir, mit Kinogehen, *Karstadt*, Steakhaus und allem, was sonst noch dazugehört.

Ich weiß bis heute nicht, wie genau das Ganze eingefädelt wurde, aber an jenem Freitagabend saßen Silke und ich bei den

Strehlers am Küchentisch und spielten «Siedler». Silke fand die Einrichtung der Strehlers ja schon immer interessant und hatte sich wahrscheinlich auf ihre ganz eigene Art selbst eingeladen, um mal wieder gucken zu können, was es Neues an Möbeln und Kleinkram in der Wohnung gibt.

«Sonst könnte man ja auch mal was zusammen spielen …»

«Hhmm. Warum nicht? Mal schön spielen.»

«Ralf hat ja nur so 'n kleinen Tisch.»

«Hm, hm.»

«Und dann noch der Vogel!»

«Hm.»

Pause.

«Wir könnten auch 'ne Flasche Wein mitbringen und haben Siedler.»

Und damit war die Sache geritzt, denke ich mal. Dieses Siedler-Spiel, das meine Schwester mir bereits Anfang der 2000er zu Weihnachten geschenkt hatte, lag immer noch original-verpackt in meinem Regal. Damit nicht der falsche Eindruck entstehen konnte, dass das Spiel extra für den Abend gekauft worden war und wir Pranges irgendwelche Psychos sind, die Nachbarn mit nagelneuen Siedler-Spielen zum Spielen auflauern, hat Dörte noch die Folie abgerissen – von meinem Spiel! – und das Spielbrett und den Karton und alle Spielkarten noch mal durchgeknetet, damit alles schon benutzt aussah! Und dann hat sie noch zwei orange Straßen-Hölzchen rausgenommen und hinterher am Tisch der Strehlers die Story erzählt, ja direkt erfunden, dass die kleinen Dinger mal auf Mallorca, wohin wir das Spiel angeblich mitgenommen hatten, weil wir spielen angeblich gerne und überall, durch die Ritzen von einem Teakholztisch gefallen und in der Dunkelheit für immer verschüttgegangen sind. «Man kennt das ja! Welches Spiel ist schon komplett? Hahaha!» – und so hat sich meine Schwester bei den Strehlers reingezeckt. Und ich musste so tun, als hätte ich Siedler lange nicht mehr gespielt von wegen «Erzähl doch noch mal ganz genau, wie das offiziell geht, weil jeder spielt es ja irgendwie anders».

Wir saßen jedenfalls bei den Strehlers, und es wurde ein ganz netter Abend, wir haben viel gelacht. Es lag vielleicht auch am spannenden Spielverlauf und dem Applaus der Strehlers für den «erfahrenen alten Siedlerfuchs Ralf Prange», nachdem ich gewonnen hatte, aber ich war regelrecht angefixt.

«Das müssen wir ja wohl mal wieder machen!»

«Ja, das müssen wir. War richtig gut.»

Am nächsten Vormittag waren Silke und ich dann noch nach einem Flohmarkt am Goldbekufer in der Postfiliale und kauften aus der guten Laune heraus Sichtfensterumschläge für mich und Radiergummis für Silke, und beim Rauskommen sahen wir die Strehlers vorm nächsten Eck-Café in der Oktobersonne sitzen und platt gedrückte gegrillte Käsecroissants essen.

«Na ihr? Seid ihr schön am Frühstücken?»

Meine Schwester flirtet immer mit der Aussprache des Offensichtlichen. Und bei ihr funktioniert das sogar. Die Strehlers boten uns sofort zwei Stühle an, und was soll ich sagen? Eine halbe Stunde später hatte ich schon zwei von diesen fettigen «Wurst im Schlafrock» und ein kleines Alster intus. Ich fühlte mich wie einer von den *Sopranos*, aus dieser Serie, als wär das ganz normal und jeden Sonnabend so, dass man mit irgendwelchen Nachbarn vor dem Café neben der Postfiliale hockt.

«Und, Ralf?»

Es war das erste Mal, dass Herr Strehler mich direkt Ralf nannte. Fühlte sich gut an.

«Und, Ralf? Worauf sollt ihr beide heut noch los?»

«Ja eigentlich sind wir durch für heute. Erst Flohmarkt, dann hat Silke eben noch Radiergummis gekauft und …»

«Ja, muss auch mal sein.»

Und während wir beiden Männer so am Quatschen waren, haben die zwei Frauen schon längst den Rest des Tages durchgeplant: Erst mal noch ein Alster, danach mitgebrachten Apfelkuchen bei den Strehlers essen, mit Kaffee natürlich, und Siedler. Es war fast so, als würde man als Viergespann ein gemeinsames Hotelwochenende verbringen: erst Apfelkuchen und Siedler. Dann ein Schlehenschnäpschen mit Schlehen aus dem Schrebergarten der Strehlers. Dann Oktoberfestbier aus der Dose – ein Werbegeschenk. Dann gemeinsames Pizzabestellen! Und spätestens da geht man wohl eine sehr enge Beziehung zueinander ein, wenn man offen überlegt, eine Rancho-Grande-Pizza mit Hackfleisch und BBQ-Soße zu bestellen.

Dann fing irgendeine Endlos-Show auf *Pro*7 an, wo beide Strehlers meinten, die müssten wir unbedingt zusammen gucken, wenn wir die tatsächlich noch nicht kennen würden. Letztlich war die Show aber ziemlich öde, und wir haben uns die ganze Zeit nebenbei unterhalten. Zwar mit Blick auf die Glotze, aber irgendwie auch einander zugewandt.

«Und nach der Geburt von der Kleinsten bist du gleich wieder in Job?»

«Ja, Silke. War nicht einfach. Erst wieder als Krankenschwester, auch in Schicht.»

«Wer ist *er* denn überhaupt?»

Kurze Unterbrechung, weil im Fernsehen gerade ein Promi eine ausgerollte Lakritzschnecke, die an seinem Hintern hing, in der Hocke in einen Flaschenhals einfädeln musste und sich schwertat.

«Ist das nicht Eko Fresh?»

«Wer ist das denn?»

«Weiß nicht. Aber er war ja im Trailer. Und wenn er das Spiel gewinnt, liegt er ja schon zwölf Punkte vor der anderen.»

«Und dann hab ich ja auf MTA umgesattelt, weil mir das, wie gesagt, zu viel wurde auf der Station und – hä, wer ist *sie* denn?»

«Irgendeine Janina.»

«Ah. Aber Promi?»

«Muss ja.»

«Und dann hast du aber MTA gemacht und bist ganz zufrieden?»

«Total. Nimm mal den Rest vom Aperol, dann hol ich 'ne neue Flasche.»

Usw. usw. Am Sonntag ist Silke dann nach Hause gefahren, mit dickem Kopp, und ich war wieder allein. Auch bei den Strehlers. Wir haben's im Anschluss noch zweimal probiert, aber der Zauber war weg. Es stellte sich ziemlich schnell heraus, dass es ohne Silke nicht dasselbe ist. Sie war sowieso die eigentliche Gesprächsleitung auf unseren Pärchenabenden, und wir haben uns vielleicht auch insgesamt zu wenig eingestanden, dass es eben kein Pärchenabend war, sondern Prange, der Komische, da mach ich mir gar nix vor, lediglich als Beifang seiner Schwester, die echt gesellig sein kann, geduldet war. Und ohne Silke fehlte mir auch mein Wingman – oder wie sagt man das bei der eigenen Schwester? –, der mir das nötige Selbstvertrauen gibt, auch mal einen lustigen Klopper zu bringen.

Wir spielten dann noch einmal Skat.

«18.»

«Jo.»

«20.»

«Jo.»

«2.»

«Jo.»

«24.»

«Ist deiner.»

«Grand! Findet ihr eigentlich auch, dass dieser Ökospießer, der grad mit seinem Macker hier eingezogen ist, sein Fahrrad ruhig draußen an der Straße anschließen könnte und nicht hier im Treppenhaus?»

«Nö.»

«Hmmm.»

Nach zwei Spielen war ich dann wieder zu Hause. Die Strehlers wollten nicht extra noch eine neue Flasche aufmachen, und dann habe ich in meiner Küche noch ein halbes Weißbier alkoholfrei getrunken und den Rest in den Ausguss gekippt. Insgesamt gewohnt trostlos. Die Strehlers sind irgendwann weggezogen. Was sagt mir das alles? Falls Dörte mich verlässt oder stirbt, werde ich bei den Kapellas sowieso nicht mehr eingeladen.

«Na? Bist du wieder da?»

Dörte schnackt schon wie meine Schwester, als ich mit meinen Wasabis bei den Kapellas auf dem Balkon auftauche. Tanja Kapella hat ihr Glas schon wieder voll. Das sehe ich sofort.

«Du, Ralf, da müsste noch 'n Schüsselchen im Schrank sein.»

Das geht mir jetzt aber zu weit. Ich werde aufgefordert, selbstständig in den Küchenschränken meiner Nachbarn rumzuwühlen. Nicht dass ich das nicht schon mal gemacht hätte, beim Blumengießen oder Handwerkerreinlassen oder so, so viel Ehrlichkeit muss sein, aber mit der offiziellen Freigabe hat das schon so was Freundschaftliches.

Tanja rutscht mit ihrem Ellbogen immer mal wieder von der Stuhllehne, und auch Dörte wird langsam kicherig, wie ich es eigentlich gar nicht haben mag. Dann entfernt sie sich immer so von mir. Auch mit ihrer Freundin Kati in Bramfeld, wenn beide Prosecco getrunken haben und über all die Verflossenen von Kati herziehen und sich schlapp lachen.

Und dann sagt Kati auch noch «Dödde» zu Dörte, und beide

finden das so unglaublich komisch, dass sie sich sogar in der Luft abklatschen. Ich hasse das!

Frank Kapella sucht seit einer Ewigkeit die richtige Musik in seinem *Spotify*, die er mit der Bluetoothbox für uns abspielen will. Es macht mich wahnsinnig.

Dann greift Tanja Kapella in die Schüssel mit meinen Wasabis, nimmt einen in den Mund und versucht krampfhaft, nicht ihr Gesicht zu verziehen. Das merke ich sofort.

«Fra-hank? Sonst hol doch vielleicht doch noch mal die Käsebällchen. Aber bitte mit einem Schüsselchen.»

Frank tänzelt mit einem kleinen Schüsselchen Käsebälle in der Hand, der ganzen offene Tüte unterm Arm sowie einer neuen Flasche Grauburgunder – direkt vom Erzeuger! – zurück auf die Terrasse und summt headbangend «Smells like teen spirit», was kaum wahrnehmbar in Loungelautstärke aus seiner Box kommt.

Es werden vornehm einzelne Käsebällchen aus dem Schüsselchen genommen, und es wird sich bemüht, sie geräuscharm am Gaumen zu zerdrücken.

Tanja hat längst die Tüte mit den Käsebällchen auf ihrem Schoß und greift schon lange nicht mehr mit Daumen und Zeigefinger zu, sondern mit der ganzen Hand. Maiskrümel kleben an ihrem Make-up. Mir fällt die bröckelige Wimperntusche auf. Ganz langsam lässt sich Tanja Kapella vor uns gehen. Immer gieriger grabscht sie in die Tüte und spricht mit offenem Mund.

«Geffern ham wir Näffix imfalliert. Könnier auch da Paffwort von Fränkie haaaam.»

Was wohl so viel heißt wie, dass wir mit in ihr *Netflix* reinkönnen. Dörte notiert sich das Passwort. Auch das ist Freundschaft. Dann müssen beide über Frank lachen, der gegen die Balkontür gelaufen ist, und dabei hustet Tanja Kapella die halbe

Ladung Käsebällchen wieder aus. Aus Erstickungsangst kippt sie den Rest Schorle aus ihrem Glas hinterher und spült noch mal mit einem Schlückchen Weißwein hinterher, weil für den Gang in die Küche zum Wasserholen ist keine Zeit mehr.

Frank sagt, er muss mal aufs Klo.

«Vielleicht war auch was mit den Wasabis. Wie alt sind die denn schon?»

Ja. Gute Frage. Aber so was wird ja normalerweise nicht schlecht. Es wird etwas lauter auf dem Balkon, und ich höre von unten die knarzende Tür von Horst. Er kann uns nicht sehen, weil der Kapella-Balkon zwei Stockwerke höher direkt über seinem liegt. Aber er kann uns hören, das weiß ich. Ich fühle mich unwohl und spreche automatisch etwas leiser.

«Wo bleibt Fränkie denn?»

Auf dem Kapella-Balkon wird Tanja langsam nervös.

«Willst du nicht mal gucken, Ralf?»

So von Mann zu Mann? Was soll das? Sie kennt ihn ja wohl besser, und ich habe jetzt nun wirklich überhaupt keinen Bock mehr, aber Dörte wirft mir einen entsprechenden Blick zu, und ich marschiere los, durch den Flur, und da kommt er mir schon in Unterhose entgegen. «Mir geht's gar nicht gut ...»; nuschelnd marschiert er direkt ins Schlafzimmer – und pennt ein. Das Badezimmer ist einigermaßen verwüstet und eingesaut, auch Teile des Flurs. Ich stehe eine Weile etwas ratlos rum und habe private Einblicke in das Leben der Kapellas, wie ich es mir in meinen kühnsten Träumen nicht hätte vorstellen können. Wenig später kommt auch Tanja ums Eck getorkelt.

«Fra-haaank? Geht's dir nicht gut?»

Sie sieht die Sauerei, guckt mich kurz an, stürmt dann ins Schlafzimmer.

«Ooooch, Fraaaaank, was machst du denn für Sachen?», und dann zu uns: «Bin gleich wieder da!»

Dann ein Wimmern. Dann wüste Vorwürfe. Dann wieder ein Wimmern.

«Ihm geht's gar nicht gut.»

Das ist das Letzte, was wir von ihr hören – außer ihrem Schnarchen.

Wir sind jetzt so eine Art Waffenbrüder. Es ist vielleicht keine echte Freundschaft, ich weiß es nicht, aber diese Verbundenheit wird uns keiner mehr nehmen können.

Dörte steht mittlerweile bei mir. Sie fummelt den Feudel unter der Küchenspüle raus, und wir verrichten das Nötigste. Am Ende hocken wir bei mir zu Hause auf dem Sofa, gabeln gemeinsam harten Kartoffelsalat aus der Fertigpackung und gucken dabei *Mälzer*.

Und ich hab das Gefühl: Irgendwie bringt uns das in diesem Moment auch als Paar noch mal einen Schritt weiter.

4

Es ist der perfekte Frühherbsttag. 18 Grad, Sonne. Kein Wind. Die Stadtreinigung hat gestern gerade den ersten Schwung Laub entsorgt. Die Beete und Baumscheiben sind leer gesaugt, der Bürgersteig ist frisch gefegt, mit der Maschine, nirgendwo Plastikmüll, Hundescheiße oder in die Gegend geworfene Schnapsfläschchen – und dazu schon so eine angenehm modrige herbstliche Luft. Kurzum: mein Powerwetter. Ich schlendere mit Dörte über den Bürgersteig, und sie hat sich bei mir untergehakt, was uns beiden die geschmeidige Fortbewegung etwas erschwert, da wir unterschiedliche Schrittlängen haben und irgendwie vorwärtseiern, ähnlich unrund wie beim Kamelreiten. Von daher ist Händchenhalten schon praktischer, normalerweise, denn auch da kommt es vor, dass ich gedankenverloren ein paar Schritte vorwegmarschiere, wie ein kleines Kind, das zur Eisdiele strebt, oder wie ein Köter mit Druck auf der Blase zum nächsten Baum. Ich möchte das nicht. Und trotzdem passiert es. Da bin ich Natur.

«Ooooch, guck ma», schwärmt Dörte plötzlich, und als ich ihrem Blick folge, sehe ich auf dem Bürgersteig vor den Mülltonnen Butschi und seine Freundin Pina, die mal ganz kurz für den Schulwechsel auf dem Papier bei mir wohnte, auf einer Wolldecke sitzen. Direkt davor steht mit bunter Straßenkreide in Schönschrift «Kinderflohmarkt», und schon jetzt krieg ich direkt Mitleidskrämpfe, weil ich auch noch aus meiner eigenen Vergangenheit weiß, wie trostlos die Aussicht sein kann, dicken Reibach mit alten Spielsachen machen zu wollen.

Butschi und Pina hocken reglos auf den Knien vor ihrer Ware und schauen in die Gegend. Ich weiß nicht genau, in welchem Alter man verlernt, in so einer Position zu hocken, aber ich bin mir sicher, dass ich heute schon nach zwanzig Sekunden zwei Pfleger bräuchte, die mich wieder geradebiegen müssten, damit ich stehen kann.

Was ist das, was Kinder in dem Alter auf die Flohmarktwolldecken dieser Welt bringt? Der Glaube an die schnelle Mark! Eine kurz aufkeimende Zocker-Mentalität mit völlig überzogenen Margen-Erwartungen. Wo man auch als Fünf- oder Achtjähriger schließlich den Marktregeln erliegt und am Ende sein mühsam zusammengesammeltes Hab und Gut zu Billigpreisen abgibt. Meistens an Spekulanten, die den fast für umme zusammengegaunerten *Playmobil*- oder *Lego*-Kram in Plastiktüten einschweißen und mit dieser quasi-professionellen Aufmachung auf den richtig geilen Flohmärkten das Zwanzigfache von Müttern und Vätern abkassieren, die das für eine günstige Gelegenheit halten, und so schön nachhaltig. Ein halbes Jahr später landet alles wieder auf irgendeiner Kinderwolldecke auf irgendeinem Schulhof-Flohmarkt oder bei einer tristen Geschichte wie hier vor unseren Mülltonnen. In der Ramsch-Spirale nach unten. Genau so hatte ich das damals zumindest zu meiner Schwester Silke gesagt, als ich abends genau von dort, wo jetzt Butschi sitzt, mit meiner Wolldecke, meiner Tüte Spielsachen und meinen drei Mark inklusive einer Mark Wechselgeld in Zehn-Pfennig-Stücken völlig entnervt wieder reinkam.

«Ramsch-Spirale nach unten. Jetzt mach mal halblang, Ralfi. Du bist sechs Jahre alt.»

«Ja und? Ich will auch mal 'n Stück vom Kuchen!»

«Du hast doch sowieso alles mal geschenkt bekommen. Freu dich doch über die zwei Mark. Das sind vier Cola-Eis!»

So einfach ist das. Da hatte Silke recht. Dann setzt man sich eben einfach mal vier Stunden auf den Hintern und kann hinterher seine Kohle für vier (!) Cola-Eis auf den Kopf hauen. Heute haben die Kinder dabei ja sogar Handys in der Hand und können währenddessen im Internet rumdaddeln. Ich musste damals noch in den *Medi-und-Zini*-Apothekerheften rumblättern, die ich eigentlich verkaufen wollte. Obwohl es die bei der Apotheke umsonst gab. Na ja. Geldregenträume eines Erstklässlers. Aber wenn man naiv sein darf, dann ja wohl als Kind.

Butschis Angebot war sogar noch überschaubarer als meins damals: Zwei alte Quartettspiele, ein paar Playstationspiele, ein Softball-Tennisset, noch unberührt im Verkaufsnetz, ein paar von diesen Sammelkarten, weiß der Geier, irgendeine Actionfigur mit Totenkopf als Gesicht und Muskelbergen, ein hässliches Plastikpony mit Wimpern wie eine Drag-Queen und langen rosa Haaren und einer kleinen Bürste dazu sowie zwei in Folie eingeschweißte Dosen Trockenshampoo, wahrscheinlich zum Wegwerfen zu schade und von Butschis Mutter als Kommissionsware oder Gratisgabe beigesteuert. Insgesamt ein ziemlich trauriger Anblick, zumal seine Freundin Pina nur ein Pferde- und Ponybuch mit den dollsten Geschichten zum Pony-und-Pferdewissen-Sammeln am Start hat. Auch schade! Noch nicht mal zehn Jahre alt und offenbar schon komplett desillusioniert, was die eigene erfolgreiche Pony-und-Pferde-karriere anbelangt. Oder warum verhökert man so was sonst als junges Mädchen? Weil es schlecht geschrieben ist? Weil es zuverlässigere Quellen für echtes Pony-und-Pferdewissen gibt?

«Na? Was habt ihr denn hier alles Schönes?»

Dörte nun wieder.

«Alles Mögliche.»

«Hmmm.»

Wir lassen noch mal zum Schein den Blick über das dürftige Angebot schweifen, und Butschi folgt mir mit seinen großen Augen von wegen «Komm Prange, sei kein Arschloch, kauf mir halt was ab. Junge!»

«Dies Autoquartett. Mit was ist das?»

«Sportwagen. Mit Supertrumpf.»

«Frag mich mal was.»

«Hä?»

«Frag mich mal was, Butschi.»

Ich zwinkere Dörte zu. Weil, davon hab ich wirklich ein biss-chen Ahnung. Butschi will sich eine Karte aus der Mitte des Spiels nehmen, und ich verliere schon fast die Nerven beim Beobachten. Wie lange kann jemand brauchen, um einen Plas-tikdeckel vom Kartenspiel zu nehmen und die Karten da raus-zufummeln?

«Ferrari 430. Zylinder?»

«Zwölf Zylinder.»

«Nee, acht Zylinder!»

«Acht Zylinder? Kann ja nicht.»

«Steht hier aber.»

Dörte drückt tröstend meine Hand. Was soll denn das? Ich hab da normal wirklich Ahnung von.

«Was ist denn der Supertrumpf?»

«Lamborghini Countach. Ist aber nicht mehr dabei.»

«Wieso? Wo ist der denn?»

«Ist in den Fernseher gerutscht. Die Karte.»

«Wieso?»

«Da waren so Ritzen drin im Fernseher. Da ist sie dann rein.»

«Wieso?»

«Beim Spielen! Ist doch egal.»

«Und was soll das kosten?»

«50 Cent.»

«Für 50 Cent kann ich zehn Minuten mein Auto saugen!»

«Dann lass es eben.»

Er packt die Karten wieder umständlich und langsam in die Plastikbox und schaut mich dabei mit schräg gestelltem Kopf wie ein kleiner Beagle-Welpe an, der ganz genau weiß, dass ich noch ein Leckerli in der Jackentasche hab, beziehungsweise 50 Cent für ein Autoquartett mit öden Acht-Zylinder-Ferraris und ohne Supertrumpf. Ich sehe mich schon dieses bescheuerte und nicht vollständige Quartett kaufen, nur weil es mir immer wieder das Herz zerreißt, wenn so kleine Butschis den ganzen Tag auf der Wolldecke hocken und businessmäßig nichts gebacken kriegen. In die kurze Stille hinein, vielleicht auch, um das Thema Autoquartett zu beenden, murmelt Dörte vor sich hin.

«Die Decke ist süß.»

Sie zeigt auf die Wolldecke, auf der Butschi und Pina sitzen.

«Wieso denn süß? Die ist doch beige und in so Karos.»

«Ich find's süß.»

«Mickymaus ist süß. Oder Beagle-Welpen.»

«Ich kann es mir einfach süß vorstellen. Auf dem Sofa. Sie ist halt auch süß gemacht. Mit diesen Fransen.»

«Die Decke gehört meiner Mutter», schaltet sich Butschi ein. «Ich könnt sie ja mal fragen.»

«Nein, ich mein ja nur», meint Dörte. «Ich kann ja nicht deiner Mutter die Decke abquatschen. Aber süß ist sie.»

Wenn es hilft, dass ich nicht dieses Autoquartett kaufen muss – warum nicht?

«Na ja, wenn Frau Demirbay die Decke für ihren Sohn zum Flohmarkt rausrückt, wo sie ja davon ausgehen muss, dass die dreckig wird und er auch noch Erdbeermilch oder sonst was drauf verschmiert, dann hängt wohl nicht mehr ihr Herz dran.»

Kurze Pause.

«Ich glaub, zwanzig Euro wär okay für sie», sagt Butschi.

«Du meinst für dich», habe ich sofort den Durchblick.

«Wieso? Wenn zwanzig Euro auch für euch okay sind?»

«Was weiß denn ich, für wie viel du die Decke deiner Mutter abquatschst.»

«Ja, was? Sind zwanzig Euro jetzt okay? Dann frag ich. Dann hast du sie.»

Der kleine Kerl. Sitzt da feist zwischen seinem alten Spielzeug neben seiner Freundin und feilscht mit mir wie ein Großer. Dörte ist das Ganze schon unangenehm, weil der Deal so konkrete Formen annimmt und sie wahrscheinlich nur laut gedacht hatte, als sie die Decke «süß» fand. Dazu muss ich sagen, dass mich häufiger gerade die Sachen in einer Verkaufssituation ansprechen, die gar nicht zu veräußern sind.

Einmal hat es mir auf dem Flohmarkt der Tapeziertisch von einem Stand angetan. Das war nicht so ein klappriges Holzding, sondern hatte Alu-Rahmen und war rohrverstärkt. So was kriegt man gar nicht in meinem Baumarkt. Das ist Profiware. Man konnte also davon ausgehen, dass die Frau, die darauf selbst bemalte Kieselsteine verkauft hat, enge Verbindungen zu einem Malereifachgeschäft oder einem Handwerksbetrieb unterhalten hatte. Vielleicht versuchte sie nach einer Firmeninsolvenz die Familie mit selbst bemalten Kieselsteinen über Wasser zu halten. Ich werde es nie erfahren. Sie stand dort nur einen Frühjahrsflohmarkt lang und weigerte sich, meine Fragen zum Tapeziertisch zu beantworten. Also, sie war direkt bockig, als ich ihr hundert Euro für den Tisch geboten hatte, mit einem Nießbrauch- und Nutzrecht ihrerseits bis Flohmarktende. Aber nix.

Nie wieder habe ich so einen geilen Tapeziertisch gesehen. Vielleicht ist es auch aus dieser herben Enttäuschung heraus, dass ich Tapeten zuletzt mit Montagekleber aus meiner Kartuschenpistole an die Wand gebracht habe.

Ich habe auch schon mal bei *Karstadt* in der Jeans-Abteilung für den Fall, dass dieser Jeans-Grabbeltisch mal ausgedient haben sollte, meine Kontaktdaten hinterlassen, weil der einen guten Esstisch abgegeben hätte. So schön tief, dass man zwischen sich und sein Gegenüber auch mal eine ganze Nudelsalatschüssel gestellt bekommt oder eine große Fischplatte und sich nicht immer von der Seite auffüllen muss. Na ja. Erstens findet Dörte es sowieso besser, wenn da eine Kerze zwischen uns steht und kein Fisch, obwohl ich es überhaupt nicht romantisch finde, wenn man immer eine Flamme vorm Gesicht seines Gegenübers hat, und zweitens haben die Arschlöcher von *Karstadt* mich nie angerufen, obwohl der Tisch mittlerweile in der Abteilung gegen ein Ledersofa ausgetauscht wurde, auf dem verschiedene Jeans-Stapel liegen. Was soll der Scheiß überhaupt? Sieht ja aus, als wenn Familie Flodder sich im Hotelzimmer breitmacht. Das schafft doch keine Kaufanreize. Aber wo der Tisch abgeblieben ist, wusste natürlich keiner. Ich möchte wetten, dass irgendein Abteilungsleiter daran mit seiner neuen Freundin brunchtet, zwischen ihnen eine drehbare Käseplatte, und mein Leben lebt!

«Also ich könnte ihn bestimmt noch auf fünfzehn runter-handeln. Aber nur, wenn du das jetzt nicht extra aus Mitleid machst», flüstere ich Dörte leise ins Ohr.

«Nein, ich find die Decke wirklich ganz niedlich. Aber es ist auch etwas peinlich. Ich hatte nur laut gedacht.»

Wir Pranges neigen nämlich dazu, Leuten aus Mitleid alles abzukaufen. Als Frau Strehler sich damals mit ihrem Filzladen selbstständig gemacht hat, hing ich bei der Eröffnung auch in der Patsche. Frau Strehler hat selbst gefilzte Handytaschen und Laptop-Taschen und kleine Dekotierchen und was weiß ich nicht alles verkauft. Gut, ich hatten einen Eröffnungssekt abge-staubt und mir fest vorgenommen, für nicht mehr als diesen Gegenwert was Gefilztes zu kaufen.

«Und was wäre das hier, Frau Strehler?»

«Das sind Hausschuhe.»

«Ach, und ich dachte erst, irgendwas für Brötchen viel-leicht.»

«Nee nee, Hausschuhe. Größe 39 bis 42.»

«Mmmh. Farbenfroh sind sie.»

«Die kann man ja auch einfach mal so hinstellen. Sehen gut aus, Ralfi.»

Silke hatte sich eingeschaltet, und okay, wenn man die Din-ger mit den Einschlupflöchern nach unten in einen Blumentopf mit reinstellt, dann sieht das wahrscheinlich genauso aus wie die umfilzten kleinen Findlinge, die Frau Strehler ebenso im Angebot hatte.

«Bei was kämen die denn?»

«Die kämen bei 39 Euro. Das Paar.»

Am Ende war's eine kleine Maus für vier Euro, die ich immer-hin noch als Stopper unter die Balkontür klemmen konnte, und als ich mir dann noch zweimal *Fürst Metternich* nachschenken ließ, war die Welt für mich wieder in Ordnung. Nach drei Wochen war Strehlers Ausflug ins Hamburger Boutiquenwesen auch schon wieder erledigt. So viele Freunde und Nachbarn hatten sich am Ende dann doch nicht im Laden blicken lassen.

Na ja. Wenn meine Schwester dabei ist, dann ist man sowieso verloren und hängt in der Nachbarschafts- und Bekanntenfalle. In ihrer Straße an der Nordsee wohnt ein passionierter Aquarell-Maler, der eigentlich im Finanzamt arbeitet und für die SPD im Stadtrat sitzt. Und dieser Mann macht einmal im Jahr eine Vernissage in seinem Doppelcarport und nennt das Ganze dann «offener Kunstraum». Zuletzt hat er sogar großformatig gemalt, und Silke hat ihm tatsächlich eine 1,40 mal 2,10 Meter große «Lichtlandschaft» abgekauft – aus dem «Zyklus Lichtlandschaften». Für achtzig Euro! Angeblich ein Freundschaftspreis. Aber nun steht das Ding bei Silke in der Abseite. Und da hätte sie doch auch einfach sagen können: «Du, Roger, ich hab ja schon zwei Bilder von dir. Ich gebe dir einfach fünfzig Euro für deine Freizeitkasse, und dann kaufst du dir so was Schönes!»

«Bist du bescheuert, Ralf Prange?»

«Wieso? Es wär ja wohl ehrlicher. Und nachhaltiger.»

«Wie kommst du darauf?»

«Bei *Hinz & Kunzt* machst du's ja auch, wenn du mal in Hamburg bist.»

«Das ist doch wohl was ganz anderes!»

Finde ich nicht! Wenn Silke mal ein ganzes Wochenende in Hamburg ist, dann begegnen ihr mindestens vier bis fünf Verkäufer von unserem Obdachlosenmagazin. Und dann kauft sie auch nicht einfach fünfmal dasselbe Exemplar, das sie sowieso nur überfliegt, sondern drückt den Verkäufern einfach so die zwei Euro in die Hand, ohne dafür ein Heft zu nehmen. Und bevor irgendein Scheißaquarell in der Abseite vergammelt, kann es doch einfach im Warenkreislauf bleiben, und der Nachbar

Roger bekommt trotzdem wenigstens ein bisschen finanzielle Anerkennung für seine Lichtlandschaften. Auch das ist Kulturförderung. Es wäre einiges gewonnen, wenn irgendein Kulturstaatsminister einem samoischen Tanztheater einfach so mit zwanzigtausend Euro unter die Arme greift und die das dann erst gar nicht aufführen müssen. Das erspart den Tänzern die Anreise und dem Kulturstaatsminister, drei Stunden ohne Pause in der ersten Reihe sitzen zu müssen.

«Frag deine Mutter mal nachher, ob fünfzehn Euro in Ordnung sind», sage ich gönnerhaft zu Butschi und noch laut genug, damit Dörte, die schon an meinem Auto im Kofferraum die Tüten für den Einkauf vorsortiert, das auch noch mitbekommt. Und da bemerke ich plötzlich, dass Butschi die Röte ins Gesicht schießt und er ganz hektisch seine Sachen umräumt. Was ist jetzt denn?

«Eeeey! Demirbay, du Loser!»

Ich denke, ich höre nicht richtig. Auf der anderen Straßenseite laufen zwei so richtige Arschlochkinder entlang, also solche, denen man das auf den ersten Blick ansieht. So alt wie Butschi, aber gefühlt schon Meilen weiter, also in die ätzende Richtung. Butschi hat Angst, das sehe ich sofort, und trotzdem versucht er hilflos, irgendein neutrales Lächeln hinzukriegen. Doch bevor er was rausbringt, stehen die beiden schon vor der Wolldecke und schauen amüsiert auf ihn und Pina runter.

«Na, du Opfer? Was machst du denn hier? Ist das deine kleine Freundin?»

Butschi und auch Pina versuchen, sich nichts anmerken zu lassen.

«Wie süüüüß, Digga. Ist das 'n Picknick?»

«Pickfick!»

«Voll homo!»

Beide lachen sich gekünstelt schlapp und schlagen sich gegenseitig ab. Dörte und mich nehmen sie gar nicht richtig wahr. Was mich zunehmend sauer macht. So redet man doch nicht, wenn Erwachsene dabei sind! Als Grundschüler! Was sind das für .... für ... für Wichser? Darf man überhaupt so denken als erwachsener Mensch? Können Achtjährige schon richtige Arschlöcher sein? Butschi schaut mich eindringlich an, und ich kann nicht deuten, was er von mir will. Soll ich lieber ruhig sein, oder soll ich ihm helfen? Aber mein Kopf ist wohl schon von selbst am Pochen, und Dörte schaut mich irritiert an, weil ich die Jungs offensichtlich sehr böse angucke, und dann gehe ich bewusst den letzten Schritt und stelle mich ganz nah an Butschi ran.

«Wir machen nur Spaß,» rudert der eine sofort zurück. «Er geht in unsere Klasse.»

«Is doch so, Demirbay, ne?»

«Normal. Alles gut», sagt Butschi und schaut verschämt auf den Boden.

Alles gut? Also wirklich! Butschi kriegt zum ersten Mal die Zähne auseinander. Er ist ja sonst nicht gerade auf den Mund gefallen, aber in diesem Moment ist ihm die Anspannung deutlich anzumerken. Und gerade als er einen Zipfel der Wolldecke über das «My little pony» legen will, haben die zwei anderen das natürlich schon längst bemerkt.

«Was ist DAS denn?»

«Alter...!»

Beide kreischen los und kriegen sich gar nicht wieder ein. Butschi wird knallrot, und auch mir läuft es heiß durch die Adern, weil ich mich sofort daran erinnere, wie damals ein paar Jungs aus meinem Faustballteam bei *Karstadt* an der Kasse meine nagelneue Nino-de-Angelo-Single in der Tüte gesehen haben. *Guilty Pleasures* nennt man so was heute, hat mir mal mein Neffe erklärt. Offensichtlich schämt man sich für Schlager-Singles, Dosen-Ravioli oder für Spielzeug-Ponys mit pinker Mähne.

Ich hatte damals auch meine *Big-Jim*-Figuren mit der *Barbie*-Spielwelt von meiner Schwester kombiniert und hätte einen Teufel getan, das in der Öffentlichkeit zuzugeben.

Zumal *Big Jim* einen halben Kopf kleiner war als die *Barbies* von Silke, und mit *Ken* wollte ich nix zu tun haben. *Big Jim* konnte auch bei *Barbie* Macker bleiben. Sie fuhr in seinem Jeep mit, und zusammen sahen sie so aus wie Sylvester Stallone mit Brigitte Nielsen. Und am Ende kann ich sagen, dass es tatsächlich pädagogisch wertvoll für mich war: Ich hatte noch nie Probleme, mir was mit größeren Frauen vorzustellen. Dörte ist auch, ehrlich gesagt, ein bis fünf Zentimeter größer als ich, je nach Tagesform. Und wenn Butschi seine Actionfigur auch mal auf einem pinken Pony reiten lässt – dann lass ihn doch!

Aber als Achtjähriger ist man da eben noch nicht ganz so souverän.

«Ist nicht meins, Digga.»

Tja, wie in der Bibel. *Noch ehe dein Wolldeckenflohmarkt zu Ende ist, wirst du dreimal dein rosa Pony verleugnet haben.* Butschi gab sich sichtlich Mühe.

«Das verkauf ich für einen Freund.»

«Ja, das hätt ich jetzt auch gesagt. Das ist so cringe!»

Beide Jungs hauen sich wieder auf die Schenkel und haben eigentlich gar keine Luft mehr in der Lunge, was dies affige Lachen noch viel widerlicher macht.

«Das ist mein Pony. Kostet drei Euro.»

Jetzt springt Pina von der Seite für unseren Butschi ein.

«Demirbay! Dann ist sie ja doch deine Freundin.»

«Zeig ma. Küsst euch ma. Mach doch ma.»

Und beide kreischen noch lauter. Butschi weiß wahrscheinlich gar nicht, wo er zuerst hingucken soll, und sortiert noch hektischer seine paar Sachen auf der Decke, und dann, ganz leise, fast stumm rutscht es ihm dann raus.

«Die ist nicht meine Freundin.»

Pina hat es auch gehört und bleibt bedröppelt neben ihm sitzen. Butschi versucht ein aufgesetztes ätzendes Lächeln. Ausgerechnet diesen Arschlöchern will er es recht machen. Doch die nehmen ihm sowieso keine Sekunde lang seine verzweifelten Versuche ab und beömmeln sich weiter. Er schämt sich vor Pina, und dann sucht er meinen Blick und starrt mich Hilfe suchend an.

«Ihr wisst aber schon, dass die Ritter früher auf Ponys in die Schlacht gezogen sind, nech?»

«Hä?»

Der noch Hohlere von den beiden guckt mich ausdruckslos an.

«Hamse neulich im *Mittagsmagazin* gebracht. Die Ritter früher. Die Bösen bei Robin Hood. Oder Tafelrunde usw.»

«Wie jetzt?»

«Die saßen auf Ponys und nicht auf Pferden. Kannste googeln. Das ist die aktuelle Forschung. Hamse Knochen gefunden. Ohne Scheiß. Und da hat aber keiner gelacht, wenn die im Kettenhemd auf ihren Ponys durchs Burgtor geritten sind.»

Beide Arschgeigen überlegen und schauen dabei immer wieder irritiert Butschis Spielzeugpony an.

«Das können Sie gar nicht wissen.»

Der weniger Hohle von den beiden siezt mich tatsächlich, immerhin.

«'türlich. Und wenn sich die Leute damals auch schon so schlapp gelacht hätten, wie ihr zwei Kapeiken heute, dann wären Ritter überhaupt nicht cool geworden. Hätte man gar keine große Story draus gemacht. Und das ist die Wahrheit: Die sind auf Ponys geritten, und die Leute fanden das trotzdem ganz geil.»

Pause.

«Aber doch nicht auf so was. Diese Weiber-Ponys.»

«Von der Größe her schon. Und sag nicht Weiber-Ponys. Was soll der Scheiß? Sind ja kräftig. Da nimmst du vier davon und kannst 'ne Bierkutsche ziehen.»

«Was labert er?», stupst der eine dem anderen den Ellbogen in die Rippe und reißt das Kinn hoch, was wohl das Zeichen zum Aufbruch ist. Weiterziehen. Irgendwo anders Kinder dumm anmachen. Ich halte immer noch das Pony in der Hand, und die Situation ist einigermaßen bereinigt.

«Oooooch, das kleine Pony. Das hat Malik sich damals zur Einschulung gewünscht. Weißt du das noch, Bärchen?»

Mit einem Satz alles kaputt gemacht! Butschis Mutter kommt mit dem Gelben Sack an die Mülltonnen und ist beim Anblick ihres Jungen samt Pony über die Maßen gerührt, dass sie wahrscheinlich selbst gerade überlegt, ihm das Ding für drei Euro abzukaufen. Doch dann geht sie doch lieber erst mal bestens gelaunt zu ihrem Auto, zieht sich die Sonnenbrille aus den Haaren vor die Augen und lässt ihren Jungen mit Totalschaden zurück. Die Arschgeigen lachen sich jetzt richtig schlapp und machen auch noch Fotos, die wahrscheinlich am Montag in der Klasse rumgehen. Bevor ich noch mal eingreifen kann, sind sie schon weg.

Butschi nimmt mir das Pony aus der Hand und schlägt es immer wieder auf den Boden. Doch das kleine Ding will nicht schrottgehen. Dann schaut er voller Scham Pina an, doch die nimmt einfach seine Hand und drückt sie.

Bedröppelt sitzt man eine Weile so vor sich hin.

Am Ende kauf ich für zwanzig Euro ein zum Batzen verklebtes Wikinger-Quartett, ein Autoquartett ohne Supertrumpf, ein Playstationspiel, das nur auf einer alten Konsole läuft, zwei Softtennisschläger, ein Pferdewissensbuch und ein rosa Pony mit Actionfigur. Und zwei Dosen Trockenshampoo. Leck mich am Arsch! Und wegen der Wolldecke muss ich Butschis Mutter auch noch fragen.

Ich kenne mittlerweile einfach zu viel Leute.

5

Ich bin gekauft worden. Also, übernommen worden. Wie so ein Fußballverein, der von einem Scheich gekauft wird, oder *Opel*, das von *Peugeot* übernommen wurde. So fühle ich mich und habe jetzt schon keinen Bock mehr. Mein neuer Vermieter hat sich gerade vorgestellt und stolziert durch meine Wohnung, als wär er Lord Fauntleroy höchstpersönlich, der seine Pächter inspiziert. Man ist wirklich machtlos.

«Guck mal, Rammi. Wenn du hier wohnen willst, machen wir dir im Bad dann auch vielleicht so ein WC mit Düse. Wie in der Werbung. Was du so gut fandst.»

Es ist tatsächlich dieser Typ aus Cloppenburg geworden. Er hat auch schon wieder seinen bescheuerten Sohn Rasmus dabei, der ihm gequält hinterhertapert und so gar keine Lust hat, sich das alles noch mal anzugucken.

«Ich fand das gar nicht. Mama fand das gut mit sonner Düse.»

«Ist ja auch egal. Aber so was kann man dann eben machen.»

«Noch bin ich ja hier. Und das bleibt wohl so», schalte ich mich ein.

«Ja ja. Ich meinte ja nur grad mal so zu meinem Sohn.»

So ganz aufgegeben hat der Sausack das wahrscheinlich immer noch nicht, mich hier eines Tages wegen Eigenbedarfs rauszuschmeißen, nur damit sein komischer Junge, der angeblich im nächsten Jahr in Hamburg studieren soll – was auch immer, mit welcher Begabung auch immer (!) –, hier ein Nest bekommt. Der Junge macht einen ziemlich tumben Eindruck, wenn man mich fragt. Und ich kann mir nicht vorstellen, dass er bei einer WG-Besichtigung die besten Karten hätte.

«Herr Prange, wir nehmen doch erst mal nur die ganzen Sachen auf, die wir hier vielleicht mal verändern wollen, und vielleicht wollen Sie selbst sich ja auch eines Tages verändern, und dann braucht man nur noch auf Go zu drücken.»

Einen Scheiß werde ich tun. Und das weiß er auch. Habe ich ihm bereits zigmal erzählt. Schon seinerzeit, als er mit dem Makler auf Besichtigung bei mir war. Und neulich noch mal, als der Hausverwalter sich bei mir per Mail gemeldet hatte, von wegen, dass ich jetzt einen neuen Vermieter habe und dass es ein gewisser Herr *Vick* sei, wobei ich da schon gespannt wie ein Flitzebogen war, ob der Mann jetzt wie das Hustenbonbon ausgesprochen wird oder wie eben das andere. Und dann kam der Moment, wo beide zusammen bei mir vor der Haustür standen und der Hausverwalter in der Gegensprechanlage ankündigte, dass man sich kurz mal persönlich vorstellen möchte, man habe sowieso gerade im Haus zu tun in Sachen Übergabeprotokoll und Zählerstände und was weiß denn ich. Und da klopfte mein Herz schon ein bisschen. Fast wie in dieser Herzblattsendung früher. «Ja, wer steht gleich für dich als neuer Vermieter vor der Tür, mein lieber Ralf? Ist es das arrogante Arschloch aus dieser Anwaltskanzlei, das über deine Schaumtapeten hergezogen hat? Oder ist es die esoterisch an-gehauchte Dralle aus Fischbek, die mit ihrer Lebensgefährtin näher ans Zentrum ziehen möchte, da diese einen «Filzerei»-Marktstand auf diversen Wochenmärkten Hamburgs betreibt, und die schon beinahe pathologisch überhört hatte, dass die Wohnung zurzeit langzeitvermietet ist? Oder ist es doch dieser

Familien-Typ aus Cloppenburg, der aus dem Mund nach *Maggi* riecht?

Tja. Es ist der Typ aus Cloppenburg. Und als ich die Wohnungstür aufgemacht habe und all das erkannte, war ich einerseits ein bisschen überrascht, andererseits aber auch zufrieden, dass sich wenigstens die Aussprachefrage sofort geklärt hat.

«Guten Tag. FICK mein Name. Jürgen Vick.»

«Ficker!», meinte Berni sofort.

«Ja. Prange, mein Name. Meinen Vogel kennen Sie ja vielleicht noch.»

«Ja. Außergewöhnlich.»

Dann wollten sie auch schon wieder für die Zählerstände in den Keller abschwirren.

«Herr Prange, wann können wir denn mal zu Ihnen in die Wohnung, quasi als Antrittstermin? Wir wollen noch ein paar Dinge ausmessen.»

«Ja, das muss natürlich auch bei mir passen. Aber ja ... gucken wir.»

Ausgerechnet der! Mit *dem* Sohn? Obwohl ich mir ziemlich sicher bin, dass die niemals eine Chance hätten, mich hier rauszukriegen – drauf ankommen lassen möchte ich es nicht. Deshalb will ich denen diesen Zahn sofort ziehen und gleich klarmachen, dass die Nachbarschaft in diesem Haus so gar nichts für ein schönes Leben in Sachen Eigenbedarf ist. Und da will so ein Termin gut gewählt sein.

Mittlerweile weiß ich nämlich mit ziemlicher Genauigkeit, wann der Ökospießer seine Kohlsuppendiät macht (Starttermin jeden ersten Samstag in allen ungeraden Monaten), wann der Haus-Chor neuerdings außerhalb der Adventszeit im Treppenhaus die sogenannten *Afterwork-Gospels* veranstaltet (jeden ersten und dritten Donnerstag), wer wann Geburtstag hat und wann und wie laut feiert oder wann Ilona Besuch von ihrem «Betreuer» bekommt, um das Geschäftliche zu regeln (alle fünf Tage zwischen 17 und 18 Uhr). Ilona bietet im Souterrain ihre Dienste als Liebesdame an, und eine solche Nachbarin ist ja auch nicht für jeden was.

Wie dem auch sei, all das habe ich mittlerweile zu einem Jahreskalender zusammengetragen. Dörte findet das übertrieben, aber am Ende ist sie dann doch beeindruckt, wenn ich sie mit meinen Berechnungen auch mal vorwarnen kann.

«Wenn du heute noch 'n Parkplatz bei mir kriegen willst, musst du dich ranhalten. Ich geh davon aus, dass um sieben nach'm Abendbrot wieder die Bridge-Damen bei der Nazi-Oma sind. Die werden von ihren Kindern gefahren. Das bindet vier Parkplätze.»

«Wie kommst du darauf?»

«Bei *Lidl* gibt's Gelee-Bananen im Angebot. Dann treffen die sich. Immer. Geizig und verfressen. Die ganze Bagage.»

Natürlich waren alle Parkplätze belegt, als Dörte zu mir kam. Das muss sie eben noch lernen. Aber was meinen neuen Vermieter betrifft, ist der heutige 8. September natürlich ein Topdatum. Alles stimmt. Es ist Donnerstag. Als der Vermieter mit seinem Cloppenburger Kennzeichen bei uns in die Straße einbog, wollte ich fast schon drauf wetten, dass es ein verklemmter Provinz-Freier für Ilona wäre, aber die hat ja gerade Besuch von ihrem «Betreuer» Dragan, und vor unserem Haus parkt in der zweiten Reihe sein eindeutig als Zuhälterkarre zu identifizierender Mercedes AMG mit Warnblinker. Dragan ist in Ordnung, sagt Ilona. Also ich weiß nicht. Im Treppenhaus singt der Haus-Chor auf Ebene zwei vor der Wohnung der Kapellas «Oh Happy Day», und genau in dem Augenblick, als ich für die Herrschaften aus Cloppenburg den Türsummer drückte, kreischte Tanja Kapella «When Jesus come» oder so ähnlich. Ich hab es bis in meine Wohnung gehört. Und ihr Mann Frank und auch Horst Rohde sangen untenrum in den tieferen Tonlagen mit. Wer sonst noch dabei war und ist, kann ich nicht identifizieren. Vielleicht sind ein paar Leute in der Wohnung geblieben, denn: Das Treppenhaus stinkt gewaltig. Seit sechs Tagen macht der Ökospießer Kohlsuppe. Volltreffer. Bei der Nazi-Oma geht die Tür auf, und sie brüllt «Wir sind hier nicht aufm Baumwollfeld! Ich krieg nachher Besuch!», sodass ich erst mal in meine Aufzeichnungen gucke, ob es heute schon wieder Gelee-Bananen bei *Lidl* gab. Und tatsächlich. Wie kann das ...? Egal. Viel besser ist, dass heute auch noch in der WG über mir Geburtstag gefeiert wird. Ob vom Hackenläufer oder vom Bumser? Ich weiß es nicht. Ist irrelevant für meine Aufzeichnungen. Normalerweise würde ich an solchen Tagen mit Dörte noch mal durch den Baumarkt schlendern und anschließend ins Kino gehen. Aber heute habe ich mich extra für meinen neuen Vermieter frei gehalten.

«Hallo Herr Prange. Schön, dass es heute endlich geklappt hat.»

«Ja. Gut.»

«Was ist das da oben denn für 'n Lärm?»

«Ach. Die alte Nazi-Oma?»

«Nein. Dieses Gesinge.»

«Das ist unsere Frau Kapella. Die möchte das so. Sie singt so gern.»

«Mmmh.»

«Papa, was riecht denn hier so komisch im Haus? Das hat hier doch neulich schon so gerochen.»

«Stimmt, aber das roch nicht so abartig wie das jetzt.»

«Ich riech gar nix», sage ich. Lüge ich. Denn mir ist selber fast schon zum Kotzen.

In der Wohnung über mir geht inzwischen ordentlich die

Post ab. Immer lautere Partymusik. Lachen und Kreischen, das immer hartnäckiger durch die Bodenritzen zu uns nach unten kriecht. Die Küchenlampe vibriert, wobei ich selbst nicht mal mit allerletzter Gewissheit sagen könnte, ob das an einer Polonaise liegt oder ob der Hackenläufer schon jetzt gaaanz dringend aufs Klo muss.

Auf dem Bürgersteig ist auch Gekreische. Beim Blick aus dem Küchenfenster sehe ich, dass Butschi auf die Haustür zugerannt kommt, hinter ihm eine Horde krakeelender Jungs. Sind da nicht auch wieder diese Typen von neulich dabei? Vom Flohmarkt-Desaster? Bevor ich etwas tun kann, schreit Ilona, die diesen Dragan gerade zu seinem Auto bringt, die Jungs in einer Tonlage an, die ich noch nie bei ihr gehört habe, aber die im Schutz der eigenen vier Wänden ja vielleicht zu ihrem Geschäftsmodell gehört. «Lasst den kleinen Scheißer in Ruhe, sonst setzt es was!» Die Bengel bleiben wie angewurzelt stehen und machen sich dann vom Acker.

Dass Vick junior keine Lust hat, hier jemals zu wohnen, spüre ich jetzt schon. «Alle nicht ganz dicht hier», denkt er sich wahrscheinlich und hat ja auch recht. Berni ist ebenfalls in Topform und krakeelt Versautes, und da fällt es so einem jugendlichen Landei aus Deutschlands Schweinegürtel (oder wie man die Gegend da nennt) bestimmt schwer, sich die ganze Immobilie mit ein paar Umbauarbeiten als ultracooles Junggesellenparadies vorzustellen. Dabei ist es genau das, was diese Wohnung jahrelang zwischen dem Tod meiner Mutter und dem Aufkreuzen von Dörte für mich bedeutete. Fast tut es mir schon wieder leid, dass ich es ihm madig mache. Seinem Vater geht der Lärm und auch mein Vogel mächtig auf den Zeiger, das merke ich an dem zusammengepressten Kiefer. Das Problem bei ihm ist allerdings, dass er ein Grinsegesicht hat. Ja, ein Grinsegesicht. Er ist Opfer seiner eigenen Physiognomie und immer am Grinsen, auch wenn es absolut unpassend ist. Vick ist der Anti-Merkel. Während ihr die gute Laune zu 98 Prozent der Tageszeit durch die schweren Mundwinkel aus dem Gesicht gezogen wird, ist es bei ihm exakt andersrum. Noch gegensätzlicher ist er zu Ralf Stegner von der SPD, der ja immerzu komplett beschissen gelaunt aussieht. Selbst wenn er hörbar lacht und sagt, was weiß ich, «Das ist ja herrlich!», drückt sein Gesicht aus, dass ihn mal alle ganz kräftig am Arsch lecken können.

Leute, die gegen die Sonne schauen, haben ähnliche Gesichter.

So. Und mein neuer Vermieter ist auf jeden Fall das Gegenteil.

«Der Trubel hier im Haus ist ja allerhand, Herr Prange.»

«Im positiven Sinne?»

«Nein, ganz und gar nicht!»

«Ach so. Weil, ich dachte. Weil, Sie gucken so.»

Ist doch wahr. Er guckt komplett amüsiert. Und das finde ich noch unheimlicher, als wenn jemand dieses Merkel-Gesicht zieht. Das fand ich schon unheimlich, als ich ein kleiner Junge war und mit meiner Mutter zum Polizeikasper gegangen bin. Dem haben sie ja auch so ein Dauergrinsen in den Kopf geschnitzt. Und wenn es dann hieß «Vorsicht Kasper, da ist ein Mitschnacker! Der will dich mitschnacken!», hat er nicht einmal seinen Gesichtsausdruck geändert. Aus der ersten Reihe konnte man das sehr gut sehen.

«Mama, warum grinst der Kasper immer?»

«Ach, Ralfi, weil er ein lustiges Gemüt hat. Das muss so!»

«Hat der Kasper vielleicht schon dritte Zähne?»

«Was fragst du, mein Süßen?»

«Hat der Kasper vielleicht schon dritte Zähne? Oder wie alt ist der? Herr Glindemann vom Spielzeugladen hat nämlich auch schon solche Zähne. Hat er gesagt!»

«Ach, Ralfi!»

«Als ich ihn gefragt hatte. Weil, der grinst ja auch immer. Vielleicht liegt das an den Zähnen. Weil, als Herr Glindemann neulich sauer war, weil ich das Glas mit den Flummis umgekippt hab und er noch geschrien hatte ‹Na warte, Freundchen, die sammelst du alle wieder ein, oder du bezahlst die, und wenn nicht, sag ich das deiner Mutter, Ralf Prange›...»

«Hat er ja dann auch gemacht.»

«Ja, aber bei mir hat er dabei gegrinst, Mama.»

«Du red'st einen Tüdelkram!»

Das war dann auch wieder so eine Story, die dann jahrelang auf den Familienfeiern zum Besten gegeben wurde. «Wisst ihr noch, als Ralfi diesen Brief an die Polizei geschrieben hat, dass der Polizeikasper ständig grinst, auch wenn das völlig unpassend ist?» Und dann haben sich wieder alle beömmelt. Die Wahrheit ist doch aber, dass mein neuer Vermieter wahrscheinlich demselben Phänomen unterliegt. Leute, die eine völlig neue Kauleiste bekommen haben, lächeln häufig unfreiwillig, und wenn der Zahnarzt so richtig Scheiße gebaut hat, dann grinsen sie permanent. Vielleicht sind es bei Vick auch die Zähne. Kann ja sein.

«Wissen Sie, Herr Prange, ich bin gehobener Vertriebsmitarbeiter eines namhaften Kartoffelpüreeherstellers aus dem Raum Cloppenburg, doch mein Sohn wird sich auf absehbare Zeit selbst nie so eine Wohnung kaufen können. Da musste Papi einspringen. Er hat in der Schule einfach nicht genug aufgepasst. Wissen Sie, wie ich meine?»

Und dann macht er mit der Hand einen Scheibenwischer vor seiner Stirn, während sein Sohn neben uns im Bad steht und an den Kacheln rumknibbelt, und ich warte noch auf eine Pointe, weil er grinst, als hätte er den Gag des Jahrhunderts auf die Rampe geschoben. Aber die kommt einfach nicht. Das war mir schon aufgefallen, als er damals zu seiner ersten Besichtigung bei uns in der Wohnung war und mit diesem Dauergrinsen über den Zustand der Gas-Therme hergezogen ist.

«Vielleicht hat er in sich reingelächelt. So Buddha-artig. Gibt ja so Leute», sagte meine Schwester am Telefon.

«Er ist nicht sanft, Silke. Das ganze Gesicht ist angespannt. Und er sagt ja auch ständig, wie alt und runtergekommen er meine Wohnung findet.»

«Ach komm, Ralfi. Du hast dein Gesicht ja nun auch nicht immer unter Kontrolle.»

«Was soll das denn jetzt heißen?»

«Sagt Dörte auch. Dass du manchmal so mürrisch guckst. Selbst wenn du Leberwurstbrot mit Gurkenhappen drauf isst.»

«Hallo? Ich liebe Leberwurstbrot mit Gurkenhappen!»

«Eben! Und trotzdem dieses Gesicht.»

«Ja, toll.»

«Wie, ja, toll? Bei dem Typ von deiner Wohnung ist es dasselbe. Der weiß gar nicht, dass er so guckt. Nur, dass er grinst.»

Das ist dann natürlich ganz besonders tragisch. Wie gesagt: Opfer der eigene Physiognomie, die ein absurdes, fast schon gehässiges Eigenleben führt. Ich meine, wenn solche Leute mit eingefrästem Grinsegesicht in der Onkologie arbeiten oder bei der Kriminalpolizei und schlimme Nachrichten an Angehörige überbringen müssen – da ist man ja arbeitsunfähig.

Dann plötzlich doch ein Witz von Vick senior, als ich sage, dass ich für meine Wohnung gerne einen neuen Rauchmelder hätte.

«Das klingt ja nach einem fairen Tausch.»

Und seine Grunzgeräusche teilen mir mit, dass es wohl tatsächlich lustig gemeint war.

«Dabei gehört mir die Wohnung ja schon. Ha, ha, ha. Sie verstehen?»

Das Kaspergesicht! Und dann, ohne eine einzige Faltenver-schiebung: «Rammi! Hör auf, an der Tapete von Herrn Prange rumzuknibbeln! Was soll denn das? Wie alt bist du denn, bitte schön? Geht ja gar nicht!»

Okay. Ich habe einen Paketmann, der, wenn er «du» sagt, entweder mich damit meint oder aber sich selbst. Ich habe eine Freundin, die auf meine verunsicherte Frage, ob sie vielleicht gerade irgendwas hat, mit «Nein» antwortet, und das auch so meint oder aber genau das Gegenteil, und ich habe einen Beo, der mir aus alter Treue auf den Finger hüpft und mich dabei als «Pimmelgesicht» beleidigt – da kann mich so ein dauergrinsen-der Vermieter doch nicht mehr schocken. Echt jetzt.

6

Tja. Es ist weit nach elf Uhr abends, und Dörte ist nebenan im Schlafzimmer schon am Schnarchen. Ich sitz mit meinem Laptop am Küchentisch und warte, ob vielleicht doch noch ir-gendeine Story reinkommt. Das letzte Posting ist von 19.21 Uhr von einem «Kai Hawaii», von dem ich nicht mit hundertpro-zentiger Sicherheit sagen kann, ob es ein erfundener Name ist oder nicht. Er schrieb: «Hallo, kann mir jemand sagen, ob der Kleingeldautomat bei der Sparkasse in der Fuhlsbüttler Straße funktioniert?» Und mit dieser öden Nachfrage möchte ich nicht ins Bett gehen müssen. So. Und genau deshalb hab ich auch ge-rade vor zwölf Minuten die Nerven verloren und meinen ersten eigenen Post abgesetzt. Allein, dass mir der Begriff «Post» so selbstverständlich durch den Kopf geht, zeigt, wie tief ich schon drinstecke.

«Im Borgweg stehen Gelbe Tonnen auf der Straße und ver-sperren zwei Parkplätze.»

Bis jetzt gab es noch keine einzige Reaktion. Nach zwölf Minuten! Ich fühle mich klein und unbedeutend und lasse mich von so einem Scheiß runterziehen. Es ist nämlich so, und ich bin auch überhaupt nicht stolz drauf: MEIN NAME IST RALF PRANGE, UND ICH BIN FACEBOOK-NACHBARSCHAFTS-GRUPPENSÜCHTIG!

Alles fing eigentlich schon im Spätsommer an, als ich Horst im Treppenhaus traf. Besser gesagt, wir unterhielten uns von offener Wohnungstür zu offener Wohnungstür, weil zwischen uns gerade frisch gefeudelt worden war.

«Hier, Horst. Jetzt siehst du's mal wieder: Sie haben wieder nicht die Fußmatten hochgemacht und nur drum rum gefeudelt.»

«Du; und jetzt wollen sie draußen noch 'n Bürgersteig machen. Und das zahlen wir am Ende ja auch mit. Und alles für die Katz.»

«Wieso jetzt?»

«Ja, bei den ‹Barmbekern› hieß es doch, dass hier in der nächsten Woche sowieso der Bürgersteig aufgerissen wird.»

«Aha.»

«Wegen Glasfaser.»

«Die ‹Barmbeker›?»

«So 'ne *Facebook*-Gruppe, wo ich Mitglied bin. Nachbarschaftsgruppe. Kennst du so was etwa nicht?»

«'türlich. Was glaubst du denn?»

«Nee, weil du ja fragtest.» Kopfschütteln bei Horst. «Er nu wieder.»

«Ich kenne das! Aber andere.»

«Andere was?»

«Gruppen und alles!»

Ich habe dann ziemlich schnell meine Wohnungstür zugezogen und erst mal Silke angerufen.

«Silke? Kennst du die ‹Barmbeker›?»

«'türlich. Bin ich auch drin.»

«Was ist das?»

«Bei *Facebook*. Ich bin da über Astrid reingekommen. Und da kriegt man ja gut was mit.»

«Was willst *du* denn von Barmbek mitkriegen?»

«Hallo? Ich hab da mein halbes Leben verbracht. Kann ich doch Mitglied sein und gucken, was da so passiert im Viertel. Ich hab hier zu Hause ja auch 'ne Gruppe für die Belange vor Ort.»

«Passiert da so viel?»

«Gestern erst wurde da gepostet, ob jemand weiß, wo man bei uns im Ort Chlorgranulat für 'n Aufstellpool kaufen kann. Konnte ich helfen.»

«Wieso, was schreibst du da?»

«Kann man nicht, glaub ich. Muss man bestellen.»

«Aber wissen tust du's auch nicht.»

«Wissen tut es ja keiner letztendlich. Was weiß ich denn? Aber ich kenn ja die Läden.»

«Die selber doch auch. Sind die dumm? Sonst sollen sie's doch googeln.»

«Du kannst nicht alles googeln, Ralf Prange. Du musst ja aber auch nicht in solche Nachbarschaftsgruppen. Du magst ja eh keine Nachbarn.»

«Es ist insgesamt besser geworden, Silke.»

«Jedenfalls, bei uns in der Kleinstadt-Gruppe ist eine dabei, die postet jeden Tag einen schönen Sonnenaufgang, und zwar immer von unterschiedlichen Plätzen aus. Gestern war's neben der Kirche. Heute Morgen hinter dem *Edeka*. Da kommt man gut in den Tag gleich. Oder Fahrrad gefunden. Hund gefunden. Katze gefunden.»

«Ja nee, nicht so 'n Scheiß. Wenn, dann will ich Handfestes.»

«Ja. Bei uns stand man mal 'n Mann vor der Grundschule.»

«Aha.»

«Dann wurde das gepostet.»

«Mmmh, aha!»

«Dann wusste man das.»

«Aha, und dann?»

«Dann stand er da nicht mehr. Kannst mal sehen.»

«Und in der Zeitung liest du ja überhaupt nix davon?»

«Von so was liest du überhaupt nix in der Zeitung.»

«Bei uns wird ja grad der ganze Gehweg aufgerissen. Angeblich.»

«Ja, wegen Glasfaser.»

«Steht auch nix im Wochenblatt von.»

Und da dachte ich mir: Wenn meine Schwester von der Nordsee aus eher mitbekommt als ich, dass bei uns Glasfaser verbaut wird, dann ist das nicht mehr meine Welt! Wo sind wir denn?

«Du, Silke, was steht denn jetzt grad über Barmbek bei den ‹Barmbekern›? Was Interessantes dabei?»

«Ja so weit kommt das noch, dass ich dir jetzt 'ne Zusammenfassung mach?»

«Lies doch ma. Ist da was Geiles drin?»

«Guck doch selber!

«Ich bin doch nicht mal bei *Facebook*.»

«Dann geh doch zu *Facebook*.»

«Ich lehne das ab!»

«Wir haben 2023! Alle machen *Facebook*. Dörte auch.»

«Butschi sagt, Facebook ist voll 2010. Ich soll *Insta*.»

«Du sollst *Insta*?»

«Sagt man so, sagt er. Ich glaub, er will so 'n ganz Harter sein, wie die Arschgeigen aus seiner Klasse.»

«Dann ist das eben voll 2010, ist doch egal. Am Ende machst

du das ja sowieso, weil du's sonst nicht aushältst. Wollen wir wetten, dass du nächste Woche bei *Facebook* bist?»

«Was soll denn das? Warum denn?»

«Weil du neugierig bist, Ralf Prange!»

Eine bodenlose Frechheit! Ich meine, ich bin Mitte 50. Habe eine Freundin. Ich stehe im Leben.

Soooo viel passiert ja in Barmbek nun auch nicht. Dachte ich mir so. Und die richtig wichtigen Sachen kommen sowieso ins Wochenblatt. Dachte ich noch so.

Noch am selben Tag habe ich es nicht mehr ausgehalten und Butschi eingespannt. Ich bin nicht stolz drauf.

«Wenn du bei *Instagram* bist ...»

«*Insta*.»

«Ja. Wenn du da bist. Dann bist du doch automatisch auch bei *Facebook*, oder? Kann ich mal bei dir gucken?»

Butschi saß zum Handydaddeln bei mir auf dem Teppich und schaufelte Chips in sich rein.

«Werd doch selber Mitglied.»

«Ich möchte es ja nur einmal angucken. Zu Recherchezwecken. Es kostet ja auch nix extra, oder?»

«Nee.»

Ich hätte natürlich auch Dörte fragen können, aber dieser Fall hier war irgendwie Horsts und meine Angelegenheit. Ich wollte sie da nicht auch noch mit reinziehen, sonst gibt das ja bald gar kein anderes Thema mehr.

Butschi meldete sich schließlich mit seinem *Instagram*-Account bei *Facebook* an, unter dem Namen Kilam Demi, warum auch immer, wahrscheinlich weil Kilam Malik rückwärts ist und Demi von Demirbay, ich habe nicht gefragt, und dann haben wir auf seinem Handy den Antrag gestellt, bei den «Barmbekern» mitmachen zu dürfen.

«Was verbindet dich mit Barmbek?»

«Ich wohn da.»

Das war einfach, und schon nach einer Stunde Warten waren wir drin. Und «Die Barmbeker» warteten gleich mit Breaking News über eine ehemalige Fleischerei in der Nähe der U-Bahn-Station Dehnhaide auf.

«Weiß jemand, was da jetzt reinkommt? Die haben die Fenster mit Pappe zugeklebt, und draußen steht ein Container davor.»

(Schrieb ein gewisser Lothar Köthe.)

«Da war ganz früher mal eine Wäscherei drin. Noch bevor das ein Schlachter wurde.»

(Carola Schmidtke)

«Das war ja nicht die Frage.» 😑

(Lothar Köthe)

«Warum denn gleich so aggressiv?!» 😡

(Carola Schmidtke)

«Da wird renoviert. Letzte Woche hing da noch ein Zettel von einem Burger-Laden dran. Aber der ist jetzt wieder ab.»

(Sa_Bienchen)

«Burger wär mal wieder geil. Hier sind ja auch erst fünfzig Burgerläden auf der Ecke. Ironiemodus aus!» 🤓

(Kaschi 73)

«Ich meine, der alte Schlachter hat sich damals erhängt. Der war verrückt geworden und hat einen Azubi mit der Dauerwurst verprügelt.»

(Lothar Köthe)

«R.I.P. Ich hoffe mal, die Familie hat es gut überstanden.» 😢

(Fenja Radke)

Im Viertelstundentakt rauschten die neuen Wortmeldungen in die Nachbarschaftsgruppe. Und während die großen Fragen im Raum standen, was jetzt aus der alten Schlachterei wird und wie es dem damaligen Azubi wohl ergangen ist, tauchte schon der nächste Post von einem «Manfred_MLLR» mit dem Hinweis auf, dass es im Alten Teichweg brennt. Ich war heiß!

Und dann musste Butschi ins Bett. Seine Mutter hatte ihn mehrfach gerufen, und er hatte ja sogar noch Abendbrot bei mir gegessen, damit ich noch ein bisschen länger in der Nachbarschaftsgruppe am Ball bleiben konnte. Er ist ein Lieber. Aber irgendwann musste er halt hoch, und dann saß ich da. Ein Gefühl, als wenn während des WM-Endspiels der Fernseher kaputtgeht. Um halb zehn hab ich es nicht mehr ausgehalten und hab Butschi angerufen.

«Weißt du, wie spät es ist?»

«Du spielst doch sowieso grad noch irgend 'n Spiel aufm Handy.»

«Zum Einschlafen.»

«Kannst du mal gucken, ob sich noch was getan hat?»

«Digga!»

«Sag nicht Digga zu mir.»

Dann Stille. Dann rascheln.

«Was denn jetzt?»

«Ja, warte.»

«Ja.»

«Es wird gemunkelt, dass da erst eine Burgerkette reinwollte, die aber mittlerweile pleite sind, und dass da jetzt wohl doch nur ein Gebraucht-Fahrradladen reinkommt. Das wissen die, weil ...»

«Ja, warum?»

«Warte! Weil das der Bruder von der Blumen-Frau sein soll, wo die Tulpen so billig sind. Die hatte das gesagt zu einem in ihrem Laden. Und ein anderer meinte noch, dass er sich mal einen *Dyson*-Flagship-Store für Barmbek wünschen würde, weil das würde ja die ganze Ecke aufwerten.»

«Ja. Und der Schlachter hat sich wirklich aufgehängt?»

«Das steht hier nicht.»

«Und was ist mit dem Feuer? Im echten Internet war nix dazu.»

«Wahrscheinlich ein Reifenlager. Weil, so brennen nur Reifen, schreibt einer.»

«Du bleibst dran.»

Als ich ihn am nächsten Morgen um kurz vor sieben angerufen hab, gab es in der Schlachterei-Geschichte nichts Neues, und das Feuer entpuppte sich als ein ganz normaler Grill-Abend im Stadtpark, und ich hatte da eigentlich schon keinen Bock mehr auf diesen Kram. Da sind tatsächlich auch eine Menge Verhaltensauffällige dabei. Meine Meinung. Wer jeden Tag irgendeinen Sonnenaufgang oder -untergang fotografiert und dafür auch noch übermäßiges Lob erwartet, von wegen «Du *musst* das beruflich machen, du hast so viel Gefühl dafür», hat einen an der Waffel.

Und trotzdem!

Diese Gruppe ist wie eine Tüte mit alten Erdnussflips: langweilig. Und trotzdem auch irgendwie geil. Du legst sie weg, und nach drei Minuten greifst du noch mal rein. Und dann immer wieder, bis die ganze Tüte leer ist. Ich bin auch nur Mensch. Ich war heiß auf Infos und fasziniert davon, wie offen und unbekümmert sich diese Leute über ihre Nachbarn unterhalten.

Wenn man im Treppenhaus tratscht, dann spricht man ja automatisch leiser, man flüstert fast oder unterhält sich hinter vorgehaltener Hand, aber bei den «Barmbekern» wird quasi gebrüllt, und alles wird mit Ausrufezeichen und Emojis versehen, als würde mein versauter Beo höchstpersönlich mitposten.

Bei meiner Schwester in der Nachbarschaftsgruppe von der Nordsee wurde sogar öffentlich gefragt, warum bei einer Veronika Scheil gerade der Krankenwagen vor der Haustür steht und ob jemand weiß, was da los ist. Kurz darauf die Einordnung, dass sie wahrscheinlich besoffen im Bett liegt, man hätte schon gestern Abend auf dem Zeltfest gesehen, wie breit die war und mit wem die alles rumgemacht hat. Im Grunde also eine Art Promi-Klatsch, nur nicht mit Promis, sondern mit Normalos wie jener Veronika Scheil oder diesem Schlachter aus Barmbek. Eine VUP-Meldung. Very Unimportant Person. Schon irgendwo grenzwertig, und ich bin auch nicht stolz drauf. Aber nach gut einer Woche reichte es mir nicht mehr, an den Tagesrandzeiten mit Infos aus zweiter Hand, nämlich von Butschis Handy, versorgt zu werden.

Okay. Ich habe mir dann doch einen eigenen Account zugelegt, allerdings nicht, weil ich eingeknickt bin, wie meine Schwester natürlich sofort meinte, sondern vor allem, um Butschi zu entlasten. Der Junge braucht seinen Schlaf.

«Du bist wie einer, der mit über dreißig noch das Rauchen anfängt.»

«Ach, lass mich doch. Außerdem guck ich ja nur. Ich poste ja nichts.»

«Ja, das warten wir mal ab.»

Sie nun wieder. Ich bin jetzt offiziell Mitglied bei den «Barmbekern» und hänge zugegebenermaßen viel am Rechner oder Handy, und Dörte ist schon einigermaßen genervt davon. Sie selbst hat mit ihrem *Facebook*-Account schon seit März 2013 nichts gemacht. Auf ihrem Profilbild trägt sie noch einen Nasenstecker. Auf jeden Fall haben wir eine Abmachung: Für jede Stunde in der *Facebook*-Gruppe gehe ich mit ihr eine halbe Stunde spazieren.

«Damit du mal wieder ins echte Leben kommst.»

«Es ist schon viel weniger geworden ...»

«Du hängst nur noch am Rechner.»

«Ich mach das nur nebenbei und je nachdem, was so reinkommt.»

Wir machen nun also recht ausgedehnte Spaziergänge; am liebsten geht Dörte mit mir durch die Kleingartenvereine, weil sie sowieso schon länger mit einem kleinen Schrebergarten liebäugelt, am besten irgendwo am Osterbekkanal. Sie würde gerne Gurken anbauen und so was alles und eigene Apfelringe im Dörrautomaten trocknen. Meine Schwester ermutigt sie ständig dazu, weil sie selbst auch einen Dörrautomaten hat und Mangos aus dem Supermarkt trocknet, nächtelang, um mir am Ende immer zum ersten Advent ein kleines Tütchen Trockenmangos schenken zu können, das aus dem Supermarkt nur die Hälfte kosten würde und, ehrlich gesagt, ein bisschen «professioneller» schmeckt, vor allem, was die Bissfestigkeit angeht. Na ja.

Dörte will offenbar ins Grüne, als «Ausgleich», wie sie sagt, und egal, was wir gerade im Viertel unternommen haben – am Ende laufen wir gaaanz zufällig über einen dieser Kleingartenvereine zurück nach Haus.

«Guck mal, Ralf. Ist doch gar nicht mehr so spießig wie früher.»

Ich weiß nicht. Da können sich die Leute die modernste Flecht-Möbel-Lounge der Welt auf die hutzelige Terrasse stellen – am Ende schwitzt der Jägerzaun immer noch das ganze Carbolineum aus den 70ern aus. Und man fühlt sich ständig angestarrt, auch wenn gar keiner im Nachbargarten steht.

Heute Nachmittag jedoch lernten wir bei einem dieser Spaziergänge das Ehepaar Jürgensen kennen, als Dörte über die Hecke fragte, ob es in dem Verein eventuell noch freie Parzellen zu mieten gibt. Über dem Gartentor prangt ein großes Holzschild mit eingebrannten Buchstaben: «Shiloh-Ranch», an den zwei Fahnenmasten wehten eine HSV- und eine Deutschlandfahne.

«Entschuldigung? Darf ich Sie mal was fragen?»

«Ja. Was denn?»

Herr Jürgensen steckte seinen Kopf durch die Hecke. Er war gerade dahinter am Jäten, und als er sich aufrecht auf seine Gartenhacke lehnte, merkte man erst, wie klein er war. Vielleicht eins fünfzig, auf jeden Fall kam durchs Aufrechthinstellen nicht mehr viel Körperlänge dazu. Er ist ein Mann, der in gebückter Haltung genau so groß ist wie in aufrechter. Seine Frau war sofort aus dem Häuschen, also im wahrsten Sinne des Wortes, und kam ebenfalls an die Hecke von wegen «Wer quatscht denn da so einfach meinen Mann an, da muss ich gleich mal gucken. Hier ist ja was los!», und vielleicht ist genau das auch die Herkunft dieser Redewendung? Geboren im deutschen Kleingartenwesen.

«Wissen Sie vielleicht, ob es hier noch freie Parzellen gibt?»

«Nein, zurzeit leider nicht. Da sind Sie nicht die Einzigen, die fragen.»

«Ach schade. Hätt ja sein können.»

«Das Nachbargrundstück, das war vor einem halben Jahr noch zu haben.»

«Och nee …, das wär's ja gewesen.»

«Er hatte nämlich seine Frau sitzen gelassen, und deswegen …»

«Schwul!», rief Frau Jürgensen noch im Laufen aus dem Häuschen zu uns an die Hecke, quasi als Begrüßung, und ab da wechselten sich die Jürgensens beim Erzählen der Umstände über das Ehe-Aus der Ex-Nachbarn ab. Ich zog leicht an Dörtes Hand, als verstecktes Signal zum Abhauen, aber sie ist einfach zu höflich manchmal.

«Er ist Zahnarzt in Wandsbek …»

«… ohne Doktor allerdings.»

«Ohne Doktor. Sie macht irgendwas in einem Steuerbüro.»

«… in der Alstercity.»

«Und er hat jetzt auf jeden Fall einen Freund.»

«Kinder haben sie nicht. Wenigstens das.»

«Nette Leute an und für sich.»

«Sie mehr.»

«Er aber auch.»

«Jetzt wohnen da Jugoslawen.»

«Kroaten.»

«Ja. Aber auch nett.»

«Aber anders. Man sieht sie kaum am Beet.»

«Sie mulchen.»

«Er hat eine Versicherungsagentur, und sie arbeitet beim Amt.»

Und schon waren wir von den Jürgensens ins Schlepptau über die ganze Anlage genommen worden. Zu jeder Parzelle gab es was zu erzählen: Wer da nach Feierabend wohnt, wie viele da wohnen, wer schon Solar auf dem Dach hat, wer eine Grundwasserpumpe hat, wer gerade mit dem Gedanken spielt, sich einen Mähroboter anzuschaffen und wo es die besten zu kaufen gibt. Und als wir gerade beim Mähroboter waren und ich Dörte immer heftiger am Arm zog, weil ich echt mürbe gelabert war von den Leuten von der Shiloh-Ranch, da geschah etwas Magisches.

Immer mehr Leute aus dem Kleingartenverein reckten ihre Köpfe über die Berberitzen, Buchsbaumhecken und Stabmattenzäune und schalteten sich ungefragt ein – wie beim echten *Facebook*!

«Hauptsache, du kaufst Marke. Der andere Scheiß taugt nix.»

(Klaus von der «Ponderosa»)

«Ich sag ja sowieso: Lieber selber mähen. Dann hast du's in der Hand.»

(Herr Jürgensen)

«Bei der kleinen Fläche auch, ne?»

(Frau Jürgensen)

«Denn gehst du mit der Hand drunter zum Saubermachen, und denn mäht er von selbst los nachher, so 'n Roboter.»

(Rieke von der «Casita Rieke y Holger»)

«Der Handel will das ja nur, dass wir das kaufen!»

(Kai vom «Neverland»)

«Wenn du mal drei Wochen nicht mähst, wegen Urlaub oder so, dann kommt er irgendwann nicht mehr durch die Scheiße durch, wenn du mich fragst.»

(Ein Spaziergänger, Horst-Dieter mit Deutschland-Hütchen)

«Das kommt noch dazu!»

(Herr Jürgensen)

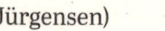

(Rieke von der «Casita Rieke y Holger»)

«Na ja, wer drei Wochen lang den Urlaub woanders verbringt, der ist auch kein Gärtner.

Sorry, auch wenn es hart klingt, aber dem spreche ich es ab! Ist so. Steh ich zu.»

(Klaus von der «Ponderosa»)

«Försters fahren ja zwei Wochen weg. Da bin ich dann am Mitgießen.»

(Frau Jürgensen)

«Wo fahren die denn hin? Wieder ins Allgäu?»

(Rieke von der «Casita Rieke y Holger»)

«Nein, Radfahren an der Elbe.»

(Frau Jürgensen)

«Ich denk, er hat Gürtelrose? Wie kann das denn?»

(Klaus von der «Ponderosa»)

«Ich war mal im Allgäu. Das braucht auch kein Mensch!»

(Ralf Prange, Zugelaufener)

Alle drehten sich zu mir um, und wie im echten *Facebook* muss es ungefähr so gewesen sein, als wenn man einfach ungefragt in ein geschlossenes Forum eindringt, wie ein HSV-Fan auf der Werder-Seite oder Jerome Boateng bei der AfD-Jugend. Was will *er* denn? Alle starrten mich an. Eine Horde Erdmännchen und -frauchen. Und dann lösten sich Gespräch und Teilnehmer nach und nach auf, und auch die Jürgensens gingen zurück zu ihrer Parzelle und fächerten mit dem Handfeger abgeschnittenes Unkraut von den Waschbetonplatten.

Den Rest des Tages war ich schlecht gelaunt, und das einzig und allein aus dem Grund, dass ich nun ja wohl zu gerne erfahren hätte, ob die Försters jetzt noch in den Urlaub fahren oder ob das alles nur vorgeschoben ist und er sich heimlich in eine Gürtelrosenklinik hat einliefern lassen.

Und genauso schlecht gelaunt sitze ich jetzt hier, weil ich so bescheuert und naiv war, meine Beobachtung der Gelben Tonnen im Borgweg in meine Nachbarschaftsgruppe bei *Facebook* reinzusetzen. Wer bin ich denn? Vielleicht muss man sich auch erst mal richtig vorstellen von wegen «Hallo, Ralf Prange mein Name, ich bin neu hier. Weiß jemand, wo's einen guten Augenarzt gibt?». Quasi als Alibifrage, als kleiner Begrüßungsbrocken, den man den alten Hasen so hinwirft. Dann haben sie was zu bequatschen, und alles fühlt sich für alle ganz normal an. Und dann poste ich am nächsten Tag einen Sonnenuntergang am Stadtpark oder ein Schwanenpaar am Goldbekufer. Und dann gibt das ja vielleicht schon den einen oder anderen Daumen, wie Butschi meint, oder irgendjemand schreibt «Zauberhaft».

Leck mich am Arsch. Das ist dann vielleicht eben die Aufnahmegebühr, die man zahlen muss.

Obwohl ... warte mal! Ich glaub es nicht! Es ist 23.47 Uhr, und eine Bini Juskowiak hat geantwortet: «Danke für die Info.

Warum räumt das keiner wieder weg, wenn die Tonnen aus-
geleert sind??!!» 😡 😡 😡

Leute, man hört mich. Ralf Prange ist drin!

7

Es ist frühmorgens Viertel nach sieben, und in der WG über
mir ist ein Höllenlärm. Durch den Wasserschaden vor einigen
Monaten war bei denen der ganze Holzboden Schrott, und seit
ein paar Tagen wird er tatsächlich nach wochenlanger Hand-
werkersuche mit der dicken Schleifmaschine bearbeitet. Dörte
verdreht neben mir im Halbschlaf die Augen und gibt mir mit einem knappen «Das ist das, was ich meine...» zu verstehen, dass
sie nach wie vor den Gedanken an eine eigene Parzelle in der
ruhigen Kleingartensiedlung trotz der durchgeknallten Shiloh-
Ranch-Leute noch nicht ganz aufgegeben hat. Auch ich hätte in
anderen Momenten wahrscheinlich schon längst rumgeflucht,
aber hier und jetzt kommt mir der Lärm fast gelegen. Dörte hat
Spätschicht, und wenn ich mal davon ausgehe, dass die Brüder
da oben mindestens noch eine Stunde am Rumschleifen sind,
könnte es ja durchaus zu einer intimen Annäherung kommen.
Okay. Ich muss gestehen, dass mir das leichter fällt, wenn es
begleitenden Umgebungslärm gibt. Manche Leute soll die Vorstellung ja antörnen, dass andere ihnen beim Liebesspiel zuhören, aber für mich persönlich ist das nix. Allein der Gedanke,
dass man mich in Aktion im Treppenhaus hören könnte, ist der
absolute Horror. Was soll daran antörnend sein, wenn die Nazi-
Oma von oben mit ihren Enkeln durch das Treppenhaus läuft
und ihnen die Ohren zuhalten muss. Ich bin doch kein Punk!
Und deswegen bin ich ganz froh, wenn die Waschmaschine
dabei läuft oder draußen vor der Tür ein Baustoff-Lkw einen

Höllenlärm macht, weil er palettenweise Dachpfannen ablädt oder so was. Dann fühl ich mich sicherer und geborgener, und darum geht das in der Liebe ja auch, finde ich.

Immerhin bin ich etwas aus der Übung. Mein letztes Mal ist schon ein paar Jährchen her, muss ich gestehen, bin ich nicht stolz drauf. Als Dörte das erste Mal bei mir übernachtet hatte, war es eher noch Zufall. Wir lagen gemeinsam bei mir auf dem Bett und nicht im Bett, und allein das ist ja schon ein feiner, kleiner Unterschied – und auch nur deshalb, weil im Schlafzimmer das Fernsehbild stabiler ist. Ist so! Ohne jeden Hintergedanken. Sie trug eine Bequemhose und Übersocken über ihren Sneakersöckchen, ich selbst hatte noch meine Hausschuhe an, um nicht völlig falsche Signale zu senden. Wir hielten Händchen und schauten irgendeinen Dokukram über die Serengeti. Und minutenlang wurde der Zeugungsakt von zwei Nashörnern gezeigt, minutenlang (!), weil das wohl so selten ist. Ich gehe übrigens davon aus, dass die zwei Exemplare genau wussten, dass sie gefilmt werden, so befangen, wie die geradeaus starrten. Nur nichts anmerken lassen. Und genauso eingeschüchtert schauten Dörte und ich geradeaus, als wir den Nashörnern dabei zugucken mussten. Eisern schweigend. Wir beide dachten dasselbe, das war zu spüren. Das Thema war auf dem Tisch. Unter Druck gesetzt von Nashörnern, aber natürlich war es in dem Moment unmöglich, einen Annäherungsversuch zu starten. Wie pervers wäre das denn rübergekommen, bitte schön? Angestachelt von Nashorn-Sex? Leute! Einfach umzuschalten, wäre allerdings auch unsouverän rübergekommen. Ich ließ meine Gedanken kreisen und schaute gar nicht richtig hin, bis mich endlich die dröhnend laute «Hart aber fair»-Anfangsmelodie erlöst hat.

«Oh, Plasberg, ne? Ich mag ihn ja gucken.»

«Ja, ganz gut manchmal.»

«Bissig isser!»

Dann schauten wir noch die Gästevorstellung, und noch bevor irgendein Tourismusbeauftragter aus der CDU sein Eröffnungsplädoyer fertig vorgetragen hatte – war Dörte schon eingepennt.

Tage später war Micki zu Besuch und hat sich im Express-Tempo zwei Halbliterflaschen polnisches Exportbier reingesaugt. Dörte und ich haben dann anstandshalber eine Flasche *Rotkäppchen* aufgemacht, die nicht richtig durchgekühlt war, und noch Aperol draufgekippt, weil man dann guten Gewissens Eiswürfel in den Sekt machen kann. Denn nur so in den Sekt rein gehört sich nicht, finde ich. Ist keine Art. Kurzum: Es lief gut runter, und da war Micki auch schon längst nicht mehr da.

Und dann ließ Dörte diesen etwas zu langen Blick über mein Gesicht gleiten, strich mit dem Zeigefinger liebevoll mein kleines Flaumbärtchen an der Oberlippe glatt und küsste mich, und da ahnte ich schon, was anstand. Weil, so hatte sie mich noch nie geküsst, mit diesem warmen Atem aus ihren Nasenlöchern auf meinem Gesicht. Ich hatte bis zu diesem Augenblick immer Angst davor gehabt.

«Wollen wir vielleicht schon ins Bett gehen?»

«Willst du fernsehen?»

«Nein.»

Sie hatte einen leichten Silberblick. Vielleicht der Alkohol. Vielleicht wollte sie auch extra so gucken. Ich fand's nicht schlecht, war aber irgendwo eingeschüchtert.

«Es ist ja grad mal halb acht.»

«Mmmmh.»

«Gleich kommt im Dritten ‹Hamburg Journal›.»

«Mmmmh ... weiß nicht ...»

«Aber das kann ich natürlich auch online abrufen.»

«Mmmmmmh.»

«Mediathek. Das ist da denn ab gleich ein Jahr vorrätig.»

«Ich möchte mit dir schlafen, Ralf Prange», hauchte sie mir ins Ohr, und ich bin fast ohnmächtig geworden oder war wie weggetreten, wie so ein Hund, den man genau an der richtigen Stelle am Ohr krault.

«Kommst du?»

Sie nahm meine Hand.

«Bin gleich bei dir. Ich schmeiß nur noch schnell 'ne Buntwäsche an.»

Vierzig Grad. Restlaufzeit 1:03. Nach circa einer halben Stunde das erste Zwischenschleudern und Endschleudern bei 0:55 – das sollte ja wohl reichen, um sich auch mal wieder richtig gehen zu lassen, nach der jahrelangen Durststrecke. Und mit schlottrigen Knien bin ich dann hinter ihr her in mein Schlafzimmer. Ich war einfach nicht in der Verfassung, meiner Rolle als Gastgeber gerecht zu werden und voranzugehen.

Das war unser erstes Mal. Es hat nicht mal bis zum Zwischenschleudergang gedauert, aber die Maschine sorgte dennoch für genügend Geräuschkulisse, um sich sicher zu fühlen.

Man muss allerdings vorsichtig sein und die Geräuschquellen variieren, damit das Dörte nicht auffällt, und schon gar nicht den Nachbarn. Nicht, dass die irgendwann denken, immer, wenn die Waschmaschine läuft oder die Musik lauter aufgedreht wird, fallen irgendwelche Leute übereinander her! Kann es vielleicht sogar sein, dass der Bumser über uns seinen Schleifvorgang nur vortäuscht, mit einer Schleifgeräusch-CD auf voller Lautstärke, um noch mehr Gas geben zu können als sonst?

«Er müsste eigentlich nur so 'ne Bluetooth-Box mit Panzertape auf diesem Staubsaugerroboter festmachen, und dann fährt der durchs Schlafzimmer.»

«Ralf, du steigerst dich da schon wieder in so was rein», sagte meine Schwester Silke neulich am Telefon, als ich ihr von meinem Verdacht erzählt habe.

«Es wär täuschend echt. Die perfekte Bodenschleifer-Illusion.»

«Ich denk, mit Geräuschen von der CD und nicht Bluetooth.»

«Silke, das sind junge Leute. Da gibt's ja Adapter und sonst was. Jetzt sperr dich doch nicht so!»

«Mal ehrlich, Ralf. Welche Frau, jetzt mal aus meiner Sicht, hätte da Lust drauf? Bei dem Lärm?»

«Deine Nachbarn machen's doch am offenen Fenster und hören die *Böhsen Onkelz* dabei!»

«Die machen's ja nicht *am* offenen Fenster, Ralf. Und außerdem ist Musik ja wohl noch was anderes als Bodenschleifen.»

«Geschmackssache. Du hattest früher in deinem Zimmer doch auch immer laut Johnny Logan an, wenn dein Freund zu Besuch war. Fandst ja auch besser.»

«Das ist ja wohl auch passender.»

«Auf der andern Seite weiß man dann natürlich auch sofort, was Sache ist, wenn da so 'ne Schnulzmusik läuft.»

«Ralf ...»

«Nee, man spürt es dann sofort durch die Zimmertür. Mama hat auch immer geschmunzelt.»

«Ach, dann muss ich also die *Böhsen Onkelz* hören oder Bodenschleifgeräusche oder die Waschmaschine im Schleudergang, damit das keinen Verdacht erregt. Ja, danke auch!»

«Das ist der Preis, den wir zahlen, Silke.»

Dörte hat bei sich in der Wohnung so eine Vogelstimmen-Box, die über einen Bewegungssensor sofort anspringt, wenn man ihr Badezimmer betritt. Auch wenn man sich nur mal kurz die Hände waschen will, geht dieses nervige Vogelgepiepe an. Und das nervt mich dann auch schon wieder, weil ich dann ja gar nichts verrichte, was eine solche Akustikmaßnahme rechtfertigen würde. Und sie denkt dann vielleicht noch sonst was.

«Du, Dörte!», ruf ich dann. «Wo ist denn die Nagelschere hin? Ich will mir grad nur kurz die Nägel schneiden und …»

«Liegt sie nicht in der Schale?»

«Ah! Jetzt seh ich's auch. Alles klar. Ich schneid dann mal meine Nägel, deine Fiskars schneidet so schön rund. Da muss man gar nicht nachfeilen.»

«Was sagst du?»

«Ich schneid mir die Nägel.»

«Machst du dann das Fenster auf?»

«ICH SCHNEIDE MIR DIE NÄGEL!»

Was mein Liebesleben mit ihr betrifft, ist mir die Geräuschuntermalung nicht nur allein wegen der Nachbarn wichtig, sondern auch für uns als Paar.

Weil, wenn man jahrelang allein gelebt hat, dann bekommt man einen richtigen Schreck, wenn man seine eigene Stimme im Beisammensein mit anderen wahrnimmt. Also Geräusche, spontane Äußerungen, Freudenschreie, was weiß ich, so ein ganz inniges und ehrliches «Leckomio, wie geil», wenn man einem Spiegelei in der Bratpfanne beim Werden zuschaut.

Also mein ganzes Leben lang, oder zumindest die meiste Zeit, hab ich das alleine mit mir ausgemacht. Und als nach und nach Butschi und Micki in mein Leben traten, bekam ich das erste Mal diesen Schreck, als Butschi an der Playstation glänzte und ich mich dieses freudige «Leckomio» sagen hörte, was bisher einzig in meinem innersten Privaten Verwendung fand.

«Leckomio, was für 'n geiles Tor, Butschi.»

Als wär mir ein Furz rausgerutscht. Und genau so guckten die beiden mich auch an.

«Was is los, Prange?», musste Micki lachen, und schon war ich fast wieder eingeschüchtert. Und auch ans – ja, wie sagt man – *Stöhnen* vor Dörte muss ich mich immer noch gewöhnen. Nicht, dass Dörte da komisch drauf reagiert, nein, aber für *mich* fühlt es sich komisch an, mich selbst so zu hören.

Schlimmer ist fast nur die Vorstellung, sich beim Sex auch noch selbst zu sehen. Also vorm Spiegel oder so, man kennt das ja aus Schilderungen in Funk und Fernsehen, dass manche Leute sich so was extra übers Bett hängen. Für mich wär das wirklich das Allerletzte.

Völlig neue Probleme, seit ich Dörte kenne! Was einem Beziehungen alles abverlangen, stresst mich jetzt schon wieder total. Ehrlich. Und ich bemühe mich ja. Doch irgendwann fing Dörte auch noch an, Kommentare abzugeben. Wir waren gerade *dabei,* wie man so schön sagt, und es fühlte sich alles wunderbar an. Im Fernseher lief das *heute journal* auf 18 Balken Lautstärke, weil das hegt überhaupt keinen erotischen Verdacht in der Nachbarschaft und war laut genug, um meinen eigenen Äußerungen entgegenzuwirken, auch wenn ich mit einem halben Ohr beim Bericht der ZDF-Börsenfrau Valerie Haller war. Wenn die wüsste!

Und wirklich mittendrin gab es plötzlich Tonprobleme. Anfangs hörte man Marietta Slomka noch hilflos fragen «Valerie Haller?», dann war der Ton auch bei ihr weg. Es gab nur noch das Ticken der Uhr, das Summen und Klackern der Gas-Therme in meiner Wohnung – und uns.

Und plötzlich, ohne jede Vorbereitung, meine ich, dieses versaute Wort gehört zu haben. Konnte das sein? Ich dachte erst noch, dass es vielleicht Berni war, der aus dem Wohnzimmer rübergegrölt hat, aber nein, es muss Dörte gewesen sein. Also wirklich was ziemlich Versautes, Aufforderndes, was auch gar nicht wirklich zu ihr passte. Habe ich mich vielleicht verhört? Aber was kann man schon schreien, wenn man intim ist, was nichts mit dem Akt selbst zu tun hat? «Feuer, Feuer!»? Aber

dann würde man ja wahrscheinlich auch nicht einfach so wei-
termachen. Es ließ mir auf jeden Fall keine Ruhe.

«Was hast du eben grad gesagt?»

«Wa...?» Sie war recht atemlos.

«Was hast du eben grad gesagt?»

«Wie?»

«Was du eben gesagt hattest, ich hab's nicht ganz verstanden.
Akustisch.»

«Ich weiß nicht ...»

«Du, ich wollte nur sichergehen, dass ich auch alles richtig
mache, weißt du?»

«Ralf ... ich weiß wirklich nicht. Lass uns einfach weiterma-
chen.»

«Du, kein Ding. Kein Ding.»

Ich spürte ihren heißen Atem an meinem Ohr. Manchmal
kann ich immer noch nicht glauben, dass wirklich Dörte,
die *Hermes*-Frau, früher *DHL*, die mich schon seit Jahren im
Sommer immer mit ihren kurzen Zusteller-Shorts um meine
gewohnte Paketannahme-Routine brachte, dass diese Dörte
wirklich in guter Regelmäßigkeit hier in meinem Bett liegt und
mich anhaucht. Es lag ein merkwürdiges Schweigen in der Luft,
als wenn man gemeinsam beim Essen im Restaurant sitzt und
der Gesprächsstoff plötzlich alle ist. Unerträglich.

«Irgendwas hast du ja aber gesagt.»

«Kann sein.»

«Weil, wenn das was Wichtiges war ...»

«Ich möchte das jetzt nicht wiederholen, Ralf. Das passt jetzt
nicht mehr.»

«Du, ich wollte jetzt nicht die Stimmung kaputt machen. Ich
habe es einfach nur akustisch nicht richtig verstanden.»

«Schon gut.»

Sie wurde richtig rot.

«Sonst sagst du's einfach noch mal, wenn es wieder passt.»

«Vielleicht.»

Wir lagen so beieinander, und sie nahm einen Schluck Wasser aus der Sprudlerflasche vom Nachttisch. Im Fernsehen lief eine Tonstörungsbanderole durchs Bild, und als auch noch Berni «Ficker» rüberkrächzte, war die Sache endgültig gegessen. Ich habe seitdem nichts Vergleichbares mehr von Dörte gehört, und auch, weil ich diese erdrückende Stille nicht mehr erleben will, bin ich heute Morgen geradezu euphorisch, was den Bodenschleifer von oben betrifft.

Ihr scheint es ähnlich zu gehen.

Es ist ein segensreicher Höllenlärm. Es ist wie ein Flirtgespräch direkt unter der Lautsprecherbox früher im Disco-Bierdorf Posemuckel in der Innenstadt, wo ich mitunter gezwungenermaßen mit der Faustballmannschaft feiern musste. Man schrie sich an, lachte, scherzte, knuffte sich und verstand trotzdem kein einziges Wort.

Wir lieben uns, und ich hab keine Ahnung, was Dörte mir gerade ins Ohr brüllt.

Es ist besser so.

8

Ich sitze im Auto. Hinter mir findet seit acht Minuten ein Hupkonzert statt. Und ich bin verliebt.

Ich befinde mich am Steuer mit runtergelassener Scheibe an der Essensausgabe beim Drive-in in der Steilshooper Allee und neben mir Dörte, die in zwei großen Papiertüten wühlt und die einzelnen Burger- und Pommes-Schachteln und was weiß ich nicht alles aufs Armaturenbrett legt.

«Fahren Sie bitte weiter nach vorne durch.»

Die Dame am Drive-in-Schalter wird langsam ungeduldig.

«Fahr mal, Meister. Geht's noch?»

Die anderen Kunden hinter uns werden zunehmend ungehaltener, nur meine Dörte lässt sich überhaupt nicht aus der Ruhe bringen und führt ihre Warenkontrolle durch. Sie ist ja nun mal selber aus der Logistikbranche, und da hat man dann noch mal einen eigenen professionellen Blick auf solche Zusammenhänge.

«Der Big Mac für dich? Ist da! Serviette dazu? Ist da! Kleine Pommes für dich? Ist da! Serviette dazu? Ist da! Große Pommes? Ist für mich. Check. Serviette dazu? Jo! Dann haben wir fünfmal Ketchup, zweimal für dich, zweimal für mich, einmal zu der kleinen Pommes von Butschi, dann noch Mayo? Jawoll!»

Usw. usw. Die kleine Pommes für Butschi gehört übrigens zu dem Happy Meal für Butschi, was er mir kurzfristig per WhatsApp-Sprachnachricht noch mit in Auftrag gegeben hat.

«Falls du noch nach'm Baumarkt mit Dörte beim Drive-in vorbei kommst, kannst du mir dann bitte ein Happy Meal mit Nuggets und kleiner Pommes mitbringen? Daaanke.»

(17.51 ✓✓)

«Geld bekommst du dann.»

(17.52 ✓✓)

«Als Spielzeug irgendwas von den Minions.»

(17.52 ✓✓)

«Nur nicht Grus Greifarm. Den hab ich schon.»

(17.53 ✓✓)

«Hier ist Malik.»

(17.53 ✓✓)

Solche Aufträge ziehen sich manchmal über zwanzig Sprachnachrichten. Ich hab keine Ahnung, wer oder was Gru ist beziehungsweise sein Greifarm. Aber ich hab diesen Auftrag nach bestem Wissen und Gewissen an der Bestellsäule weitergegeben. Irgendwas von den Minions, aber nicht Grus Greifarm! Ich bin fast schon gerührt, wenn Butschi zwischendurch mal wieder er selbst ist. Oder sein darf, wenn er alleine ist und zu Hause auf ein Happy Meal mit Spielzeug wartet. Nie im Leben hätte er sich das doch zu bestellen getraut, wenn die Vollpfosten aus der Schule dabei wären. Ich wurde auch mal ausgelacht, weil ich auf kleine Wiking-Autos für die Ho-Eisenbahn stand. Aber ich war da dreizehn. Da siehst du mal, wie sich das noch mal verschärft hat. Wirklich helfen kann ich ihm nicht. Aber immerhin Pommes mitbringen.

Es ist Feierabendverkehr, und alle haben Hunger und wollen nach Hause. Und hupen. Aber es ist einfach schon zu oft vorgekommen, dass man zu Hause ist, und der Ketchup fehlt (Dörte sagt übrigens «das» Ketchup, aber da stehe ich meistens drüber) oder gleich ein ganzer Burger! Dann muss man wieder den ganzen Weg zurückfahren, und die Beweislage ist schwammig. Es ist ja wohl Dörtes gutes Recht, den korrekten Erhalt der bereits bezahlten Ware zu überprüfen. Vor Ort. Weil, wenn man erst auf den Parkplatz fährt und da alles überprüft, ist die Beweislage genauso kritisch, und außerdem muss man sich erst wieder hinten anstellen oder sich zu Fuß zwischen die Autos drängeln, um seinen Kram zu reklamieren. Oder man muss in die Filiale selbst, und ab da macht das ganze System «Drive-in» überhaupt gar keinen Sinn mehr.

«Jetzt fahr schon!»

«Ich fahr ja gleich. Meine Freundin prüft noch.»

Und da ist es wieder, dieses Kribbeln im Bauch, wenn ich mich selber sagen höre, dass ich jetzt eine Freundin habe. Eine Freundin, die detailgenau die Essenstüten überprüft. Weil sie vom Fach ist. Und das alles zusammen lässt mich in meinem

Autositz dahinschmelzen, während ich im Rückspiegel den einen oder anderen Stinkefinger wahrnehme. Mir doch egal. Mit welcher Gelassenheit und freundlicher Souveränität Dörte das meistert! Wahnsinn! Diese Frau denkt wie ich, aber darüber hinaus handelt sie auch noch so, wie ich es mich wahrscheinlich nicht trauen würde. Wenn bei mir früher die Ketchup-Tüte gefehlt hat oder mal die Chicken McNuggets, dann bin ich ausgerastet und habe rumgeflucht, was sich diese Arschgeigen dabei denn jetzt schon wieder gedacht haben und und und, aber das fand nur in meinen eigenen vier Wänden statt.

Jetzt regelt Dörte das. So wie neulich im Steakhaus. Ich hatte das Mrs. Rumpsteak und sie das Mr. Rumpsteak, was bei der Kellnerin zu einigermaßen übertriebener Heiterkeit geführt hat. So viel zum Thema Gendergerechtigkeit in Deutschland, wenn man sich als Mann nicht mal das «Mrs.»-Steak bestellen kann, ohne für einen Lacher zu sorgen. Egal. Ich hatte außerdem Rahmchampignons und Spinat extra und eine Extra-Portion Sour Cream zur Backkartoffel dazu und extra Kräuterbutter, weil davon ist immer zu wenig da, und Dörte hatte noch Steaksoße bestellt. So weit, so gut. Die Kellnerin kam mit den Sachen an den Tisch, stellte alles vor uns hin und wollte schon wieder abzischen, als Dörte sie beinahe am Handgelenk festgehalten hatte. Also sie wirkte so. Ich hätte es ihr zugetraut.

«Einen Moment bitte. Die Rahmchampignons für meinen Freund fehlen, glaub ich.»

Ihr Freund! Ich glühte.

«Oh. Die bring ich Ihnen gleich dazu.»

«Heißt gleich, dass die bei der Essensausgabe schon auf Abholung warten, oder heißt gleich, dass die erst noch zubereitet werden müssen?»

«Das geht ganz schnell.»

«Aber dann ist mein Freund ja mit seinem Steak schon fertig. Was soll er dann noch mit Rahmpilzen?»

Hatte sie natürlich recht. Rahmpilze alleine? Was soll der Scheiß? Die stehen ja nicht umsonst als Beilage auf der Karte. Dann muss man sie ja auch beilegen. Und wenn ich mit dem Steak gewartet hätte, bis die bescheuerten Rahmchampignons endlich fertig sind, wäre es kalt geworden. Also, ein ziemlich großes Opfer für so was wie Rahmchampignons, wenn man mich fragt.

Als Kind wäre mir Dörtes Hartnäckigkeit noch unglaublich peinlich gewesen. Das liegt an meinem Opa und dem Fischerkajüten-Trauma. Meine Mutter hatte Geburtstag, mein Vater war schon tot. Und sie hat meine Schwester Silke und meinen Opa zum Essen in die «Fischerkajüte» eingeladen, oder wie dies Restaurant hieß. In meiner Erinnerung sahen alle Kellner aus wie aus einem Shantychor, und der kleine Ralfi (obwohl schon Teenager) durfte zur Feier des Tages die große Tellerscholle und auch noch die Haut von der Scholle von meiner Schwester Silke. Es war richtig geil.

Aber dann hat mein Opa noch beim Nachtisch (Eis mit heiß!) den Kellner zu sich geholt und mit größtmöglicher Geste erklärt, warum es hier und heute kein Trinkgeld geben werde.

«Wie meinen, der Herr?»

Der Kellner war einigermaßen irritiert, und dann zog mein Opa vom Leder und zählte eine ellenlange Liste mit Verfehlungen und Abzügen auf.

«Zu lange auf die Getränke gewartet!» «Das Alster war kein Alster, sondern ein Bier!» «Zu lange aufs neue Alster gewartet!» «Der Pannfisch kam ohne Soße!» «Der Nachtisch ist schon fast fertig und der Kaffee immer noch nicht da!»

Und und und. Jeder einzelne Punkt absolut korrekt und in sich stimmig, aus heutiger Sicht umso mehr, aber damals war das einfach ein traumatisches Abendessen, was bei mir zu jahrelangem Fischboykott geführt hat. Und selbst als ich als Erwachsener wieder damit angefangen hab, hab ich trotzdem nie wieder Schollenhaut gegessen. Diese Leidenschaft ist für immer in der «Fischerkajüte» geblieben, zumal sich dann auch noch meine Mutter und mein Opa in die Wolle gekriegt haben. Vor dem Kellner!

«Papa, es ist *mein* Geburtstag. *Ich* habe euch eingeladen. *Ich* bezahle. Und deshalb bestimmst auch nicht *du*, ob ich Trink-geld gebe.»

«Ich nehme dich nur in Schutz, mein Süßen. Und wenn die Leistung dieses Kellners nicht mal dem Durchschnitt ent-spricht, dann hat das Allgemeingültigkeit.»

«Das kannst du von außen gar nicht mitentscheiden!»

«Von außen? Von auuuuußen?»

Sie keiften sich dann noch eine Weile an, und noch bis nach Hause in Barmbek haben die beiden im Linienbus die halbe Familiengeschichte aufgedröselt – es war nicht zum Aushalten.

Und genauso wie meine Mutter mit der etwas aufgezwungen Schützenhilfe nichts anfangen konnte, tat ich mich meinerseits schwer, wenn meine Mutter die Dinge für mich geregelt hat. Wenn sie früher am Schulhof auftauchte, war meine größte Pa-nik – und das hab ich wahrscheinlich mit Butschi gemeinsam –, dass sie auf die anderen Jungs losgeht, die mich gerade im Schwitzkasten haben. Auch wenn sie das natürlich gut gemeint hat, aber ich konnte ihre Hilfe nicht annehmen. Genauso geht's wahrscheinlich Butschi. Ist ihm wahrscheinlich viel zu pein-lich, dass er das nicht selbst geregelt kriegt, mit den Idioten.

Das ist bei Dörte was ganz anderes. Ich genieße es richtig, wenn sie die Dinge in meinem Sinne in die Hand nimmt. Ich kann mich entspannen und den Kellnerinnen und Kellnern oder den Leuten am Drive-in-Schalter auch mal verschwörerisch zuzwinkern von wegen: «Ich weiß, sie ist hartnäckig. Aber da müssen wir jetzt alle durch.» Mit Dörte habe ich jetzt endlich offiziell meinen «bad cop» gefunden.

«Moment mal, Ralfi, bist du nicht immer der ‹bad cop›? Ich war doch immer dein ‹good cop›», sagte meine Schwester am Telefon.

«Quatsch!»

«Spinnst du? Du meckerst doch immer über alle Nachbarn, wenn die ihre Sachen im Flur stehen lassen, oder über die Ringelpommes im Steakhaus, wenn die zu labberig sind. Und, und ...»

«Silke ...»

«Und, und, und!»

«Silke! Stopp mal! Ja, ich mecker über die Nachbarn, und ich mecker über die Pommes. Aber ich mecker die Leute ja nicht persönlich an. Ganz selten mal. Und Dörte hat da auch so einen Dreh raus, dass sie noch freundlich dabei ist.»

«Du meckerst doch diesen Ökospießer bei dir im Haus jedes Mal an, wenn er Kohlsuppe macht.»

«Ich mecker ihn ja nicht an, wenn er Kohlsuppe macht. Ich merke ja nur an, *dass* er sie macht und *dass* man es riecht. Da kann er dann ja selber seine Schlüsse draus ziehen. Außerdem: Wann warst du denn mal der ‹good cop›?»

«Immer! Immer schieb ich hinterher, dass mein Bruder das nicht so meint, wenn du wieder anfängst rumzufluchen.»

«Silke! Du weißt ja wohl selbst, dass ich meine Probleme damit hab, im Restaurant mein Essen zu reklamieren, und so was alles eben. Aber jetzt hab ich Dörte. Und es passt einfach. Lass es mich doch mal genießen.»

«Du bist 'n Maulheld, Ralf Prange. Immer über alle herziehen und hinterher kneifen. Dann gibst du ja sogar noch Trinkgeld!»

«Der Kellner kann ja nix dafür, wenn die Pommes labberig sind!»

«Aber wenn er fragt, ob's denn geschmeckt hat, sagst du ‹Jaaa, suuuper›!»

Und dann hat mich meine Schwester auch noch so albern nachgeäfft. Unsachlich! Ich hasse das.

«Na und? Ich hab jetzt Dörte!»

Als sich Silke eine neue Küche bei *Ikea* bestellt hatte, per Spedition, kam dann einigermaßen zum vereinbarten Termin ein ganzer Laster auf ihre Auffahrt, und die Jungs schmissen ihr alle Korpus-, Türen- und Deckseiten-Kartons ins Carport. Dazu jede Menge Plastikbeutel mit Siphons, Schläuchen, Gittern, Filtern, Füßen, Griffen usw. Silke fragte noch, ob sie die Teile nicht erst mal alle anhand der Rechnung abhaken soll, aber die Jungs von der Spedition haben nur ein Foto von dem ganzen Haufen gemacht und sind wieder abgehauen.

Das wäre Dörte nicht passiert.

Natürlich fehlten am Ende drei Schubladen und zwei Stopperschienen. Die mussten nachbestellt werden, waren nicht mehr auf Lager und kamen erst fünf Wochen (!) später. Und dann fehlte immer noch eine Stopperschiene, weil sie eine in der falschen Länge dazugepackt hatten, und als der Mann von Silke endlich die letzte Schublade einbauen wollte, fehlte in einer Blende die Lochbohrung, und nix passte zusammen, und dann hatten sie noch einige weitere Wochen ein Loch, genau da, wo eigentlich eine Schublade sein sollte. Nur, weil meine Schwester sich nicht die Mühe gemacht hat, alles vor Ort noch mal zu kontrollieren.

Kurz vor Weihnachten suchte mein Schwager dann vergeblich den Christbaumfuß im Carport und stieß dabei auf drei verschollen geglaubte Kartons mit Schubladen und zwei Beuteln mit Stopperschienen. So viel erstens zu Ordnung im

Carport meiner Schwester und zweitens: Jeder Arsch kann offensichtlich so viele Schubladen und andere Einzelteile bei Ikea ohne Nachweis reklamieren und nachbestellen, wie er will. Ich kann einfach behaupten, dass mir sechs Korpusse der Serie *Åschleggån* fehlen, und die werden mir dann noch mal zugeschickt, sodass ich die auf *eBay* verhökern kann. Nur mal so als Geschäftsmodell. Aber wie gesagt, mit Dörte wäre so was nicht möglich.

Sie überprüft ja sogar das Wechselgeld, das sie an der Kasse zurückbekommt, und ich habe sie schon mehrfach dabei beobachten dürfen, wie sie beim Rüberrubbeln der Ware über den Barcodescanner mit den Angebotsprospekten in der Hand überprüft, ob auch tatsächlich die richtigen Preise in die Kasse laufen und ob bei «Kaufe 3, zahle 2»-Angeboten automatisch die richtige Rabattmenge dabei rauskommt, wenn man, was weiß ich, sieben Artikel davon auf dem Laufband hat, was natürlich ökonomischer Wahnsinn wär – aber nur mal so als Beispiel.

Nicht falsch verstehen: Dörte kann wunderbar genießen und abschalten und auch im Zusammenleben mit mir mal fünfe gerade sein lassen. Oder neune. So viele Minipizzen sind nämlich immer in der Packung von den Dingern, die wir beide so gern mögen. Und wenn sie schon bei mir im Wohnzimmer sitzt und im Fernsehen gerade was Gutes anfängt, das wir auch beide gern gucken mögen, *Länderspiegel* oder *Winnetou* oder was auch immer, und ich komme nur mit acht Minipizzen auf dem Teller bei ihr an, bin nicht stolz drauf, dann setzt sie manchmal diesen mild-liebevollen Blick auf: «Vier für jeden und einen für die Liebe» – ohne Worte. Dann lauf ich rot an, sie schubbert meinen Rücken, und wir haben uns und was Schönes zu knabbern, und dann denke ich, dass das ja wohl alles ist, was ich jemals wollte.

«Fehlt noch was? Sonst fahren Sie doch bitte, wie gesagt, einmal kurz nach vorne und überprüfen alles dort.»

Die Dame an der Essensausgabe beim Drive-in hat durch ihr Mikrofon so eine unangenehm schneidige Stimme wie diese Zicke aus der Radiowerbung für Lidl. «Tiefkühlbohnen, der 500-Gramm-Beutel nur eins-neun-und-neunziiiich! Einmal bitte vor-fah-rennnnn! Was stimmt denn nicht mit euch Vollspa-ckeeeennnn!» Oder so ähnlich.

«Jetzt lassen Sie doch mal. Sie hat es ja gleich.»

«Warum denn Grus Greifarm?»

Dörte fixiert die Drive-in-Lady, und die hat offensichtlich überhaupt keine Ahnung, was diese Woche so alles in die Happy-Meal-Tüte kommt.

«Wie bitte?»

«Mein Freund hatte doch bei der Bestellung gesagt ‹Nicht Grus Greifarm!›, und jetzt ist hier Grus Greifarm drin.»

Ich spüre, dass Dörte weiß, wie wichtig mir die richtige Spielzeugtüte für unseren Butschi ist.

Sie lehnt sich weit über mich rüber, um am offenen Fenster besser mit der Dame von der Essensausgabe reden zu können. Ihr T-Shirt, das wir ihr bei einem Ausflug ins Outletcenter gekauft haben, spannt sich vor meinem Auge, und ihr Haarsprayduft steigt mir in die Nase und lenkt für einen angenehmen Augenblick von den Burger- und Nuggetausdünstungen ab. Ich mag Fast Food nur am Gaumen. Ich hasse es in der Nase. Und ich liebe in diesem Augenblick Dörte. Es törnt mich richtig an, sozusagen.

Wortlos und ohne richtig hinzugucken, packt die Dame irgendein anderes Spielzeug in die Tüte, als wär sie selbst der Greifarm, und stöhnt dabei theatralisch auf. Das muss man sich dann auch noch bieten lassen …

Ich weiß nicht, warum, wahrscheinlich wegen dieser ganzen

erotisch aufgeladenen Situation, aber irgendwie sticht mich der Hafer.

«Da fehlt noch 'n Hamburger Royal mit Käse. Glaub ich.»

Dörte guckt mich an, zieht ihre Augenbraue hoch. Wühlt in der Tüte. Begreift. Bricht ab. Guckt mich an. Ein mildes Lächeln, während ich den Burger entgegennehme, den mir die Tussi an der Ausgabe wortlos und mental ermattet in die Hand drückt.

Wir brausen davon.

Ich fühle mich wie Bonnie & Clyde.

9

Hab ich keinen Biss mehr? Ich fühle mich saft- und kraftlos und zu alt für diese Scheiße. Mein ganzes Leben habe ich bisher ausschließlich bei mir zu Hause in Barmbek verbracht, und dass ich jetzt parallel noch mal in einer völlig neuen Nachbarschaft bei Dörte in Bramfeld durchstarte, verunsichert mich.

Was ist meine jahrelange Barmbeker Erfahrung hier wert? Es ist fast wie bei einem Fußballer, der sein Leben lang für den HSV gespielt hat, wie Uwe Seeler oder so, und der dann kurz vorm Karriereende bei Inter Mailand anfängt und sich den guten Platz im Mannschaftsbus erst verdienen muss. So fühle ich mich, und ich habe jetzt schon fast keinen Bock mehr! Sind die denn komplett durchgeknallt da oben? Ununterbrochenes Fußgetrappel und Geschrei, Kung-Fu-Tritte, Türenschlagen – das volle Programm. In der Wohnung über Dörtes ist die Hölle los! Eine ganze Meute Arschlochkinder, die sich den ganzen Tag in so einem gespielten Jammerton anschreien.

Dörte ist grad beim Physio, weil sie es an der Bandscheibe hat, und ich fühle mich eh schon irgendwie einsam, wie so ein

Hund, den man allein in der Wohnung zurückgelassen hat. In Dörtes Zuhause fällt es mir nämlich immer noch schwer, mich zu beschäftigen. Ich gucke gerade *Tagesschau*, und das ist zwar ein bisschen Stabilität, weil zu Hause würde ich genau dasselbe machen, aber die Fernsehbegleitbeschäftigung, die ja denselben Stellenwert hat wie das Fernsehen selbst – da fällt mir hier einfach nix ein. Ob ein Sudoku lösen, irgendwas kleben oder Socken sortieren, für all diese möglichen Fernsehbegleitbeschäftigungen mangelt es in Dörtes Wohnung am Detail. Sie hat keine vernünftigen Kugelschreiber, sondern nur Baubleistifte und dünne *Eddings*, und so macht Sudoku keinen Spaß. Zu Kleben ist zurzeit auch nichts, nicht mal abgebrochene Lesebrillenbügel oder kaputte Kühlschranktüreinsätze, von denen es in meiner Wohnung nur so wimmelt. Und eigene Socken zum Sortieren habe ich hier noch nicht liegen lassen. Die werden morgens fein säuberlich in einem mitgebrachten Hundekotbeutel zusammen mit der Unterwäsche aufgesammelt und in die Jackentasche gesteckt. Noch. Meine Trainingsjacke hat Dörte schon mal mitgewaschen, und das war ein schönes Gefühl von Vertrautheit. Mal sehen, was da noch alles kommt. Aber zurzeit ist es eben ein bisschen eintönig. Wahrscheinlich hat der liebe Gott dafür Fingernägel und Zähne zum Kauen erfunden – damit man was zu tun hat, wenn man nur so vor sich hin glotzt. Im Kühlschrank ist auch nichts Interessantes. Umso mehr schält sich dieser Lärm von oben in meine Schläfen. Dagegen sind der Bumser und der Hackenläufer aus der WG über meiner Wohnung sanft wie eine Klangschale. Und bei denen stand und stehe ich ja oft genug vor der Tür, um die Brüder mal wieder ein bisschen zu erden, wenn sie Krach machen. Aber hier bin noch gehemmt.

«Du, Ralf, wenn die Kinder von oben zu laut werden, gehst du einfach hoch und sagst was», meinte Dörte noch, kurz bevor sie zur Tür raus war.

«Kannst du nicht noch schnell mal 'ne Ansage machen, bei dir hat das mehr Gewicht.»

«Wieso mehr Gewicht?»

«Weil ich hier nur Gast bin. Da fehlt mir die Handhabe.»

«Geh doch einfach hoch.»

«Mach du's doch bitte, Dörte.»

«Mein Rücken ...! Und außerdem ist es momentan ja total ruhig.»

«Noch. Vielleicht einfach als Gefahrenansprache, wie die Polizei das macht. Vor Fußballspielen oder so ...»

«Hä?»

«Von wegen ‹Wir wissen, dass ihr euch nachher kloppen wollt. Das ham wir aufm Schirm, Freunde›, und dann lassen sie vielleicht davon ab.»

«Die sind nicht mal fünf Jahre alt.»

«Dann bin ich eben machtlos.»

«Du bist hier doch auch nicht nur Gast. Du bist teilweise schon gesichtsbekannt im Treppenhaus.»

«Dörte, ich fühle mich noch wie in so einem Polizeiaustauschprogramm, weißt du?»

«Nee, jetzt grad mal nicht.»

«Ich bin zum Austausch hier, aber ich darf niemanden verhaften.»

«Ach Mensch, Ralf.»

Sie küsst mich von hinten am Nacken. Das macht sie, glaub ich, immer, wenn sie mich bescheuert findet oder so. Dann ist das ein liebevoller Kuss, aber mehr so «Ach mein süßer Tüddel». Und raus war sie zur Tür.

Das Problem bleibt, da kann sie es noch so viel leugnen, wie sie will. Ich bin hier Gast! Noch mehr als Dörte es in meinem Haus in Barmbek ist. Ist so. Ehrlich.

Aber sie war ja auch schon bei uns auf dem Straßenfest und

anschließend zusammen mit der ganzen Nachbarschaft bei mir in der Wohnung, als das draußen zu regnen anfing und alle noch weitersaufen wollten. Das hatte natürlich was Offizielles. Wie die Einführung einer Infantin, oder wie das heißt, in die höhere Gesellschaft. Dörte guckt manchmal so eine Serie auf *Netflix*, von daher weiß ich das. Und da musste ich jetzt auch nicht ans Glas schlagen und sagen: «Liebe Nachbarn, das hier ist Frau Krampitz. Dörte Krampitz. Sie ist hier als Paketbotin von *Hermes* gesichtsbekannt und wird hier in Zukunft mit meinem Einverständnis Mahnungen gegen Lärm- und Geruchsbelästigung sowie unerlaubt abgestellte Gegenstände im Treppenhaus ausstellen.» Das wissen die auch so. Das weiß ich von Horst.

In diesem Augenblick wird in der Wohnung über Dörte etwas Schweres in eine der Rigipswände gerammt, vermute ich. Es erinnert mich ein bisschen an die Strehlers-Gören von früher in unserem Haus. Außerdem stinkt es seit Stunden von irgendwo im dritten Stock nach ausgekochtem Pansen oder so ähnlich, fast so, wie wenn die Nazi-Oma in meinem Haus frische Suppe macht und Markknochen mit reingibt. Dörtes Hausgemeinschaft scheint eine Art Paralleluniversum zu meiner Nachbarschaft zu sein.

Nicht nur, dass es in jedem Haus mit Kindern auch immer ein paar Arschlochkinder geben wird, selbst wenn Butschi sich jetzt als freundlicher kleiner Kumpel erwiesen hat, nein, selbst ein Ökospießerpärchen haben sie bei Dörte im Haus, und auch mein Nachbar Horst Rohde aus Barmbek scheint in etwa deckungsgleich mit der Dame zu sein, die in Dörtes Haus unterm Dach wohnt. Es ist rein verrückt. Die Dame trägt ebenfalls Lederschluppen und sieht eigentlich, bis auf ihre Perlensticker, aus wie ... Horst an schlechten Tagen. Auch mit diesem Rundrücken und insgesamt der Ausstrahlung eines kleinen

Kneipenschlägers aus Nordengland, der ja tagsüber durchaus charmant sein kann und mit Mutterwitz ausgestattet, aber mit zunehmendem Alkoholgenuss plötzlich Bock auf Schlägerei bekommt und Leuten ganz fies in die Eier kneift.

Eines Tages stand die Perlensticker-Dame vor Dörtes Wohnungstür und war mein erster Nachbarschaftskontakt überhaupt in Dörtes Haus. Ohne Begrüßung legte sie sofort los.

«Mein Handy sagt, mein Paket ist hier?»

«Guten Tag. Welcher Name?»

«Wer sind *Sie* denn überhaupt? Wo ist denn Frau Krampitz?»

«Die hat Schicht.»

«Was nehmen Sie denn hier Pakete an, wenn Sie hier gar nicht wohnen?»

«Ich wohn ja immer mal hier.»

«Aha? Steht nicht am Klingelknopf.»

«Ich bin der Lebensgefährte. Ich wohn eigentlich in Barmbek-Süd.»

«Ooooh, Baaambek! Baaambek-Süd sogar. Dooonnerwetter.»

Sie versuchte irgendwas an mir nachzuäffen, was ich überhaupt nicht von mir preisgegeben hatte. Und einen Moment dachte ich wirklich, die will mir gleich was aufs Maul geben. Fast schon zitternd griff ich hinter mich und nahm das Paket, das ich eine Stunde vorher angenommen hatte.

«Frau Schröter?»

«Ja. Aber das ja 'n kleiner Karton!»

Sie bemerkte, dass ich ihre Enttäuschung registriert hab.

«Das is ein *Charlie*-Bär. Die sind sonst größer.»

Und dann lächelte sie, nahm ihren Karton und ging grußlos die Treppe hoch und sagte quasi durch die Pappe durch «Na, wollen mal sehen, was du für einer bist und wo wir für dich 'n schönes Plätzchen finden» zu ihrem kleinen neuen Liebling.

Dörte hat mir dann später erzählt, dass Frau Schröter sogenannte *Charlie*-Bären sammelt und es sich bei dem Paket, das ich angenommen hatte, wahrscheinlich um das Modell «Graham» handelte, was Frau Schröter schon lange erwartet hatte. Ein kleiner Plüsch-Waschbär mit Krawatte. Glaubt man das? Diese Frau Schröter leitet mittlerweile den Shantychor, den ihr verstorbener Mann gegründet hatte. Und sie trägt auch seine Elbsegler-Kappe auf. Und ich könnte drauf wetten, dass er einen kleineren Kopf hatte als sie, weil das Käppi schon recht stramm bei ihr sitzt. Kurzum: Als Witwe mutierte diese Frau offenbar äußerlich zu ihrem eigenen Gatten, was in Hamburg Ost immer mal zu beobachten ist, und nur innen drinnen ist sie immer noch die verspielte Hausfrau, die kleine überteuerte Plüschteddys auf ihrer Sofakante und überall in der Wohnung auf kleinen Hockern und Schemeln platziert. Nur die Ohrstecker hat sie wohl vergessen rauszunehmen.

Was aber auch klar ist: Diese Frau Schröter steht in der Haus-Hierarchie Bramfeld meilenweit über mir. Wenn das Ganze ein Motorradklub wäre, dann wäre sie der Klubpräsident und ich höchstens *dirty pack* oder *prospect* oder *hangaround* – so was. Hab ich mal im *Mittagsmagazin* gesehen, als sie wieder mal die Hells Angels irgendwo hochgenommen haben. Und genauso wie diese Anwärter muss ich mir wohl im Haus erst mal die Sporen verdienen, um überhaupt irgendwann Pakete annehmen zu dürfen.

Oder Zettel aufhängen, von wegen «Kinderwagen bitte nicht vor die Briefkästen stellen. Danke». Da bin ich auch noch gehemmt.

Und in solchen Momenten ist die Vorstellung, dass ich vielleicht eines Tages aus meiner gewohnten Umgebung in Barmbek rausgeklagt werde, wegen Eigenbedarfs, ein einziger Horror.

Wahrscheinlich ist es der eigene Name auf dem Klingelschild, der einem endgültig den nötigen Nachbarschafts-Status verleiht, im Grunde wie mit einem Anwohnerparkplatzschein, der einen ja auch über die üblichen Parkraumnutzer erhebt.

«Auch Gäste haben Rechte, Ralfi», sagte meine Schwester neulich am Telefon, als ich mal wieder allein bei Dörte saß – sie hatte Schicht – und das ganze Haus nach ausgekochtem Pansen roch.

«Wenn du in einem Hotel als Gast bist, und nachts um zwei ist unten im Pool noch die Hölle los, dann hast du doch auch das verdammte Recht, dich zu beschweren.»

«Silke! In dem Fall melde ich mich ja beim Portier oder so. Dass er da mal hingeht und den Lauten macht. Aber so was haben die hier ja nicht. Das hier ist Bramfeld und nicht Berlin Dahlem.»

«Dann ruft man eben die Hausverwaltung an.»

«Ach, hör auf. Bis die dann was machen. Die schicken da doch keinen nach oben, von wegen, *bei Ihnen stinkt's nach Pansen. – Wer sagt das denn? – Das sagt Herr Prange! – Wer ist das denn? – Der ist zu Gast im ersten Stock.*»

«Du übertreibst schon wieder.»

«Ist doch so. Ich zähl hier im Haus noch nichts.»

«So kenn ich dich überhaupt nicht.»

«Mir fehlt die Homebase, sagt Butschi. So was dauert.»

«Wenn die Musik zu laut wär, dann könntest du ja auch die Polizei anrufen. Anonym.»

«Silke ...»

«Dann wissen die ja gar nicht, dass du nur Gast bist und deine Gastgeberin noch auf Schicht ist.»

«Gestank ist für die Polizei nicht dasselbe wie Lärmbelästigung. Das hatten wir doch schon mal, das Thema. Da sperren die sich.»

«Du bist mir zu anstrengend.»

«Du hast alles Recht der Welt dazu, Silke, und traust dich nicht mal, deinem Nachbarn zu sagen, dass du es unmöglich findest, dass er seine Hausfassade so hässlich in Teewurstfarben angemalt hat!»

«Das hat doch damit nichts zu tun!»

«Du wohnst da richtig, und ich bin hier nur Gast!»

«Du bist mir echt zu anstrengend.»

Und dann hat sie aufgelegt.

Sie selbst hatte mal eine holländische Skiffle-Band bei sich im Haus zu Besuch, also semiprofessionell vermietet über *Airbnb* oder so, als sie selbst mit ihrem Mann und den Kindern zwei Wochen in Antalya war. Kennt man ja. Und die Holländer bereisten die deutsche Westküste für diverse Jazz-Frühshoppen in deutschen Autohäusern – ein Marketingtool der deutschen Automobilwirtschaft, das offensichtlich nie ausstirbt. Egal. Die sieben Männer im besten Alter sind für fünf Nächte bei Silke untergekommen und haben sogar für eine ganze Woche bezahlt. Jetzt sind Skiffle-Bands nicht gerade die Rolling Stones und zerkloppen auf der Bühne ihre Banjos und verwüsten Hotelzimmer, aber Musiker bleiben Musiker, und da geht erfahrungsgemäß immer was schrott unter Alkohol.

Aber denkste. Es war in dem Fall tatsächlich so, dass sich nicht die Nachbarn über die Musiker beschwert haben, sondern die Gäste aus Holland über die Nachbarn. Und ich war auch noch Ansprechpartner, weil Silke für den Fall der Fälle meine Nummer hinterlassen hatte, weil sie solche Sachen von der Türkei aus ja wohl nicht regeln kann.

«Wir leben in einer globalisierten Welt, Silke.»

«Ja, aber dann häng ich in Antalya.»

«Ich hänge in Hamburg! Ich fahr dann nicht extra raus.»

«Nur fürs Gefühl, Ralfi. Du selbst sagst doch auch, dass es

'n Unterschied ist, ob die Hotline von der Telekom in Brandenburg sitzt oder irgendwo in Rumänien. Von der Nähe her.»

Okay. Es ist eine emotionale Grauzone. Ich weiß ja, was sie meint. Auf jeden Fall riefen mich die Holländer an. Es war schon fast halb zehn, und mein Fernseher lief ohne Ton, nur mit Bild, im Countdown zum *heute journal*, während ich mit Micki auf dem Computer über einen osteuropäischen Anbieter live Champions League geguckt hab, mit arabischem Kommentar. Ich nahm das Telefon ab, und es dauerte erst mal eine Weile, bis ich klarstellen konnte, dass ich nicht Silke bin, was ich schon eine ziemliche Frechheit fand. Am andern Ende war Bart von den *Amstel Skiffle Ramblers*, der sehr gut Deutsch sprach und sofort mit seinem Problem herausplatzte.

«Du musst wisse, wir zahle achthündert Öro fur dat ganze Haus. Dat is veel Geld. Und nach een lange Konzert hebben wij een klein ontspanning nodig.»

Oder so ähnlich, und je mehr er sich in Rage sprach, desto holländischer wurde es auch.

«Je buren zijn an neuken, sinds twee uur, en luisteren naar shit muziek.»

Was so viel hieß, wie sich rausstellte, dass Wencke und Reimer, die Nachbarn von meiner Schwester Silke, offenbar am offenen Fenster, seit zwei Stunden laute «Scheißmusik» von den *Böhsen Onkelz* hören und es dabei treiben wie die Verrückten. Na toll. Das ist ja, als wenn Delta und Omikron sich zu einem neuen Virusstamm zusammentun. Und jetzt hatte ich tatsächlich die Arschkarte, bei denen auf der Nummer von Silkes Telefonliste im Auftrag der holländischen Skiffle-Band anzurufen und das Vorliegen vorzutragen, zumal es in Antalya schon halb elf war, und Silke ab zehn ihr Handy ausschaltet. Das glaubt man einfach nicht. Ich hatte da schon keinen Bock mehr.

Es dauerte dann tatsächlich auch einige Klingeltöne, bis jemand ranging. Wencke. Auch das noch. Ich kenne sie nicht mal richtig.

«Ja guten Abend. 'tschuldigung für die späte Störung. Hier ist Ralf Prange, der Bruder von Silke. Dürft ich mal Reimer ...?»

Reimer kenne ich auch nicht wirklich, aber immerhin habe ich ihn schon mal bei meiner Schwester vom Klo kommen sehen, und das ist dann dieser eine Tick Vertrautheitsvorsprung gegenüber seiner Frau, und sowieso bespreche ich solche Sachen lieber Mann zu Mann.

«Reimer, ich fall am besten gleich mal mit der Tür ins Haus. Silke und Stefan sind im Urlaub, ist bekannt, oder? Und ich bin quasi Telefonbeauftragter in der ganzen Sache, ich weiß nicht, ob sie das erzählt hatte. Es wohnen zurzeit Holländer im Haus, und die haben morgen einen wichtigen Auftritt in einem Autohaus bei euch. Der neue Opel Mokka oder so, was für 'n bescheuerter Name, äh, wird als E-Mobil oder so der Öffentlichkeit vorgestellt, und diese Holländer machen dann auf so einem Frühshoppen Skifflemusik dazu, also irgendwas mit Banjos und Waschbrettern und und und – äh Musik ist auch das Thema.»

Ich musste ziemlich brüllen, weil bei den beiden immer noch in einem Höllenlärm die *Böhsen Onkelz* liefen, bis Reimer dann endlich leiser drehte.

«Aha ...»

«Ja.»

Reimer klang jetzt nicht gerade außer Atem oder so. Wahrscheinlich ein kleines Päuschen. Vielleicht eine Zigarette dazu. Insgesamt war es eine unangenehme Situation, sich das überhaupt vorzustellen, wie er da gerade liegt.

«Auf jeden Fall haben mich die Holländer angerufen, dass ich euch bitte, das sein zu lassen.»

«Was?»

«Die laute Musik und ... und das Geschrei dazu. Weißt, wie ich mein?»

«Nee.»

«Dieses ... also du weißt doch wohl, was ich mein. Dann macht doch bitte wenigstens das Fenster zu.»

«Haben die sich beschwert, dass wir ...?»

«Bunga Bunga...!»

«Das ham sie so gesagt?»

«Nein. Es ist aber auch die Kombination. Ihr könnt ja gerne Musik hören, aber dann bitte kein, kein ..., nech? Oder macht die Musik aus und ... und ... weißt, wie ich mein? Ich muss denen ja was anbieten können.»

«Ist das nicht eigentlich gegen Datenschutz, wenn die bei dir anrufen und sagen, dass Wencke und ich, also ...»

«Reimer. Es sind Holländer. Was soll ich sagen ...»

«Also mal ehrlich? Die kommen in unser Land und wollen uns verbieten, wie wir leben?»

Donnerwetter. Er nun wieder.

«Na ja. Reimer. Unter Leitkultur würd ich das jetzt nicht unbedingt, also ... was ihr da ..., denkst nächstes Mal dran, ja? Wir wollen alle nur schön wohnen. Jetzt fängt bei mir *heute journal* an, ich muss dann mal.»

Aber weil ich ansonsten schon so weit gekommen war bei ihm und ab da sowieso alles egal war, hab ich gleich noch mal angerufen und nachgelegt.

«Ich noch mal. Noch was: Die Holländer finden euer Haus hässlich. Die Farbe. Tut mir leid.»

Aufgelegt. Herzklopfen. Geschafft. War ein schönes Gefühl.

Und während ich jetzt so drüber nachdenke, wird das Getrampel über mir unerträglich, und der Gestank aus dem Treppenhaus zieht durch Dörtes Briefschlitz immer hämmernder durch den Flur in meine Nase, in die Schläfen.

Es ist jetzt schon nach *Tagesschau*, und sie ist immer noch unterwegs.

Und ich denk mir: Wenn die Holländer sich als Gäste über *Böhse-Onkelz*-Fensterbumser beschweren dürfen, dann ich ja wohl auch in Dörtes Haus über Kinderlärm und Gestank!

Im Schutz der Dunkelheit trau ich mich geschmeidig wie ein Panther auf Socken auf den Balkon und brülle einfach in den Innenhof.

«Im dritten Stock stinkt's nach Pansen! Lassen Sie das!»

In einigen Wohnungen geht Licht an, man hört, wie das eine oder andere Fenster geschlossen wird. Und wenigstens für einen Moment hört das Getrampel über mir auf.

Kein Mensch in diesem Haus kennt Ralf Pranges Pöbelstimme.

Leute, ich spiele wieder mit!

10

Es ist Viertel nach vier am Nachmittag. Die Sonne scheint. Ich bin gespannt, wie die Sache ausgeht, und habe jetzt eigentlich schon keinen Bock mehr. Ich lege mein Schicksal in die Hände eines professionellen Nachbarschafts-Streitschlichters, der in wenigen Augenblicken der Gegenseite seine Aufwartung macht, und ich habe kein gutes Gefühl bei der Sache.

Alles fing vor wenigen Wochen an, als im Innenhof, auf der gegenüberliegenden Seite im Nachbarhaus ein neues Gesicht auf einem der Balkone auftauchte: der Glotzer!

Ein Neumieter oder gar ein Neubesitzer? Ich weiß es nicht. Sein Vorgänger jedenfalls hat zwar auch immer mal rübergeguckt zu meinem Balkon, aber er hat immerhin mit einem leichten Kopfnicken angedeutet, dass er mich wahrnimmt, und sich dann wieder um seine eigenen Sachen gekümmert. Wie es sich gehört. Denn schließlich gibt es auch bei Nachbarn außerhalb der eigenen Hausgemeinschaft, und die man nicht persönlich mit Namen kennt, eine gewisse Reaktionspflicht. Meine Meinung. Und das funktioniert im Grunde genauso wie ein Bewegungsmelder für Lampen. Innerhalb eines Umkreises von zwanzig Metern springt normalerweise so was wie ein innerer Sensor an, der einen wenigstens mit einem Kopfnicken auf Nachbarn aus dem Hinterhof oder von der gegenüberliegenden Straßenseite reagieren lässt. Die Entfernung Balkon zu Balkon zwischen mir und dem Glotzer liegt eindeutig in diesem Bereich. Aber von ihm kommt einfach nix. Er glotzt mich nur an.

«Sieht genauso aus wie du, Prange.»

Micki kümmerte das offenbar gar nicht weiter, dass dieser Typ regungslos zu uns rüberglotzte, als er eines Abends seine monströse Halbliterflasche polnisches Bier zum Feierabend in sich reinsaugte.

«Wie bitte? Niemals!»

«Hat auf Balkon bequeme Hose an wie du immer. Und T-Shirt.»

«Und er richtet sogar wie du mit der Grillzange den Efeu am Geländer», fiel mir dann auch noch Butschi in den Rücken. Ich hasse das, wenn die beiden sich zusammentun.

«Das ist 'ne Frechheit, Butschi!»

«Es ist die Wahrheit, Prange.»

«Guck doch, wie er glotzt! Allein das schon!»

«Vielleicht ist er blind.»

«Er richtet doch seinen Efeu mit der Grillzange. Hast du doch selbst gesagt.»

«Vielleicht hält er sich nur dran fest.»

«Jetzt bleibt mal ernst hier.»

Ist doch wahr. Saufen mein Bier aus, also Micki, und essen meine Wassereis-Schläuche, also beide, warten, dass ich den Grill in den Griff bekomme, und unterstützen mich überhaupt nicht dabei, sich eine Meinung zum Glotzer von gegenüber zu bilden.

«Was ist denn dein Problem, Ralf?», fragte Dörte dann, als sie auch noch auf den Balkon kam, und streichelte mit der flachen Hand sanft meinen Rücken, genauso wie's meine Mutter früher immer gemacht hat, nämlich eigentlich von wegen «Du hast manchmal echt einen an der Marmel, mein Süßer», wenn ich mich beispielsweise zu Hause drüber aufgeregt hatte, dass mein Lehrer mir immer zuzwinkerte, wenn er während der Klassenarbeit an meinem Tisch vorbeiging, obwohl er das wohl mit allen aus der Klasse gemacht hat, aber das war mir scheißegal. Ich saß da vor meinem Mathetest und war jedes Mal aus dem Konzept. Dörtes kreisende Bewegungen brachten mich langsam runter, also im Grunde sogar noch mehr als diese Küsse auf den Nacken, weil das auch einfach gelernt ist bei mir, dieses Wohlige dabei, noch von meiner Mutter her, und ich wurde fast kleinlaut.

«Dörte, ich mag es einfach nicht, wenn man mir bei Dingen zuschaut und nichts sagt. Dieses leere Glotzen.»

«Ich guck dir gerne zu, wie du die Ofenlasagne auspackst. So akkurat. Ist das für dich auch Glotzen?»

«Nein.»

«Aha.»

«Bei dir hat es was Wärmendes.»

«Okay ...»

«Wenn ich deinen Blick spür, von hinten, wenn ich Ofenlasagne auspack oder die Alu-Klappe vom Soßenbinder ausklapp...»

«... ohne es kaputt zu reißen. Ich weiß auch nicht. Es ist alles so gleitend bei dir bei diesen Sachen. Oder wenn du 'n Paket öffnest, mit dem Cutter an allen Klebeseiten. Dann stellen sich mir die Nackenhaare auf, Ralf Prange.»

«Und ich spür deinen Blick von hinten, und es ist warm, als wenn es 'ne Infrarotlampe wär.»

Micki räusperte sich, und auch Butschi war klar, dass da gewisse amouröse Schwingungen in der Luft waren. Es kommt immer mal vor, dass Dörte und ich die Welt um uns herum vergessen. Müssen die anderen mit klarkommen.

Was den Glotzer angeht: Er steht tatsächlich den ganzen Tag auf dem Balkon und glotzt permanent in meine Richtung. Wie der Serienmörder Michael Myers aus dem Horrorklassiker «Halloween», der auch immer nur wortlos in der nebligen Straße unter der Laterne stand und zum Haus von Jamie Lee Curtis rüberglotzte. Und bei meiner Schwester Silke an der Nordsee gibt es gleich mehrere solche Exemplare, die mit dem Fahrrad an Silkes Haus vorbeifahren, langsamer werden, sobald sie mein Hamburger Kennzeichen auf der Auffahrt sehen, und mich direkt anglotzen, wenn ich im Vorgarten Rasen mähe, um Silke einen Gefallen zu tun, und um einfach mal rauszukommen, wenn es mir zu viel wird mit ihr.

«Moin!», sag ich dann.

Keine Reaktion. Nur Glotzen. Direkt in mein Gesicht, aber mit der Unwucht von vielleicht 0,03 Grad zu meiner Pupille, sodass die Leute mir zwar direkt in die Augen schauen, aber wiederum auch nicht. Diese Leere eben. Genauso wie bei Mike Myers und bei dem Glotzer von gegenüber. Silke weiß zwar, was ich meine, wenn ich ihr mein Herz in dieser Sache ausschütte, hat aber überhaupt kein Verständnis.

«Ich krieg meinen Grill nicht vernünftig angeschmissen, wenn er rüberglotzt. Da braucht man Ruhe und Selbstvertrauen. Und er macht mich wahnsinnig!»

«Du beobachtest doch selber ständig Leute, Ralf Prange.»

«Ja, aber das kriegen die ja nicht mit. Dann steh ich hinter der Gardine. Ich lausch nur in den Abend hinein.»

«Wo ist denn da der Unterschied?»

«Silke, ehrlich. Mir ist ja bewusst, dass ich jederzeit, selbst in meiner eigenen Wohnung, beobachtet werden kann. Vielleicht vom NSA oder den Russen. Über die Laptop-Kamera oder den Fernseher, was weiß denn ich. Aber dann weiß ich das ja nicht in dem Moment. Es stört mich nicht.»

«Also manchmal …»

«Silke! Es wär ja wohl was anderes, wenn jetzt ein Geheimagent mich direkt aus meinem Laptop-Bildschirm beobachten würde, quasi zugeschaltet. Das wär ja wohl noch 'n paar Stufen unangenehmer. Dieses Unmittelbare.»

«Dann müssen deine Nachbarn ja dankbar sein, dass du das alles so diskret handhabst.»

«Im Grunde ja. Wie 'n guter Tierfilmer.»

«Du verrennst dich, Ralfi.»

«Wenn Grzimek in der Serengeti mit seinem Landrover direkt neben den Löwen geparkt hätte und sie bei der Paarung angeglotzt hätte – das wär denen doch wohl unangenehm gewesen.»

«Also von dem Thema bist du ja wohl besessen. Du willst doch nur den Grill anmachen. Da ist doch nichts dabei.»

«Und warum glotzt er dann?»

Mein Anwalt sagt, dass das noch nicht direkt Stalking ist. Ich hab mir nämlich eine anwaltliche Ersteinordnung gegönnt, wozu bin ich im Rechtsschutz, und diese erste Stunde war gratis. Ich hatte mich dafür extra ein bisschen schicker angezogen als sonst. Nicht mit Anzug und Krawatte, wie mein Opa früher, wenn er donnerstags zur Bank ging, um Auszüge abzuholen. Aber immerhin: Edeljeans, Wildlederschuhe (!), Blouson. Noch schicker mache ich mich nur für Hochzeiten und Konfirmationen, falls mal eine Einladung kommt. Wenn man zum Anwalt geht und er gleich sieht, dass das eine Gratis-Erstberatung aus dem Rechtsschutz ist, dann fühlt man sich gleich wieder klein. Wie so ein verfressener Steakhausgänger, der schon bei der Bestellung sein Gutscheinheft zückt, und am Ende ist das Porterhouse-Steak 50 Gramm kleiner, als wenn er ganz normal bestellt hätte. Der Anwalt wird zwar voll bezahlt von der Versicherung, aber trotzdem behandelte er mich ein Stück weit herablassend, gönnerhaft. Oder zumindest, als hätte ich einen an der Marmel.

«Grundsätzlich darf der Mann überall hingucken, Herr Prange. Wir sind hier ja in Deutschland.»

«Ja. Das schätze ich ja auch im Großen und Ganzen. Bloß, wenn es völlig ausufert ...»

«Herr Prange ...»

«Sie müssen wissen: Es macht mich nervös. Ich hab neulich Würste aufm Grill anbrennen lassen, und das Erste was ich seh, ist, dass er schon wieder glotzt. Und keine Regung zeigt. Das ist wie eine stille Verhöhnung.»

«Reden Sie sich das vielleicht nur ein, Herr Prange?»

«Es glotzt mich an. Direkt.»

«Benutzt er auch mal ein Fernglas?»

«Nein.»

«*Das* wär dann eventuell anfechtbar.»

«Nein, nein, da ist er schlauer.»

«Herr Prange, in dem Augenblick, wo dieses Glotzen, wie Sie sagen, einen Level erreicht, der Ihre Alltagsgestaltung gravierend beeinträchtigt, könnte man im Sinne von Paragraf 238 StGB von Zudringlichkeit sprechen.»

«Aha.»

«Ich rate Ihnen aber dringend davon ab.»

«Nee. Mal weiter.»

«Also das willentliche ständige Beobachten. Ich würde Ihnen vielleicht dennoch erst einmal das Gespräch mit dem Nachbarn empfehlen.»

«Aber ich könnte gegen sein Glotzen vorgehen.»

«Könnten Sie, aber Sie müssten Beweise sammeln. Sie müssten ein Protokoll schreiben. Und dann ist immer noch nicht genau definiert, wie viel Stunden Glotzen am Tag illegal wären.»

«Aber ich könnte gegen sein Glotzen vorgehen.»

«Ja. Aber wie gesagt ...»

Er hatte einfach keinen Bock. Wahrscheinlich ist da zu wenig Geld zu holen, zu kleiner Streitwert. Ich hätte es wissen müssen.

Nichtsdestotrotz habe ich Butschi dann vor ein paar Tagen um Hilfestellung gebeten. Er versteht mich. Der komische Tanassi aus seiner Stufe glotzt ihn nämlich auch immer nur an, sagt er. Egal was er macht, egal wo er steht. Nicht so wie die anderen Arschgeigen, die ihn auch schon mal anrempeln oder in den Sand schmeißen, sondern eher so unheimlich bedrohlich wie Mike Myers oder eben der bekloppte Nachbar von gegenüber. Ich hatte nun auch wirklich schon längere Zeit nicht gut geschlafen, mein Nervenkostüm war einigermaßen im Eimer, und allein der Gedanke daran, dass draußen im Hinterhof dieser Typ auf mich wartet, schlimmer als jeder Gartenzwerg mit Stinkefinger, weil lebend und real glotzend, machte mich fertig. Reiner Psychoterror.

Ich trug unterm T-Shirt ein Pulsmess-Brustband, was eigentlich zur Walking-Ausrüstung von Butschis Mutter gehört und das Butschi mir heimlich mitgebracht hatte. Ich wusste, dass sie so was über *eBay*-Kleinanzeigen gekauft hat, weil ich damals das Paket angenommen hatte und es im Karton piepte, weil da noch die Batterie drin war, und ich es deshalb erst mal öffnen und nachgucken musste. Hätte ja sonst was sein können. Egal.

Wir saßen auf meinem Balkon vorm Grill und verhielten uns ganz normal, um keinen Verdacht zu erregen und den Glotzer aus der Bude auf seinen Balkon zu locken.

«Dann-lass-uns-mal-den-Grill-anschmeißen-Malik-haben-wir-alles?»

«Ja-Prange-ich-glaube-ja-hier-ist-dein-Stabfeuerzeug-nimmst-du-es?»

«Ja-ich-nehme-es!»

Und dann plötzlich hörten wir das Knarzen seiner schlecht eingestellten Balkontür. Das musste er gewesen sein. Ich spürte mein Herz im Hals klopfen und flüsterte scharf.

«Guck jetzt nicht hin.»

«Nein.»

«Guckt er?»

«Ich denk, ich soll nicht gucken.»

«Dann guck mal mit deiner Kamera.»

«Wie?»

«Tu mal so, als ob du Netz suchst, und ich mach dann mal die Grillanzünder an, und dann hältst du das Handy in seine Richtung und filmst und stoppst die Zeit, wie lange er uns anglotzt.»

Gleichzeitig bereitete ich meinen Zettel vor, auf dem ich meinen Stresslevel dokumentieren wollte. Erhöhter Puls. 112! Jetzt schon!

«Mit 112 sind wir bei mir schon in der anaeroben Phase. Hast du ihn?»

«Ich weiß es nicht.»

Dann gingen die Gäule mit mir durch. Ich ließ alle Masken fallen, was bei mir nur alle Jubeljahre mal vorkommt, auch wenn Leute wie Silke, die mich länger kennen, das anders sehen. Aber ist wirklich so. Bis ich mal die Kontrolle verlier, muss ich schon auf 120 sein, wie man so schön sagt, und dieser Punkt war langsam erreicht.

«Ich weiß, was Sie da machen!»

Lauter als ich es eigentlich vorhatte. Also, ich hatte es ja nicht mal vor, es platzte einfach aus mir raus. Ich stand an der Balkonbrüstung und schaute ihn direkt an. Keine Reaktion.

«Vielleicht hat er Angst vor dir!», flüsterte Butschi.

«Woher denn?», flüsterte ich zurück, lippenlos, wie ein Bauchredner, den Blick unverwandt auf den Glotzer gerichtet.

«Sie glotzen mich an, seit Sie da wohnen. Meinen Sie, ich seh das nicht?»

Keine Reaktion. Nur vom Balkon der Elblette kam ein kurzes «Herr Prange?», worauf ich wiederum in dieser angespannten Situation nicht reagieren wollte. Schweigend traten Butschi und ich den Rückzug ins Wohnzimmer an. Abends sprach mich Dörte bei der gemeinsamen Kartoffelsuppe mit der sogenannten Schnibbelwurst auf den Nachmittag an, von wegen, was denn da gewesen wäre, Frau Kapella hätte mich und die Elblette im Hinterhof rumrufen hören. Da hatte ich schon gar keinen Bock mehr, meinen Standpunkt zu erläutern. Nicht dass ich nachher wieder als der Störenfried im Haus gelte. Um endlich meinen Frieden zu machen und weil ich ja in letzter Zeit eine Menge gelernt habe über Umgang und so, habe ich dann noch mal über das Thema Streitschlichter nachgedacht. Vielleicht doch gar nicht sooo bescheuert. Na ja. Wen nehmen? «Der wird dir doch gestellt», sagte Silke. «Wir hatten auch so einen, als wir Ärger mit Reimer und Wencke hatten. Das hat super geholfen.»

Gleich hatte ich ein schlechtes Gewissen. Dass es ein Problem mit der Hausfarbe in Teewurst geben könnte, hatten die Nachbarn meiner Schwester schließlich von mir, als ich da wegen der Holländer angerufen hatte, weil, Sie wissen schon.

Das Ganze führte dann alkoholbedingt auf einer Gartenparty nochmals zu einer spontanen … Aussprache, und weil am Ende alle beleidigt waren, musste der Streitschlichter her.

«Das mit der Teewurstfarbe haben wir am Ende eingesehen, da sagte die Mediatorin am Ende auch, dass man das hinnehmen sollte, aber Reimer und Wencke machen jetzt immer das Fenster zu, und wenn nicht, machen sie wenigstens andere Musik. Aber das Wichtigste, Ralf: Wir können uns wieder in die Augen sehen.»

«Geht Reimer auch schon wieder ungefragt bei euch aufs Klo?»

«Das war doch nie das Problem, Ralf. Mach das mal mit dem Mediator. Wir haben 200 Euro bezahlt und haben uns das mit den beiden geteilt.»

«Na, der Glotzer wird sich bedanken. Er hat ja wohl gar kein Problem, wie's scheint.»

«Dann wird so ein Mediator ihn ganz sanft drauf hinweisen, dass da ein Problem in der Nachbarschaft ist. Und dann zahlst du das eben alleine.»

«Wenn ich das bezahlen soll, dann muss er aber auch für mich sein, oder?»

«Wie?»

«Dass er für mich Partei ergreift und dem Glotzer sagt, dass er nicht mehr glotzen soll!»

«Darum allein geht das ja wohl nicht bei so was!»

Eben doch. Und zwar ausschließlich. Da habe ich nämlich gar keinen Bock drauf, dass es am Ende wieder heißt: «Nun stell du dich aber auch nicht so an, Ralf Prange.» So ist das nämlich immer, wenn ich Horst mal um Unterstützung bitte, was weiß ich, weil die Elblette ihre Wohnungstür immer zumacht, ohne die Klinke runterzudrücken. Rumms! Ihn selbst regt es im Grunde auch auf, da hab ich ihn auf meiner Seite, aber sobald es zum klärenden Gespräch kommen soll, wenn man sich zufällig mal zu dritt am Briefkasten trifft und ich sage: «Übrigens, Herr Rohde sieht es genauso», zieht er den Schwanz ein. Horst Rohde ist im Zweifelsfall schwach. Am Ende ist er die Schweiz. Es sich bloß nicht mit irgendwem versauen, der eventuell noch Kohle auf seinen Konten haben könnte! Und die Elblette weiß ganz genau, wie man solche Spielchen mit Herrn Rohde spielt. Ich könnte jetzt schon wieder kotzen.

Und meine Schwester Silke genauso. Am Ende ist sie immer auf der Seite von Dörte, wenn ich zum Beispiel nicht haben mag, dass Dörte die Gabeln mit den Piekern nach oben in die Geschirrspülmaschine steckt und ich dann reingreif, mit der trügerischen Gewissheit, dass mir ja nix passieren kann, weil in *meinem* Geschirrspüler die Gabelpieker und Messerklingen immer nach unten zeigen. *So, wie wir es von unserer Mutter gelernt haben!* Aber wenn wir dann mit Dörte Abendbrot gegessen haben und die Küche sauber machen und es am Gerät zum Treueschwur kommt, lässt meine eigene Schwester mich hängen!

«So wird es ja wahrscheinlich wirklich sauberer, Ralfi.»

Und dann lächeln sich beide an, und es fehlt eigentlich nur noch, dass sie sich affig abklatschen, wie so Frauen beim Beachvolleyball. Nein, nein, ich möchte einen Streitschlichter, der sich exakt an das Vorgehen hält, dass ich vorher ihm besprochen hab. Sonst macht das ja alles keinen Sinn!

Ich fand schließlich einen Herrn im Internet, der auf seinem Homepagefoto die Haare genauso trägt wie ich, zum Pony gekämmt, was mir gleich eine gewisse Vertrautheit vermittelte. Alte Schule, schon mal gut. Und er heißt auch noch Ralph, zwar mit ph, aber immerhin. Ralph Strotmann. Dann hab ich ihn gestern bei Facebook gefunden und konnte den Fotos entnehmen, dass er passionierter Eisenbahner der Spurweite Ho ist und im

Garten statt eines herkömmlichen Grills einen eigenen Smoker verwendet. Donnerwetter. Der Mann gefiel mir.

«Sie heißen ja auch Ralph, Herr Strotmann, das ja schon mal gut.»

«Ja, kann nicht schaden, nech?»

Wir lachten beide, ich kann auch charmant sein, wenn ich will. Wir quatschten schon fast eine Viertelstunde.

«Ja, Herr Strotmann, was kann ich sonst noch von mir erzählen? Ich hätte gerne wieder eine Eisenbahn, aber bitte *Fleischmann* ...»

«Nur *Fleischmann*, hören Sie mir auf mit *Märklin*, Herr Prange, Sie müssen nämlich wissen, ich bin auch Eisenbahner.»

Volltreffer. Ich hatte ihn. Wir flachsten. Wir lachten. Wir schwelgten in Erinnerungen über kleine Eisenbahnanlagenhäuserfenster, die mit Plastikkleber an unsern Fingern pappten, und und und und. Strotmann und ich – das passte sofort. Als ich dann auch noch ganz beiläufig erwähnte, dass ich in einer Räucherei arbeite, war es um ihn geschehen. Er wollte Tipps vom Profi, und zum Ende dieses ersten Gesprächs hin duzten wir uns auch schon.

«Du, Ralf ...»

«Ja, Ralph?»

Da mussten wir schon wieder lachen.

«Nee, mal im Ernst. Dieser Mann glotzt dich also an. Das ist knifflig.»

«Wie meinst du das?»

«Na ja. Im Grunde darf er das. Aber ich gehe gerne diesen Weg mit euch beiden, und dann schauen wir mal.»

Da hatte ich dann schon so eine Ahnung.

Heute, vor rund zwanzig Minuten, besuchte mich Ralph Strotmann auf meinem Balkon, und wir taten so, als würden wir zusammen grillen wollen. Und insgeheim habe ich mir das vielleicht sogar gewünscht und mir schon ausgemalt, wie ich ihn mit Micki und Butschi bekannt mache und wir eine ganz spannende Vierertruppe sind. Mit Butschi fürs süße Herzliche, Micki fürs Derbe und Strotmann für Eisenbahner- und Räuchergespräche auf Augenhöhe.

Ich fummelte also extralaut am Grillrost rum. Und der Glotzer? Er kam nicht. Ließ sich nicht auf seinen Balkon locken. Er ahnte was. Muss ja. Schließlich hab ich Strotmann gebeten, sich zum Schein von mir zu verabschieden, um sich dann in meiner Küche hinter der Gardine zu verstecken.

«Ich weiß jetzt echt nicht, ob das nicht langsam zu weit geht, Herr, Herr .... Ralf.»

«Er spielt mit uns. Mach mal. Wirst ja sehen. Auf-Wieder-sehen-mein-Lieber-wir-schnacken-die-Tage-mal.»

«Wie bitte?»

«Du musst schon mitspielen.»

Er schien mir da fast schon genervt. Aber da sieht man mal, was dieser Nachbar von gegenüber in Menschen auslösen kann. Schließlich stellte sich Strotmann hinter meine Gardine. Und nach weiteren acht Minuten kam der Glotzer auf seinen Balkon. Und glotzte.

«Ralf. Siehst du das?»

«Seh ich. Und jetzt?»

«Nee, du musst auch gucken, wie er glotzt.»

«Ja, er guckt hier rüber.»

«Dann hast du ja endlich was Handfestes.»

«Ich weiß nicht.»

«Einfach rübergehen. Klingelknopf müsste zweiter von unten auf der linken Seite sein, wenn ich mir den Gebäudeschnitt richtig zusammenreim. Probier ma.»

Mir gefiel da schon irgendwie gar nicht, dass Strotmann sich zierte, den Glotzer zum Gespräch aufzusuchen, weil angeblich – «... und wie ja bereits erwähnt bla bla bla» – noch nicht mal ein ernsthaftes Gerichtsverfahren in Aussicht steht und er ja sowieso eigentlich nur in solchen Fällen usw. usw. Und das zarte Band unserer neuen Freundschaft bekam erste Risse, als ich darauf bestehen musste. Immerhin hätte ich ihm schon einen ersten Abschlag von hundert Euro überwiesen. Das saß.

Und jetzt sitze ich hier, wie gesagt, und beobachte den gegenüberliegenden Balkon mit dem alten Opernglas meiner Mutter, das sie sich damals auf dem Flohmarkt am Goldbekhaus gegönnt hatte, weil wir zwei Wochen später zu «Cats» wollten. Ewig her. Und ich fühl mich wie James Stewart im «Fenster zum Hof», obwohl ich auf meinem Balkon sitze. Plötzlich dreht sich der Glotzer um und schaut in seine Wohnung. Es muss geklingelt haben. Strotmann.

Der Glotzer verschwindet in seinem Flur, und ich verfolge seine Schritte durch seine Balkontür mit dem Opernglas. An der Ecke zum Flur verliere ich ihn. Ich bin völlig gefesselt, ohne Scheiß, und spitze meine Ohren, kann aber nichts hören. Es ist mucksmäuschenstill im Innenhof. Ich kann meinen Beo über das Fenster auf Kipp auf seiner Stange rumhüpfen hören. Die Minuten verrinnen, und dann, plötzlich, kommen beide auf den Balkon. Der Glotzer fängt wild an zu gestikulieren, was ich ihm in seiner bräsigen Ignoranz gar nicht zugetraut hätte. Auf jeden Fall scheint Strotmann ihm die Meinung zu geigen.

Oder doch nicht?

Ich will schon die Faust zum Sieg ballen, da glotzen auf einmal beide zu mir rüber. Ich hab es genau im Opernglas. Sie starren mich an. Sie bewegen ihre Lippen und reden extra leise.

«Wichser! Pimmelgesicht! Arschloch!»

Genau in einem dieser echt unpassendsten Momente sondert Berni eine ganze Batterie an Versautheiten ab. Jetzt zeigt der Glotzer auch noch mit dem Zeigefinger erst auf mich, dann auf das Fenster, hinter dem Berni seinen Käfig hat. Für einen kurzen Moment scheint Strotmann, Ralph, meinen Blick durch das Opernglas direkt zu erwidern. Er schüttelt den Kopf. Ich gehe jetzt schon jede Wette ein, dass meine hundert Euro spätestens morgen zurücküberwiesen sind.

Manche Dinge muss man einfach selber regeln.

11

Es ist 21.48 Uhr, und ich habe langsam keinen Bock mehr. In zwölf Minuten fängt im Fernsehen mein *ZDF History* an, aber direkt neben mir im Bett liegt Dörte und hat auf meinem (!) Gerät in meinem (!) Schlafzimmer den *Bachelor* angemacht. Den *Bachelor*! In dessen Designerküche sich die hohlen Kandidatinnen auf den Barhockern räkeln wie die Damen im Puff, ist doch wahr. Und am Ende spuckt dieses System einige von denen als Kakerlakenfresser im Dschungel wieder aus. *The circle of life.* Ich könnte kotzen, und Dörte findet den *Bachelor* auch scheiße, im Grunde, aber dabei kann sie schön entspannen, sagt sie, und morgen klingelt ja um 5.30 Uhr ihr Wecker, da braucht sie was Leichtes zum Einschlafen.

«Wenn der *Bachelor* was Leichtes ist – ist das dann vergleichbar mit 'ner Scheibe Dinkelbrot mit Hüttenkäse und Brunnenkresse? Weil es leichter zu verdauen ist? Oder mit Backofen-Camembert, weil der so schön leicht aus der Packung zu pulen ist, und Ofen an und fertig?»

«Weißt ja wohl, wie ich meine.»

«Also Hüttenkäse.»

«Vielleicht. Ja.»

«Mir würde das nicht reichen. Dann würde ich noch nachts

wach liegen und überlegen, ob ich nicht doch noch Hunger hab. Vielleicht.»

«Wenn man mittags Schweinshaxe isst, fällt man danach unmittelbar ins Schweinshaxen-Koma, und der ganze restliche Tag ist quasi gelaufen. Warum also nicht direkt vorm Schlafengehen so 'ne Haxe? Wenn's hilft?»

«Das ist wie mit Rotwein, Ralf. Da schläft man ja auch schnell ein, aber nach zwei Stunden wacht man wieder auf.»

«Die zwei Stunden hat man dann ja aber erst mal.»

Wenn man den Montags-Thriller im Zweiten direkt nach dem *heute journal* guckt, dann ist das tatsächlich wie eine Portion Chili con Carne direkt vor dem Einschlafen. Kein Thema. Aber im Moment geht es mir ja um *ZDF History*, was ich gerne gucke, und die warten heute laut *Hörzu* mit der «Geheimakte Honecker» auf, was mich den ganzen Tag schon elektrisiert, weil ich sowieso eigentlich immer alles gucke, was «Geheimakte» im Titel hat. Besser geht es ja wohl auch kaum. Die Füchse bei *ZDF History* wissen, wie sie Ralf Prange kriegen. Stehe ich zu. Und danach kann ich dann immer noch eine kleine Schweinshaxe gucken, idealerweise vielleicht so was wie *Die Zehn Gebote*, was viel zu selten noch spät ausgestrahlt wird. Da ist das meistens wie bei der echten Schweinshaxe, wo man sich beim letzten Drittel fragt: «Ess ich noch, oder schlaf ich schon?», nämlich genau diese Zwischenwelt von Gucken und Wegdämmern.

Na ja. Jetzt noch elf Minuten. Ich kann nicht erkennen, ob Dörte schon eingeschlafen ist. Sie hat mir den Hintern hingestreckt und liegt auf der Seite. Wie man da vernünftig fernsehen kann, bleibt mir schleierhaft. Man würde ja auch nicht auf die Idee kommen, das Gerät hochkant an die Wand zu hängen. Ich könnte sie fragen: «Dörte, schläfst du schon?», aber dann wecke ich sie vielleicht auf, falls sie schon pennt, und falls sie noch nicht pennt, merkt sie an der Frage sofort, was ich eigentlich will und vorhabe. Und da bin ich nicht stolz drauf.

Ich *will*, dass Dörte endlich einpennt! Dass ich endlich wieder Herr über mein Schlafzimmer und meine Fernbedienung bin. So! Wie gesagt, ich bin nicht stolz drauf, aber Dörte macht sich so langsam breit bei mir. Nicht nur, dass sie die Gabeln mit den Piekern nach oben in den Geschirrspüler räumt, sie hat bei *Tchibo* einfach Tischsets aus Sisal für den Küchentisch gekauft, wo die Toastkrümel drunterrieseln und die man jedes Mal hochnehmen muss, wenn man die Platte wischt, und sie hat eine Vanille-Duftkerze fürs Wohnzimmer gekauft, die nach altem Staubsaugerbeutel stinkt – meine Meinung –, und jetzt greift sie nach der Macht über mein Fernsehprogramm! Und wie ein Vampir, der auf den Sonnenuntergang wartet, warte ich jeden Abend darauf, dass meine Lebensgefährtin einschläft. Ich habe sie wirklich gern. Lieb. Ich habe sie lieb. Ich bin immer noch, ja, verknallt. Aber auch Mütter lieben ihre Kinder und sind trotzdem froh, wenn sie die endlich im Bett haben.

«Also, wenn mein Mann so was zugeben würde, dann hätten wir dicke Luft, Ralfi.»

Seit ich nach all den Jahren «endlich» wieder eine Frau an meiner Seite habe, hat meine Schwester natürlich sofort gebohrt und mir die Sachen aus der Nase gezogen. «Wie läuft's denn so, Ralfi?», als hätte man mir eine neue Salbe oder so was verschrieben, und sie wollte einfach mal abchecken, wie ich damit zurechtkomme. Offenbar lag das für Silke schon viel früher auf der Hand als für mich, dass die Sache mit Dörte ein so starker Eingriff in mein bisheriges Leben sein würde, dass es durchaus auch zu Nebenwirkungen kommen könnte.

«Silke, alles gut. Ich bin es nur nicht gewohnt. Ist ja nun mal so. Ich hab sie ja gern hier. Aber sie macht sich eben auch so langsam breit. Muss ich den *Bachelor* gucken?»

«Du musst gar nichts, Ralf Prange. Aber dann sag ihr das auch.»

«Es ist ja, wie gesagt, drum herum alles wunderbar mit uns. Deswegen sitz ich das aus. Es macht die Dinge einfacher.»

«Was ist denn das für eine Beziehung, wenn man drauf wartet, dass die Partnerin einschläft?»

«Dann hab ich beides, Silke! Wenn Dörte bei mir ist, hab ich sie tagsüber gerne um mich, und abends gehört mir mein altes Leben dann wieder alleine.»

Es ist doch tatsächlich so! Dann bin ich eben wie Dracula, der sich auch erst in der Nacht so richtig ungezwungen bewegen kann.

Neulich war Dörte noch vor neun eingeschlafen, und ich habe mich dabei erwischt, wie ich durch meine Wohnung geschlurft bin und durch den Türspion ins Treppenhaus geguckt habe, was ich sonst auch immer mal tagsüber gemacht habe. Aber irgendwann stand dann Dörte hinter mir und fragte, was ich da machen würde.

«Ich gucke.»

«Was guckst du denn?»

«Nur so. Falls was ist.»

«Was ist denn?»

«Jetzt grad nix.»

«Warum guckst du dann?»

«Falls, Dörte, falls ...»

«Aha.»

Und dann hatte ich schon keinen Bock mehr. Ehrlich. Ich brauche doch auch mal ein bisschen Ruhe. Einfach mal Entspannung und ein bisschen Zerstreuung. Wenn Dörte *Bachelor* guckt, drehe ich den Spieß dann und wann um. Weil, das ist genau dasselbe!

«Was guckst du denn den *Bachelor*?»

«Nur so. Falls was passiert.»

«Was passiert denn?»

«Jetzt grad nix.»

«Warum guckst du dann?»

«Falls, Ralf, falls ...»

«Aha.»

Alles klar? Und vielleicht fühlt Dörte sich ja auch wohler, wenn sie allein bei sich zu Hause den *Bachelor* guckt und nicht meine gelangweilten Blicke von der Seite spürt. Weil, wenn ich eins nicht im Griff hab, dann meinen Gesichtsausdruck. Mein Gesicht kann nicht lügen, sagt Horst immer, wenn ich mit ihm im Treppenhaus am Quatschen bin und der Ökospießer mit seinem affigen Mountainbike auf der Schulter an uns vorbei nach oben geht.

«Moin.»

«Moin.»

«Tag.»

Dann guck ich wohl auch so, als wenn mir ein komischer Geruch in die Nase steigt. Na ja. Da bin ich Opfer meiner Natur, wie eben mein Vermieter Vick, nur andersrum. Jedenfalls genieße ich nachts diese gewisse Freiheit in meinen eigenen vier Wänden, und ich könnte mir sehr gut vorstellen, dass das anderen auch so geht. Was weiß ich, der US-Präsident zum Beispiel. Der liegt vielleicht auch wach und tut nur so, als ob er schläft, bis alles ruhig ist im Weißen Haus, und dann schlurft er in seinen Lederhausschuhen durch die Bude, runter in die Küche. Nimmt sich einfach mal die Milch aus der Kühlschranktür und trinkt direkt aus der Tüte und kratzt sich dabei am Hintern. Weil er es kann. Weil er es genießt. Weil nicht schon wieder irgendein Kasper vom Secret Service hinter ihm steht und die Augen verdreht. Danach erst mal schön aufs Klo, mit der Zeitung unterm Arm, und mal ganz ungestört den Dingen ihren Lauf lassen.

Dann ist Mr. President endlich wieder er selbst, sleepy Joe. Auch der wichtigste Mann der Welt ist nur dann mit echter Macht ausgestattet, wenn er sich auch mal so was wieder leisten kann.

So würde ich es jedenfalls machen. Und tatsächlich hat sich meine ganze Haupt-Verdauung schon in den wenigen Wochen meiner Partnerschaft mit Dörte komplett umgestellt, nämlich auf nach 22 Uhr.

«Noch mal, Ralf: Du kannst doch nicht sagen, dass deine *quality time* erst dann startet, wenn deine Freundin eingeschlafen ist!», höre ich gleich wieder Silke sagen.

«Es ist beides *quality time*, Silke. Beides! Mit und ohne Dörte. Und ich krieg es sonst nicht anders organisiert. Ich bin nun mal nicht so unbekümmert wie dein Mann.»

«Wie meinst du das denn bitte? Was ist denn mit Stefan?»

«Du sprichst ihn vom Flur aus an, wenn er auf dem Klo sitzt. Das wär für mich unerträglich.»

«Wieso, ich kann doch wohl mit ihm sprechen dabei. Er antwortet ja sowieso meistens nicht.»

«Also, ich möchte dabei nicht angesprochen werden!»

«Meine Güte ...»

«Nee, es gehört sich einfach nicht. Dörte hat mich neulich durch die Tür auch mal gefragt, wo denn der Pürierstab in meiner Küche ist. Das ist ein Tabubruch. Basta. Und dann verleg ich die ganze Geschichte lieber gleich nach 22 Uhr. Damit fahren wir beide besser.»

«Sorry Ralf, ich finde, als Paar muss man auch durch geschlossene Toilettentüren Gespräche führen können. So viel Vertrauen muss sein.»

«Nur mal angenommen, Silke, der US-Präsident ruft bei Putin an auf dem Roten Telefon. Und Putin sagt: ‹Hello Mr. President, Sie erwischen mich grad auf dem Klo, ich hab auf Handy umgeleitet, wo juckt der Hobel?›»

«Ralf, also ehrlich!»

«Siehste. Ist nicht vorstellbar! Weil beide das komisch finden würden. Oder der Pfarrer sagt im Beichtstuhl, ich sitz übrigens grad auf Klo.»

«Hör jetzt auf!»

«Nee, aber ihr Frauen quatscht uns Männer völlig hemmungslos durch die Toilettentür an! Und ich beschwer mich ja nicht mal richtig, sondern reagiere mit einem neuen Programmschema auf die Situation. Und das findest du dann auch wieder doof.»

«Okay. Dann ist es so. Wenn's für dich funktioniert.»

«Tut es.»

«Gehst du denn auch immer noch in den Keller?»

«Zweimal täglich.»

Dazu muss man wissen, dass das auch zu meinen kleinen exklusiven privaten Momenten gehört. Der Gang in den Keller. Neulich wollte ich wirklich nur mal ganz kurz runter und eine neue Dose Birnenkompott hochholen, und als ich die Tür hinter mir schloss und die Stille sich im ganzen Untergeschoss ausbreitete, da spürte ich sofort so was Wohliges wie, ja, Freiheit! So ähnlich geht es vielleicht auch Dörte, wenn sie in der Natur ist und sich eine Kleingartenparzelle als ähnliches Rückzugsparadies vorstellt. Es wäre am Ende sowieso mehr ihrs als meins, und deswegen hab ich schließlich mein Okay gegeben, dass sie sich für uns beide auf ein Grundstück in diesem Kleingartenverein bewirbt. Ich kann das verstehen. Ich genieße meinen Keller mittlerweile auch und möchte ihn nicht missen.

Als ich neulich da unten stand und mich diese wohlige Stille umfing, fing ich an, in alten Kartons rumzuwühlen, die alten Gummihanteln mal wieder anzusetzen, mit dem Finger den Staub vom Waffeleisen zu wischen usw. usw., und irgendwann hatte ich ein altes Puzzle mit dem Motiv von einem lachenden

Schimpansen in der Hand, fünfhundert Teile, wo ich damals nur den kompletten Rand und die Stelle mit den Nasenlöchern hinbekommen habe, weil das schön einfach war. Und dann habe ich die ganze Nasenpartie – um der alten Zeiten willen – einfach noch mal nachgelegt, und erst nach einer guten halben Stunde kam ich mit dem Birnenkompott wieder hoch. Und: Dörte hat nicht mal gemerkt, dass ich so lange weg war. Wenn man sagt, dass man mal kurz in den Keller geht, scheint niemand auf die Uhr zu schauen. Vielleicht ist das wie mit der Lichtgeschwindigkeit und den Zwillingen, was ich mal bei *Terra X* im Fernsehen gesehen habe, wo für den einen, der in den Weltraum fliegt, die Zeit langsamer vergeht als für den anderen, der auf der Erde bleibt, und der Zwilling, der aus dem All zurückkommt, ist dann deutlich jünger. Vielleicht vergeht die Zeit im Hochparterre auch langsamer als im Keller und rein theoretisch, wenn Dörte eine Stunde bei mir oben in der Badewanne liegt, komme ich als alter Mann wieder aus dem Keller, der jahrelang am Schimpansen-Puzzle gearbeitet hat. Und das Einzige, was von ihr kommt, wäre dann: «Hast du die Dosenbirnen mitgebracht?»

Seitdem nehme ich mir jedenfalls zumindest am Wochenende zweimal täglich diese kleine Auszeit und habe sie auch schon in meinen Wochenplan integriert.

Sonnabend:

9.00 Uhr:	Aufwachen. Morgentoilette. Bernis Handtuch vom Käfig ziehen. Kaffee im Bett mit Dörte.
10.00 Uhr:	«Fertig machen».
10.20 Uhr:	Frühstück im Baumarkt.
11.00 Uhr:	Gemeinsames Schlendern im Baumarkt. Neue Duschgummilippe begutachten.
12.00 Uhr:	Keller.

12.15 Uhr:	Leberkäse mit Bratkartoffeln und Spiegelei. Und Dörte.
12.30 Uhr:	Mittagsruhe. Option auf gemeinsames Fernsehen. Paketausgabe.
14.00 Uhr:	Micki und Butschi. (Dörte auf Alsterspaziergang mit Freundin Kati)
15.30 Uhr:	Bundesliga mit Micki. Butschi Playstation Ausweichgerät.
17.00 Uhr:	Rückkehr Dörte plus/minus 10. Gemeinsames Spaghetti-Eis (mitgebracht) bei Bundesliga-Schlusskonferenz.
17.30 Uhr:	Abflug Micki/Butschi.
18.00 Uhr:	Abendbrot warm.
18.30 Uhr:	Keller.
19.00 Uhr:	Prosecco-Time und Kuscheln.
20.15 Uhr:	Fernsehen. Was Dörte sagt.
23.00 Uhr:	Einschlafen Dörte plus/minus 10. Chance auf *Sport-Studio*. Im Anschluss Zeit zur freien Verfügung.

Für mich funktioniert es. Es ist genau die richtige Mischung aus Partnerschaft und Selbstverwirklichung, die mich ausfüllt auf eine Art. Und ich bin mir sicher, dass auch Dörte sich ihre Auszeiten nimmt. Vielleicht geht sie ja gar nicht wirklich um die Alster spazieren, sondern schaut sich in ihrer Wohnung die Wochenzusammenfassung vom *Bachelor* an? Was weiß denn ich? Geht mich nichts an. Interessiert mich nicht. Ist vielleicht auch das Erfolgsrezept unserer Beziehung. Selbst die Paare unter den Nachbarn im Haus haben ihre kleinen Wohlfühlinseln. Ich kann mir genau vorstellen, wie der Blasse vom Ökospießer abwartet, bis der eingeschlafen ist, um sich dann eine Tüte *Schokobons* aufzureißen, was sein Partner ja nicht wissen

muss. Ich hab schon mehrfach *Schokobons*-Folie im Treppenhaus rumliegen sehen und hatte immer Butschi in Verdacht.
Aber eines späten Abends, Dörte war gerade eingeschlummert
und ich stand nach einer kleinen Runde durch meine Wohnung
am Türspion und guckte nach draußen ins dunkle Treppenhaus, ging plötzlich das Licht an, und ich hörte schon an der
Art der Schritte, dass es der Blasse sein musste, der wahrscheinlich gerade von seinem «Kochen mit Sprossen»-Kurs an
der Volkshochschule zurückkam, den sein Macker ihm zum Be-
ziehungsjubiläum geschenkt hatte. Ich weiß das, weil die dazu
geschenkte unisex Latzschürze aus Ökotex mit «Maître Nicki»-
Aufdruck bei mir ankam und von dem Blassen abgeholt wurde,
also quasi Geschenkübergabe ohne den Ökospießer direkt bei
mir im Flur. Ich fand es fast ein bisschen unromantisch. Egal.
Der Blasse kam von seinem Kurs zurück und nahm sich noch
im Treppenhaus ein *Schokobong*, wie jeder normale Mensch
es aussprechen würde, steckte es sich samt Verpackung in den
Mund und zog die Folie zwischen den Zähnen wieder raus. Und
ließ sie einfach, sanft wie Herbstlaub, auf den Boden fallen. Und
in dem Fall drücke ich dann auch einfach mal ein Auge zu. Man
ist ja Nachbar, und in diesem Fall sind wir fast Komplizen. Weil
diese zwanzig, dreißig Treppenstufen in den dritten Stock sind
eine *kleine,* kleine *quality time.* Ich weiß ja, dass er den Ökospießer – warum auch immer – heiß und innig liebt und im
Anschluss für ihn auch wieder Joghurtbecher ausspülen wird,
und es gerne tut.

Neulich bin ich sogar direkt vom Eis-Holen noch kurz in den
Keller, bevor ich in die Wohnung gegangen bin, wo Dörte schon
Kaffee aufbrühen wollte. Ich hatte für uns zwei Spaghetti-Eis
eingepackt in der Tasche und noch eine kleine Kugel Schoko in
der Waffel für sofort nur für mich. Die wollte ich schnell ganz
alleine genießen, während ich dem Schimpansen im Puzzle

den Augenbrauenwulst zusammenbaue. Dann hörte ich die Tür zum Treppenhaus. Stufenpoltern und das Knarzen meiner Kellertür. Dörte. Sie stand plötzlich hinter mir.

«Ralf?»

«Ja. Na?»

Nichts anmerken lassen.

«Ich wollte noch schnell neue Kaffeefilter hochholen. Was machst du denn hier?»

«Du, alles gut.»

«Nee, im Ernst. Ich warte ja auf dich. Was machst du denn hier?»

«Du, eigentlich gar nix. Ich wollte noch mal nach den Sitzauflagen gucken.»

«Okay.»

«Ob die gut aufeinander in der Schutzfolie im Regal liegen.»

«Okay ...?!»

«Weil, wenn die an den Ecken nicht sauber liegen und knicken und man die im Frühjahr wieder rausholt, dann bleibt an der Rückenlehne so 'n Eselsohr an den Sitzauflagen.»

«Kann sein, ne?»

«Ich weiß jetzt nicht, ob man dazu Eselsohren sagt, aber du weißt ja, was ich meine. Und es sieht nicht aus.»

«Ich hasse das auch.»

«Nee, es ist aber so weit alles in Ordnung.»

Ich leckte meine Kugel Schokoeis und knabberte aus reiner Nervosität mit den Schneidezähnen den Rand vom Waffelhörnchen brüchig, genau wie Berni, wenn er an seinem Sepiasteinchen rumschnabelt. Ich konnte Dörte ansehen, dass sie das schon komisch fand, wie ich da so mit meinem kleinen Eis vor dem Haupteis im Keller stand, mit der Jacke über dem Arm und einem Puzzleteil in der Hand. Aber es war auch nie wieder Thema seitdem.

Ihre Atmung wird flacher und langsamer, wie sie so neben mir liegt. Ich mache mit der Fernbedienung einfach schon mal den Ton leiser, um ihre Reaktion zu testen und um im Fall des Umschaltens keinen so harten Programmbruch zu haben. Geschmeidig muss es gehen. Mit dem kleinen Musiksignal wird der letzte Werbebreak eingeleitet. Dann kommt der Moment der Wahrheit. Wenn sie dann immer noch regungslos bleibt, ist sie eingeschlafen, da bin ich mir sicher, also, hoffe ich mal. Früher, wenn ich mir bei meinem Opa einen Wassereis-Schlauch aus der Tiefkühltruhe holen wollte, musste ich immer an seinem riesigen belgischen Schäferhund vorbei, der davor gepennt hat und vor dem ich mächtig Angst hatte. Und kaum, dass ich auch nur in seine Nähe kam, um auf Zehenspitzen über ihn rüberzusteigen, weil so groß waren der Eishunger und das unbedingte Habenwollen dann schon, schossen plötzlich seine Augenlider auf von wegen: «Das hättest du dir so gedacht, wa, Ralfi? Dass ich am Pennen bin und dir nicht in 'n Arsch beiß, wenn mir danach ist?»

Der Mann aus *der Carglass*-Werbung erklärt alles über Steinschlag, aber Dörtes Atmung bleibt unverändert. Jetzt oder nie. Ich schalte um.

«Ist *Bachelor* schon vorbei?», murmelt sie. Ich stelle mich tot. Und den Ton aus.

«Kannst ja auch was anderes gucken, Ralf.»

Sie ist eine tolle Frau. Ich schaue auf den stummen Fernseher. Fünf Minuten lasse ich noch den Ton aus. Dann fahre ich ihn schrittweise wieder hoch. Alle dreißig Sekunden einen Balken. So der Plan erst mal.

12

Es ist Viertel vor acht Uhr abends, und ich stehe im Supermarkt hinter dem Babygläschenregal – und verstecke mich.
Hier läuft sie wahrscheinlich nicht vorbei. Wozu auch? Sie ist
bestimmt schon um die achtzig. Da kauft man keine Babygläser
mehr, höchstens, um sich selbst breiweiche Eiernudeln in To-
matensoße im Wasserbad warm zu machen, wenn man keine
vernünftigen Zähne mehr hat. Hat sie aber. Selbst, wenn's nur
dritte sind, könnte sie mit ihren Schneidezähnen Elektrokabel
abisolieren.

Vor fünf Minuten hab ich sie in der Obst- und Gemüseabtei-
lung entdeckt: Frau Jesteburg, da war ich mir einigermaßen sicher, unsere alte Nachbarin, die ganz früher über uns gewohnt
hat, da, wo jetzt die WG drin ist. Frau Jesteburg hat immer ihren
ausgelesenen Lesezirkel zum Abholen an die Haustür gestellt,
und wenn das *Praline* oder *Quick* waren, habe ich mir die dann
für die Witze genommen und für den nächsten Schultag auswendig gelernt. Irgendwann hatte Frau Jesteburg ihren Mann
verlassen, und auch der Lesezirkel kam nicht mehr in unser
Haus. Ich fragte mich damals, ob tatsächlich Frau Jesteburg die
Praline- und *Quick*-Leserin in der Ehe war oder ihr verlassener
Mann aufgrund horrender Unterhaltszahlungen nicht mehr
zum Lesezirkelkauf in der Lage. Wahrscheinlich Letzteres. Ein
Jahr später zog er nämlich auch aus.

Frau Jesteburg stand da also vor den künstlich auf Bio ge-
trimmten Holzkisten und drückte auf dunklen Avocados rum,
was auch deshalb merkwürdig aussah, weil sie dabei Nordic-
Walking-Stöcke um die Handgelenke baumeln hatte. Wie soll
man denn bitte schön einkaufen, wenn man zwei Nordic-Walking-Stöcke in und an der Hand hat? Ich hab sie wirklich nur
ganz kurz von hinten angeguckt und wollte schon still meinen

Einkaufswagen weiterschieben, als sie sich umdrehte, weil sie wahrscheinlich meinen Blick in ihrem Nacken spürte. Vielleicht wurde ich rot im Gesicht oder so was, auf jeden Fall muss irgendwas die Dame getriggert haben. Ein Scheiß! Sie stellte den Kopf schräg, und dann hat's wohl gedämmert bei ihr, und sie ging langsam auf mich los, mit zwei Avocados in den Händen und den Stöcken an den Gelenken.

«Das ist er ja doch.»

«Moin.»

«Na du? Wir haben uns ja 'ne Ewigkeit nicht gesehen!»

«Mmmh. Moin.»

«Gut siehst du aus.»

«Ja. Selber. Mönsch.»

Okay. Erst mal neutral bleiben. Weil, ich weiß gar nicht mehr, ob ich Frau Jesteburg früher überhaupt geduzt hab, zumal ich Kind war. Die Elblette duze ich ja auch nicht, und Frau Strehler hab ich auch nie geduzt.

So langsam wurde ich etwas unsicher, ob es sich tatsächlich um Frau Jesteburg handelte. Kannte ich diese Frau vielleicht doch woandersher? Vielleicht früher vom Faustball? War sie eine der Waffeldamen am Waffeleisenstand in der Turnhalle? Dann habe ich sie bestimmt geduzt. Und ich weiß auch gar nicht, wieso man dann nicht einfach ehrlich die Wahrheit sagen kann von wegen: «Sorry, ich steh grad auf dem Schlauch, woher kennen wir uns noch mal?» Das Schlimmste, was einem passieren könnte, wäre ja nur, dass sie beleidigt wieder abzieht, und den Verlust dieser Bekanntschaft könnte man dann sowieso ziemlich entspannt verknusen, wenn man sich noch nicht mal richtig mehr an die Person erinnern kann. Und ich setzte schon dazu an – als sie mir um den Hals fiel. Ohne Scheiß. Sie fiel mir um den Hals und presste mich ganz fest an sich. Mit den Avocados in der Hand und den baumelnden

Stöcken an den Gelenken. Dann nahm sie mein Gesicht in die Hand.

«Dass ich dich noch mal wiedersehe!»

Sie hatte feuchte Augen, und so langsam wurde mir die Sache unangenehm. Also vom Gesicht her kam sie mir schon einigermaßen bekannt vor. Aber das ist auch das Problem an so norddeutschen Allerweltsgesichtern. Die sind wie ein *VW Golf*: tausendmal gesehen, aber wem das Ding nun gehört, kann man sich bei so viel Durchschnittlichkeit nun auch wieder nicht im Einzelnen merken. Zu unauffällig. Zu verwechselbar. Ist doch wahr. In der Kleinstadt von meiner Schwester Silke fährt so ein Alt-Punk und pensionierter Kunstlehrer einen hellblauen Leichenwagen mit original *Ado*-Gardinen an den Fenstern, und da weiß natürlich jeder schon auf tausend Meter Entfernung, wer da kommt.

Der Mann von Silke macht es einem auch leicht. Er hat ein Gesicht, wenn es ein Auto wäre, wie ein *Fiat Multipla*. Nicht superhässlich, aber schon auch irgendwie hässlich, auf alle Fälle aber doch ziemlich aus dem Rahmen gefallen. Stefan hat Schweineäuglein, die von seiner Brille auch noch verkleinert werden, und eine große Stirn bei kleinem Kinn. Das Ding vergisst du nicht! Diesen Menschen kannst du nicht vergessen. Auch wenn man vielleicht eines Tages den Namen nicht mehr zusammenbekommt, man *weiß* einfach, dass man ihn kennt, und auch die Herleitung, von woher, funktioniert dann meist noch.

So! Schönen Dank. Jetzt steht diese Frau vor mir, und ich habe keine Ahnung. Dann trägt sie auch noch eine glänzende Dauen-Steppweste in Oma-Beige, was in ihrem Homeshopping-Kanal wahrscheinlich als *perlmutt-metallic* angepriesen wurde. Das weiß ich, weil Tanja Kapella regelmäßig solche Sachen für sich und ihre Mutter bestellt, die dann bei mir abgegeben werden. Dann laufen die beiden immer rum wie eine Willy-Bogner-Version von Margot und Maria Hellwig. Und die Dame, die vor mir stand, war ähnlich elegant, aber doch viel zerbrechlicher. Das einzig verbliebene Kraftvolle an ihr sind die Zähne.

«Ja. Ist lange her», wagte ich mich aus der Deckung.

«Du, es ist ja sooo lange her.»

«Nee wirklich. Is so.»

«Du, do…!»

Jetzt lächelte sie und knuffte mich spielerisch mit einer Avocado auf den Oberarm.

«Trifft man sich hier beim Einkaufen.»

«Ja, sollte wohl sein.»

«Da, *das* sollte wohl so sein.»

«Is so.»

«Ist ja wirklich so. Ist ja rein verrückt!»

Und so hätte das noch ewig weitergehen können, doch dann kamen ihr wieder die Tränen, und sie drückte mich und sah mir mit festem Blick in die Augen.

«Das tut so gut.»

«Mmmh.»

«Wie oft hab ich an dich gedacht in der letzten Zeit.»

Das fand ich schon ein bisschen übertrieben von ihr. Dann streichelte sie auch noch meinen Hinterkopf und ließ mich gar nicht mehr los. Über ihre Schultern hinweg sah ich, wie Butschi in den Supermarkt stürmte, und wollte schon aus lauter Verzweiflung «Hallo!» rufen, aber dann packte sie mich schon wieder am Nacken und zog mich noch dichter an sich heran.

«Das tut mir so leid mit Mutti. Ich konnt das gar nicht glauben, dass sie tot ist, als ich das gehört hab.»

«Ja, das war nicht so einfach.»

«Das kann ich mir denken. Das kann ich mir wirklich denken.»

«Mmmh ...»

Ich meine, der Tod meiner Mutter ist jetzt schon mehrere Jahre her, aber es ist ja nie zu spät zu kondolieren. Auf der anderen Seite wollte ich jetzt auch nicht zu lange verweilen, weil ich Dörte noch irgendwo in der Joghurtabteilung aufgabeln musste, bevor sie wieder nur diese Soja-Dinger einpackt und meint, dass ich den Unterschied nicht merke. Meine größte Sorge war außerdem, dass der Mann im *Hähnchenexpress* auf dem Parkplatz so langsam die letzten guten Dinger vom Spieß schieben würde, wenn ich mich nicht beeile. Die Dame tätschelte wieder meine Wange.

«So schrecklich.»

«Krebs?»

«Mmmh.»

«Dabei hab ich sie doch vor zwei Wochen noch bei *Rossmann* gesehen.»

Ähhhh. Hallo? Irgendwas lief hier gerade ganz schief, und mir wurde ganz heiß. Aus den Augenwinkeln sah ich, wie die Arschgeigen aus Butschis Klasse in den Supermarkt gestürmt kamen und nach ihm Ausschau hielten. Aber ich war gefangen im Griff einer Greisin, die ihren Umarmungsgriff immer weiter zuzog.

«Mmmh. Äh ...»

«So 'ne feine Frau. Wie geht's denn dem Hund?»

«Ja, wie soll's ihm gehen?»

«Und deine Arbeit. Hast du die noch?»

«Ja.»

«Das ist so wichtig, mein Jung.»

«Mmmmh. Nee, aber hab ich.»

«Spielst du noch Fußball?»

«Selten.»

«Hast du doch früher so gerne.»

«Na ja.»

Ich bin nicht stolz drauf, aber was soll man machen? Ich hab ja nicht gelogen, und eigentlich kann man mir gar nix vorwerfen. Trotzdem hab ich innerlich gebetet, dass sie endlich ihren Klammergriff löst und mich in Ruhe lässt.

«Ach, hier bist du immer noch? Ich hab schon Blaubeer-Joghurts eingepackt. Die magst du doch auch.»

Dörte stand plötzlich neben uns, mit mehreren Bechern von diesem Soja-Dings vor dem Bauch auf den Unterarmen gestapelt, und schaute mich fragend an, als ich da so vor ihr stand, mit einer älteren Dame, die Avocados in der Hand und Nordic-Walking-Stöcke an den Gelenken hatte und mich fest umklammert hielt. Manchmal magst du einfach nicht mehr.

«Ja, ich bin hier im Obst hängen geblieben.»

«Stellst du uns nicht vor? Guten Tag.»

«Ja, ach so. Das ist ... eine alte Bekannte», und zur alten Dame «Das ist meine Freundin. Sozusagen.»

«Ach Gottchen!»

Sie nahm mein Gesicht in ihre Hände, mit den Avocados, schaute mich überwältigt an auf eine Art, wo ich nicht deuten konnte, ob sie das wahnsinnig oder einfach nur furchtbar fand. War das plötzliche Gehässigkeit in ihrem Blick oder Zuneigung? Ihr Gesicht war eingefroren wie in einer schlechten Videokonferenz, und genau in dem Moment stand eine andere, etwas jüngere Frau mit einem Einkaufswagen direkt neben uns.

«Na? Ist er das, Mutti?»

«Du, er ist es. Ich hab's vorhin doch gleich gesagt, als er übern Parkplatz ging.»

Sie lockerte ihren Avocadogriff um meinen Hals und gab mein Gesicht frei. Was heißt frei?

Sie präsentierte mich förmlich, und ihre Tochter nickte zwar freundlich, aber die Skepsis in ihrem Blick war unübersehbar. Diese Leute waren nicht die Jesteburgs, und ich war Ralf Prange, und offensichtlich überhaupt nicht der, den Frau Nicht-Jesteburg im Kopf hatte. Da hätte ich immer noch sagen können: «Hören Sie! Bevor Sie weiterreden! Ich bin es nicht!» Das hätte ich sofort sagen *müssen*, aber ich bin ja auch nur ein Mensch und habe versucht, mich aus der Nummer rauszusabbeln.

«So. Nun ja. Ansonsten geht's uns allen aber wirklich besser, schön, dass wir uns mal wieder...»

«So schön.»

Sie tätschelte meine Wange.

«Wenn du glaubst, es geht nicht mehr ...»

«Ja, dann kommt irgendwo ein Lichtlein her. Danke du. Lass dich noch mal drücken und toi, toi, toi auch für euch im Allgemeinen und bis irgendwann mal wieder. Wir schnacken.»

«Wir schnacken.»

«Das tun wir!»

Und ohne der Tochter noch mal richtig ins Gesicht zu schauen, bin ich losgezogen mit meinem Einkaufswagen, raus aus der Obstabteilung, obwohl ich eigentlich noch gucken wollte, ob die heute vielleicht diese mittelgroßen Cherrytomaten haben, und bin mit den schnellen Schritten einer Person, die mal ganz dringend auf Klo muss, Richtung Non-Food-Abteilung abgehauen, Dörte völlig verdattert hinterher.

«Ralf?»

«Später. Gla-heich.»

Und noch währenddessen habe ich einhändig mein Handy entsperrt und im Gehen oder, besser gesagt, im Traben Silke angerufen.

«Silke, kennst du noch Frau Jesteburg von früher?»

«Was flüsterst du denn so?»

Ich nahm mir einen Satz Autofußmatten aus dem Angebots-Aufsteller und hielt ihn mir schützend vor Ohr und Handy, damit nicht jeder mithören kann.

«Frau Jesteburg. Von früher. Von oben. Kennst du die noch?»

«Die mit den Zähnen?»

«Ja, die mit den Zähnen. Deswegen bin ich ja so verwirrt. Die hatte doch keine Tochter ...»

«Nee, die hatte nur diesen Sohn mit der Frisur und diesem Fahrrad immer.»

«Dann ist sie das tatsächlich nicht. Hätt ja sein können, dass sie nur einen an der Marmel hat mittlerweile. Weil die Zähne stimmten.»

«Ralf, was ist denn los?»

«Erzähl ich später mal. Ich muss jetzt aufpassen, dass die mir nicht noch mal übern Weg laufen!»

«Frau Jesteburg?»

«Eben nicht, Silke! Eben nicht!»

Ich habe wieder nicht den richtigen Zeitpunkt erwischt, die ganze Sache mit der falschen Frau Jesteburg aufzuklären, die jetzt wahrscheinlich von ihrer Tochter die ganze bittere Wahrheit, noch mit den Avocados in der Hand, um die Ohren gehauen bekommt.

«Mutti, das war er gar nicht.»

«Warum tut der Mann denn so was?»

«Ich weiß es nicht.»

«Vielleicht hat er einen an der Marmel?!»

«Kann sein. Er guckte so.»

«Ich hab ihn *gestreichelt*. Was stimmt denn nicht mit ihm?»

«Ich weiß es nicht.»

«Aber dann ist Kai vielleicht noch mit seiner Frau zusammen.»

Oder so ähnlich. Ich schäme mich so. Und auch wiederum nicht. Was geht die Alte denn so distanzlos auf mich zu? Ich bin hier das Opfer. Es gibt ja diesen einen Film mit Richard Gere und Jodie Foster, von der ich eine Zeit lang immer dachte, sie heißt Judy Foster, wo er eine falsche Identität annimmt und so tut, als wäre er ihr Ehemann, der nach Jahren aus dem Krieg zurückkommt und sich am Ende sogar hinrichten lässt, weil es ihm zu unangenehm ist zuzugeben, dass er der Falsche ist und alles nur eine Verwechslung. Und ich kann das so gut nachvollziehen! Eigentlich will ich noch Ausschau nach Butschi und seinen Verfolgern halten, aber für mich zieht sich jetzt die Schlinge am Hals langsam zu, weil ich Mutter und Tochter immer mal wieder aus der Entfernung am Wagenschieben bzw. beim Stockeinsatz in den Gängen sehe. Das Gefühl, den beiden wieder in die Augen sehen zu müssen, nachdem ich aufgeflogen bin, ist unerträglich.

Das war früher schon bei mir so. Damals beim Friseur: Man saß da frisch gewaschen, mit trocken gerubbelten Haaren, und wurde pneumatisch aufgebockt, was ich als kleiner Junge sensationell aufregend fand, fast besser als Jahrmarkt, aber spätestens als junger Mann irgendwie enteiernd, wenn man von einer Frau in die Höhe gestemmt wird, technische Hilfsmittel hin oder her.

«Was machen wir denn heute Schönes? Wie immer?»

«Ja, würd ich sagen. Klingt gut.»

«Na dann mal los.»

«Jupp.»

«Schon Feierabend?»

«Nee, ich sitz grad noch bei der Arbeit und bin gar nicht hier ...» – möchte man am liebsten sagen, weil: Was ist das denn für eine dumme Frage immer?

Aber auch das hab ich mich natürlich nicht getraut. Generell bin ich beim Friseur immer ziemlich eingeschüchtert. Ich mag mich nicht gerne im Spiegel beobachten müssen beim Sprechen, und deshalb sage ich lieber gar nichts und reagiere nur auf Ansprache. Und da war es auch schon passiert: Ich wurde offensichtlich für jemand anderes gehalten. Mit einem Scher-Aufsatz wurden meine Haare über dem Ohr auf 15 mm getrimmt, und da hatte ich dann wirklich keinen Bock mehr auf Haareschneiden. Es war klar, das war nicht das übliche Frisurenprogramm von Ralf Prange, nämlich Spitzenschneiden und den Rest mit der Ausdünnschere. Die Friseurin bemerkte meine Nervosität.

«Das wird nachher noch schön angeglichen, nech?»

Und ich saß nur da wie das berühmte Kaninchen, völlig gelähmt und nicht in der Lage, dem ganzen Wahnsinn Einhalt zu gebieten. Bin ich nicht stolz drauf. Die Pein, die Verwechslung zugeben zu müssen, wiegt dann bei mir wohl noch stärker als die Angst vor einer Kackfrisur. Manchmal denke ich, man wird am Haarwaschbecken irgendwie sediert, und aus dem Wasserhahn kommt dampfendes Tavor, das man über die Nase aufnimmt und danach *alles* mit sich machen lässt. Und die Pflicht-Frage, ob die Temperatur so in Ordnung sei, dient nur der Überprüfung, ob der Kunde schon tiefenentspannt zurücknäselt: «Alles wunderbar.» Kurzum: Die andere Seite wurde auch noch abgesäbelt, und als sie mir dann noch Alustreifen fürs Strähnchenfärben in die Haare schob, war mir sowieso schon alles egal, und ich habe nur noch überlegt, bei welchem anderen Friseur ich das alles wieder einigermaßen reparieren lassen kann. Ich war 23. Ich sah scheiße aus. Ich hab 45 Mark (!) bezahlt und sogar noch zwei Mark Trinkgeld gegeben.

Es ist *vielleicht* genetisch. Wir Pranges sind und waren alle so, bis auf meinen Opa vielleicht.

Wahrscheinlich würden wir uns sogar ein Bein absägen

lassen, wenn der Chirurg uns für jemand anderen hält und der Kipp-Punkt, wo man das Ganze noch souverän hätte aufklären können, schon längst hinter uns liegt.

«Was ist denn überhaupt los? Wer war denn das?», fragt mich Dörte, als sie mich dann endlich eingeholt hat.

«Ich weiß es nicht!»

«Wie? Du weißt es nicht?»

«Ich kenn die Frau nicht.»

«Die hat dich umarmt.»

«Es ist dumm gelaufen, Dörte! Es ist einfach dumm gelaufen!»

«Okay ...»

«Bitte sprich nicht mit denen. Ich bleib jetzt einfach hier stehen. Und du kannst ja vielleicht schon mal bezahlen und zum Auto, und ich komm dann nach.»

«Also manchmal, Ralf Prange ...»

«Is so. 'tschuldigung.»

Das sind eben auch wieder die Fänge einer Beziehung! Dass man sich nicht einfach still und heimlich in einem Supermarkt vor alten Omas verstecken kann, von denen man sich irrtümlicherweise drücken ließ. Immer muss man alles erklären! Auch warum man findet, dass Soja-Joghurt nicht genauso schmeckt wie echter Joghurt oder warum man gegen Leute vorgeht, die einen grundlos vom Balkon aus anglotzen oder warum man gerne *Aktenzeichen XY* guckt! Es ist doch meine Sache. Zumindest war es mal meine Sache. Vor einem Jahr, als weder eine Lebensgefährtin noch irgendwelche Nachbarn oder irgendein ehemaliges Arschlochkind all das interessierte, was Ralf Prange denkt und tut.

Ich kauere in der Babygläschenabteilung und versuche, mir durch die Regalritzen einen kleinen Überblick zu verschaffen, wo Mutter und Tochter stecken. So bin ich nun mal! Und da sehe ich Butschi. In der Non-Food-Abteilung schaut er ängstlich aus einem Wäschekarussell mit Angebots-Fleecejacken heraus in alle Richtungen, und in dem Augenblick sieht er mich auch. Wir blicken uns wortlos an. Dann hält er sich seinen Zeigefinger an die Lippen. Ich halte mir meinen Zeigefinger an die Lippen. Dann taucht Butschi wieder ab, in der Hoffnung, dass seine Peiniger von selbst den Spaß an der Suche nach ihm verlieren. Ich schäme mich. Wie leicht wäre es, den Jungen an der Hand aus dem Supermarkt zu retten, doch meine Angst vor den zwei Damen lässt mich erstarren. Minutenlang. Ich komme mir wieder vor wie ein Zwölfjähriger im Schwimmunterricht, der mit einer, ja, spontanen Beule in der Hose so lange im Schwimmerbecken bleiben muss, bis alle anderen Klassenkameraden und vor allem *innen im Umkleidetrakt verschwunden sind. Und einmal war es nämlich so, dass Cordula Ackermann schon so eine Ahnung hatte und mir mit den anderen Mädchen hinter der Bademeisterloge auflauerte, als ich Minuten später als Letzter aus dem Becken stieg.

«Prange hat 'n Steifen!»

Traumatisch. Mit diesem Angstgedanken schleiche ich mich als vermeintlich vorletzter Kunde an diesem Abend, gefolgt von Butschi, an der Kasse vorbei, besser gesagt kaufe ich noch schnell eine Packung *Dextro Energen* und vier Fläschchen *Boonekamp* aus der sogenannten Quengelabteilung – wo sich mir die Frage stellt, wer da eigentlich wem gegenüber quengeln soll, wenn es um Kräuterschnaps geht –, damit man was in der Hand hat und nicht einfach so durchgeht, und Micki kann so was immer brauchen.

Butschi ist sicher, die Jungs aus seiner Klasse sind weg. Mir aber wird tatsächlich aufgelauert.

Ich erkenne von Weitem Dörte in meinem Auto sitzen, völlig verloren auf dem riesigen, geleerten Parkplatz, und an der Einkaufswagenrückgabe steht die alte Schachtel, ich sage es jetzt einfach mal so, reiner Abwehrmechanismus, zusammen mit ihrer Tochter, und beide starren mich hasserfüllt an.

In der Hand halten sie die letzten beiden Hähnchentüten.

Der Hähnchenexpressmann hebelt seine große Hähnchenwagenklappe zu, zieht das Starkstromkabel ab und verschwindet in der Dunkelheit.

13

Hier ist was im Busch! Und ich habe jetzt schon eigentlich keinen Bock mehr. Alles nervt. Das ganze Haus ist voll mit Handwerkern, die die Treppen rauf- und runtertrampeln, als wären die Kinder der Strehlers wieder bei uns eingezogen, die mir früher immer mächtig auf den Sack gegangen sind, wenn sie morgens um kurz nach sieben aus dem zweiten Stock zur Schule runtergebollert sind wie eine Büffelherde. Dazu kommen Bauingenieure, die Weißhelme, die ganz wichtig-popichtig irgendwelchen Wohnungskäufern den Umbau der Barmbeker Klinkerbauwohnungen zu hellen Wohnlandschaften schmackhaft machen sollen. Dann die Kaufinteressenten. Und überhaupt diese ganzen schmierigen Typen von diesem Verkaufs-Konsortium, *Casa Albano*, das extra für das Verscherbeln der Wohnung gegründet wurde. Baufirma. Anwaltsfirma. Immobilienfirma. Alle unter einer Decke. Manchmal magst du einfach nicht mehr. Sowieso schon. Und dann wird es auch noch unheimlich.

Irgendwas stimmt nicht mit dem Fernsehmann.

Ich fürchte, er hat sich mit den Falschen angelegt.

Das Ganze fing vor etwa zwei Wochen an, als ich mein Altpapier in unsere blaue Tonne vorm Haus bringen wollte. Ich hatte eh schon eine Scheißlaune, weil ich Material dabeihatte, bei dem ich nicht weiß, ob man das einfach so ins Altpapier geben kann, mich aber auch nicht traue, bei der Müllentsorgung anzurufen und zu fragen. Weil, Grauzone ist Komfortzone. Und wenn die mir am Telefon gesagt hätten, dass ich kein Käsepapier in die blaue Tonne werfen darf, weil da Plastikanteile drin sind, dann hätte ich da jetzt noch eine halbe Stunde gesessen und die Innenfolie vom Außenpapier getrennt.

Außerdem habe ich Dörtes alte Zeitschriften dabei, die neuerdings bei mir auf dem Sofatisch liegen und die ich in der Zweitverwertung beim Fernsehen zum Apfelsinenschälen drunterlege: Da sind diese popelartigen Klebereste für Pröbchen dran. Überhaupt! Darf man Zeitschriften mit Pröbchen ins Altpapier geben, oder versauen fünf Gramm Nachtcreme von *Elizabeth Arden* den Papierbrei? Es ist möglicherweise kein Zufall, dass sich manche Hochglanzprospekte oder -journale nicht gut umblättern lassen, vielleicht ja, weil das Papier einen zu nachhaltigen Feuchtigkeitshaushalt hat. Horst hat mir allerdings mal erzählt, dass das meistens noch in der Altpapierstraße aussortiert wird, und da stell ich mir vor, dass die Fließbandarbeiter dort mühsam und fluchend Klebestreifen von Kartons abreißen, wie wenn Leute im Schlachthof Schweinehälften abschwarten. Ich würde durchdrehen! Wie schnell würde ein Fließband laufen, an dem hundert Leute stehen, die Preisschilder von *Ikea*-Gläsern abrubbeln, also wenn es so was gäbe. Das ist doch zum Verrücktwerden. Ich bin natürlich ganz froh drum, dass uns Endkonsumenten dieser Mist abgenommen wird. Und trotzdem mag ich es nicht, wenn meine «böse» Papierware so ganz nackt obenauf liegt in der Tonne.

Ich nahm also meinen Pizzakarton, in dem man noch die letzten Randstücke klötern hörte (Dörte!), und einen Versandkarton, auf dem noch die Begleitbrief-Folie klebte, und wollte sie ganz nach unten in den dunklen Schlund der blauen Tonne durchdrücken. Aus den Augen, aus dem Sinn. Und dabei passierte es: Ich zog eine braune Papiertüte aus dem Biomarkt nach oben, um meine Ware drunterzuschieben, als daraus plötzlich mehrere zerrissene Papierfetzen fielen. Nicht mal klein gerissen. Einfach nur zweimal in jede Richtung durch, auf DIN A6 etwa. Und sofort sah ich, man konnte ja gar nicht anders, die Adresse.

An Frau
Kathrin Schöneborn

Die Elblette! Es handelte sich um einen Brief von ihrem Fitness-Studio, das sie ermutigen wollte, «a friend» mitzubringen und dafür einen Monat gratis und einen 10er-Greensmoothie-Gutschein für den «Freshpoint» in der Sportsbar abzustauben.

Das weiß ich natürlich, weil es ein wirklich einfaches Puzzle war. Vier Teile. So was gibt es von *Ravensburger* vielleicht schon für Einjährige. Doch dann waren da auch ein paar Fetzen, die deutlich kleiner gerissen waren, eher Scheckkartenformat, und das war für mich dann schon die etwas größere Herausforderung, und nur deshalb, aus der neu gewonnenen Freude am Puzzeln, hab ich die ganze Tüte mit in meinen Keller genommen – und los ging das!

«Du hast *was*?»

Typisch meine Schwester. Ich erzähle ihr am Telefon davon, und schon geht sie gleich wieder hoch. Dann muss sie sich nicht wundern, dass ich die Sachen zunehmend für mich behalte.

«Es hat überhaupt nichts mit Neugier zu tun. Wie oft soll ich das denn noch sagen? Es ist die Herausforderung. Es sind nämlich zwei Briefe in ähnlichen Schnipsel-Formaten und identischer Briefpapierfarbe!»

«Hörst du dich reden? Das ist illegal!»

«Woher denn?»

«Wegen Datenschutz! Postgeheimnis!»

«Silke! Die Elblette hat doch gegen das Postgeheimnis verstoßen. Ich doch nicht! Weil sie die Rechnung vom Zahnarzt, wo er seine Kosten für ihre Zahnreinigung auflistet, einfach öffentlich in die Papiertonne schmeißt.»

«Das ist nicht öffentlich!»

«Grauzone!»

«Ralf, ehrlich jetzt!»

«Wenn andere Zahnärzte über die Papiertonne erfahren, was dieser Dr. Krepp für die Zahnreinigung auflistet, dann hat die Elblette doch sein Vertrauen missbraucht. Und nicht ich.»

«Ich weiß nicht.»

«Ist so.»

Ich hatte sie schon in der Ecke, in der ich sie haben wollte. Meine Nase steckte schon genießend in meinem Kaffeebecher und atmete mir die Wärme an die Wangen.

«Ralf, was nimmt der denn?»

Guck! Also doch. Meine Schwester tut nämlich immer nur so.

«Wie bitte?»

«Für die Zahnreinigung. Ich zahl hier nämlich 115.»

«Das ist ja nun wohl wirklich privat.»

«Ralfi …»

«135.»

«Guck an. Dann fahr ich ja noch gut. Hat sie auch bleachen lassen?»

Das hat mich dann doch wieder genervt. Typisch Silke. Ich habe sie sogar angelogen in der Sache. Sie muss ja nicht alles wissen. Nicht nach so einem Vortrag! Immerhin hat die Elblette die Rechnung extra klein gerissen, und das zeigt ja auch den

Wunsch nach Diskretion, und dem komme ich gerne nach. Es ist daneben aber wirklich so, dass mir diese Puzzlelei Freude macht. Würde es das von *Ravensburger* geben, was weiß ich, Napoleons Briefe an Josephine, 1500 Teile – ich würde wahrscheinlich zuschlagen, wobei mir das nun wirklich völlig egal ist, wie dies kleine Arschloch seine spätere Frau aufgerissen hat. Es kam nur gerade etwas darüber im *Mittagsmagazin* mit so einer Ausstellung irgendwo. Deswegen.

Das echte Puzzle mit dem Affen war sowieso der absolute Reinfall. Fünfzehn Teile fehlten am Ende, und dann auch noch die, die das linke Auge ausmachen. Ein Loch auf der Stirn oder am Hals wäre ja noch vertretbar gewesen, aber wenn am Ende das ganze Auge fehlt, und der Affe guckt einen nicht einmal an zur Belohnung – dann leck mich doch am Arsch! Ich habe es dann weggeschmissen. Jetzt liegen da insgesamt drei Puzzles, an denen ich parallel arbeite, wenn ich die kleine Auszeit von Dörte brauche. Zum Beispiel der weggeworfene Fotostreifen mit Passbildern, die so kleinteilig zerrissen waren, dass ich bislang zwei Stunden im Keller tüfteln musste, um erst mal überhaupt rauszufinden, dass es Tanja Kapella war, die offensichtlich mit diesen Aufnahmen – zu Recht! – nicht einverstanden war, sodass Dörte zum ersten Mal beim Wiederaufkommen gefragt hatte, wo ich denn eigentlich die ganze Zeit schon wieder bleiben würde. Und dann rieselte da noch neben einer Homeshopping-Zeitschrift, unzerrissen, adressiert an das Ehepaar Kapella, also wahrscheinlich ein gemeinsames Hobby, ein alter Einkaufszettel aus einer alten Pizzapackung.

«Klopapier. Fleisch. Bananen. Obst. Getränke. 2 × Milch. Aufschnitt. Brot. Schöne Steaksoße.»

Wobei ich frage, warum jemand Bananen nicht zu Obst zählt, Milch nicht zu Getränken, und warum jemand «*schöne* Steaksoße» auf seinen Einkaufszettel schreibt. Es muss *sie* gewesen sein, nicht *er*, weil der i-Punkt bei Klopapier ein Kringel war, und Männer machen das nicht, glaube ich. Weiß ich. Aber schreibt Frau Kapella, oder besser gesagt Tanja, wie ich mittlerweile sagen muss, weil Dörte das eingefädelt hat, also schreibt Tanja das für sich selbst, damit sie nicht aus Versehen nur diesen Gummi-Curry-Ketchup von *HeLa* kauft, oder tut sie es eben doch für ihren Mann, von wegen «Überrasch mich mal, Fränkie», als semi-erotisches Vorgeplänkel vor einem schönen Steak-Abend zu zweit? Mich hat es auf jeden Fall schon dermaßen angetörnt, dass ich noch am selben Nachmittag los bin und zwei Nacken für Dörte und mich gekauft habe.

Ich verstehe nicht, warum die ihre Einkaufszettel nicht direkt im Supermarkt entsorgen, anstatt ihn wieder mit nach Hause zu nehmen. Vielleicht, weil manche Supermärkte keine extra Papiertonne haben oder weil zu Hause beim Auspacken aus den Tüten noch mal mit dem Auftragszettel verglichen und abgehakt wird. Egal. Ich machte Nacken, in der Pfanne, weil der Hunger härter war als der Balkongrill schnell, und Dörte hatte sich teilweise auch schon über die Kräuterbaguettes aus dem Ofen hergemacht und zupfte sich kleine Kräuterfetzen in den Mund.

«Sag mal, Ralf ...»

Ihre Stimme wurde immer dünner, und dann musste sie erst mal minutenlang abhusten. Das kommt davon. Sie ist eine bezaubernde Frau, essen kann sie wie ein Scheunendrescher, und auf diese Dinger kann man ja noch so viel Kräuterbutter draufschmieren, irgendwann sitzt dir so ein fieser Krümel quer im Hals, und es ist für mich als Partner fast unmöglich, ihr ausreichend kräftig, aber dennoch liebevoll auf den Rücken zu hauen. Da kann man genauso probieren, eine Lkw-Tür leise zuzuschlagen. Ist doch wahr.

«'tschuldigung.»

«Geht's denn?»

«Ja. Langsam. Sag mal Ralf. Wir sind ja bei den Kapellas zum Grillen eingeladen. Wollen wir da auch Nacken mitbringen?»

«Ich denk, wir sind eingeladen?»

«Ja. Auf Getränke, denk ich mal.»

«Wir bringen doch sowieso schon 'ne Flasche Wein mit. Dann noch das Fleisch. Auch noch Briketts? Was stellen *die* denn dann? Sitzauflagen?»

«Das wird bestimmt wieder ganz nett.»

Ja. Sicher doch. Solange *er* am Ende nicht wieder kotzend durch seine Wohnung rennt.

«Du, Dörte? Wir könnten sonst statt Wein auch mal 'ne schöne Steaksoße mitbringen.»

«Find ich gut. Ham die aber bestimmt schon.»

«Wein hat ja auch fast jeder noch irgendwo zu Hause. Und den bringt man trotzdem mit.»

«Du bringst doch nur immer Wein mit, weil der aus dem Karton ist, den du nicht magst.»

«Ein Fehlkauf. Mach ich nicht wieder. Ist aber jetzt auch gar nicht Thema. Ich glaube, man könnte Tanja tatsächlich mit 'ner schönen Steaksoße glücklich machen.»

«Guck! Jetzt sagst du auch schon Tanja.»

«Ich muss mich dran gewöhnen. Wie an Mango. Ess ich ja auch mittlerweile. Aber ich hab da so 'n Riecher, dass sie das gut findet.»

Und dann habe ich tatsächlich, weil mich die ganze Thematik interessierte, eine schöne Steaksoße gekauft. Und wenn es früher bei unserem *Edeka* gerade mal fünf Sorten Steaksoße von zwei Herstellern gab, die sich hartnäckig über Jahre in der Kühlschranktür gehalten haben, gibt es heutzutage eine größere Steaksoßenauswahl als Babygläsersorten. Der Markt spielt verrückt, und ich habe für die Kapellas die teuerste

Steaksoße gekauft, die ich für 8,99 Euro auftreiben konnte. Die kleinste Steaksoßenflasche der Welt. Handcrafted. Und Frau Kapella ist fast durchgedreht.

«Das ist ja wirklich mal 'ne schöne Steaksoße!»

«Dacht ich so, ne?»

«Fränkie. Guck mal, was Ralf für 'ne Steaksoße dabeihat.»

«Donnerwetter.»

«Das ist mal 'ne schöne Steaksoße.»

Und je länger der Grillnachmittag wurde und je mehr Weißweinschorle beide intus hatten – wobei purer Weißwein mit Eiswürfeln bei den Kapellas auch als Schorle durchgeht, obwohl beide ihre Gläser leer saugen, bevor irgendein Eiswürfel auch nur angeschmolzen ist –, desto heftiger wurden Tanjas gelallten Vorwürfe an ihren Mann.

«Dasma 'ne Steaksossse, Fränkie. Kuktier dasma an. Der Mann weissss, waschöne Steaksoße is …!»

Und immer wieder wurde drauf rumgeritten, dass Frank Kapella aus der letzten Einkaufszettelaufforderung nach schöner Steaksoße offenbar nicht mehr gemacht hat als eine Sommeredition von *Kühne* für 1,49 €. Es war mir fast ein bisschen unangenehm.

Vor einer Woche dann habe ich in meinem Keller ein zerrissenes *Metro*-Anschreiben mit 50-Euro-Gutschein auf Gartenmöbel an Herrn Horst Rohde wieder zusammengesetzt. Und da war ich wirklich enttäuscht und habe vielleicht etwas zu spontan bei ihm geklingelt.

«Was schmeißt du denn den schönen *Metro*-Gutschein weg? Den hätt ich ja vielleicht auch noch brauchen können.»

«Ich weiß gar nicht, was du meinst, Prange.»

«Im Altpapier. Der *Metro*-Gutschein.»

«Wühlst du jetzt schon im Altpapier von fremden Leuten rum?!»

«Wir kennen uns ja wohl.»

«Von Leuten rum?»

«Ich hab nicht rumgewühlt. Dieser Gutschein wollte ja fast schon gesehen werden. Dann musst du eben noch was anderes drüber machen. Wie andere Leute auch.»

«Ich hab ja alle Gartenmöbel. Was soll ich damit?»

«Wieso bist du überhaupt bei der *Metro*? Bist doch gar nicht selbstständig.»

«Das geht dich doch gar nix an. Ich hab ... Verbindungen.»

Manchmal frage ich mich, ob in der *Metro* nur Leute einkaufen, die «Verbindungen» haben und gar kein eigenes Geschäft. Meine Schwester Silke auch. Weiß der Geier, wo die ihre *Metro*-Karte herhat. Und die hätte doch die 50 Euro brauchen können. Dann hätte sie sich eine Relaxliege kaufen können und mich mit einem von diesen Riesen-Tilsitern ausbezahlt, auf die ich schon lange scharf bin. Ist doch wahr. So was kann man ja auch mal ins Treppenhaus legen, nicht immer nur den Scheiß, den man loswerden will. Schöner Gutschein. Freut sich jeder.

«Und du hättest ja mal Bescheid sagen können, dass du dir gestern für 22,90 € Burger und sonst was vom Lieferdienst gegönnt hast.»

«Gar nicht. Woher denn?»

«Meinst du, ich hab die Quittung mit Lieferanschrift an der Papiertüte nicht gesehen?»

«Wo?»

«In der blauen Tonne. Unter den Zeitungen mit der Fahrradschmiere von dem Schwulen von oben.»

«Herr Durm ...»

«Zweimal Blue Cheese Burger mit Süßkartoffelpommes und Trüffelmayo.»

Verächtlich ratterte er aus dem Kopf Dörtes Bestellung runter. Ich war baff.

«Was macht diese Frau noch aus dir? Trüffelmayo, und da hättest du *mich* ja auch mal fragen können.»

«Was denn fragen?»

«Ob ich was mitbestellen möchte, weil als Single komm ich nicht übern Mindestbestellwert. Da muss ich mich überfressen, damit das hier umsonst ankommt!»

Es war eine Mischung aus Scham und Empörung, die ich da empfand. Aber am meisten hab ich mich über mich selbst geärgert, dass ich Dörte bei der Einweisung in meine Wohnung nicht unterrichtet habe, dass man in diesem neugierigen Haus das Altpapier auf Briefmarkengröße kleinreißen muss. Wütend ging ich zurück in den Keller. Und noch bevor der Groll verraucht war, fand ich das Puzzle vom Fernsehmann im Altpapier, und ich wollte schon gar nicht richtig nachgucken, weil mir das alles zu viel wurde, aber da war dieser am Computer geschriebene Satz, in Weinrot auf weißem Papier, der mich aufhorchen ließ.

«Dass Sie am Ende alles verlieren»

Ein einzelner Schnipsel mit diesem Halbsatz. Also nicht ganz. In der Zeile drunter stand noch das einzelne Wort **«bereuen**. Punkt.» Der Rest war abgerissen. Und sonst nix. Keine weiteren Teilchen. Ich wühlte mich noch eine ganze Weile durch die Tonne, aber das Einzige, was ich fand, war ein weiterer Schnipsel mit der angerissenen Anschrift vom Fernsehmann. Der arme Hund.

«Wer droht ihm da?»

Ich zog Horst ins Vertrauen, weil wir papiertonnentechnisch offenbar sowieso unter einer Decke stecken und ja auch so was wie eine gemeinsame Vergangenheit mit dem Fernsehmann haben, seit er Horst den Schlüssel zu seiner Wohnung anvertraut hatte und wir uns das eine oder andere Mal etwas genauer in der Promibude umgeschaut haben, als er in Urlaub war oder auf Dreh. Bin ich nicht stolz drauf. Aber man ist ja Nachbar. Und irgendwer muss schließlich aufpassen.

«Wieso drohen?»

«Wieso denn nicht? Bereuen? Alles verlieren?»

«Prange ...»

«Nee, Horst. Jetzt mal ehrlich. Er ist Promi. Zumindest in Hamburg. Und solche Leute sind immer irgendwann fällig. Entweder von der Presse oder vom Milieu.»

«Red'st einen Scheiß, Prange.»

«Dann wirst du eingeladen von irgendwelchen komischen Unternehmern in die VIP-Loge beim HSV oder auf 'ne Kreuzfahrtriesentaufe, und am Ende sitzt du in irgendeinem Puff in Lokstedt und willst eigentlich nur noch 'n Absacker trinken, und dann sind die Fotos da, und die haben dich für immer in der Hand. Wie bei Dieter Wedel in den Filmen immer.»

«Woher weißt du so was?»

«Von Dieter Wedel.»

«Aha.»

«Also den Filmen.»

Horst schüttelte den Kopf und zeigte mir den Scheibenwischer. Er wollte die Tür schon hinter sich zumachen und mich einfach stehen lassen – da drehte er sich dann doch noch mal auf seinem Absatz um und knetete nachdenklich seine Nase.

«Oder diese ganzen Typen hier, Prange.»

«Welche Typen hier?»

«Von *Casa Albano*. Albers. Anschütz. Ostermann. Die Wichser.»

«Ach, deswegen Alb-an-o? Die heißen so?»

«Ja. Und der Sohn von Frau Hardefeld sagt, die sind alle Scientology. Muss ja.»

«Du quatschst mit dem Sohn von der Nazi-Oma? Hab ich gar nicht mitgekriegt.»

«Kann ja wohl. Darf ich doch. Man trifft sich ja mal. Auch wenn du nicht da bist.»

«Es ist nur ungewöhnlich.»

«Der sagte auf jeden Fall, dass diese Firma Scientology ist. Hat er gegoogelt. Und man findet gar nichts.»

«Das's doch gut.»

«Wenn du so gar nichts findest, ist das schon verdächtig, sagt er. Jedenfalls, Anschütz, der Anwalt, soll auf alle Fälle Scientology sein. Das sei bekannt.»

«Das ist bekannt?»

«Ja. Das ist wohl allgemein bekannt, sagt er.»

«Wenn das allgemein bekannt ist, dann hängen die anderen so oder so mit drin. Aber was wollen die vom Fernsehmann? Der hat die Wohnung doch schon längst gekauft damals.»

«Geht doch gar nicht mehr um die Wohnung wahrscheinlich. Du bist manchmal so naiv, Ralf Prange.»

«Eben hast du noch gesagt, dass ich keinen Scheiß reden soll, und jetzt?»

«Man muss eben eins und eins zusammenrechnen. Das kann ja auch mal 'n Moment dauern. Auf jeden Fall stürzen die sich ja immer wieder auf Promis.»

«Aha.»

«Stichwort John Travolta, Stichwort Tom Cruise.»

«Und dann unser Fernsehmann daneben?»

«Die wollen ja mit rein in die Medien, und du musst nehmen, was du vor Ort kriegen kannst. Und wenn unser Fernsehmann mit Omas auf dem *Tibarg*-Wochenmarkt in Niendorf Kochstudio macht oder sonst was – die hängen ihm doch an den Lippen.»

«Ja. Die hängen ihm an den Lippen.»

«Von demher. Er ist ideal.»

Wir standen beide da, und unsere Gedanken kreisten. Machte

ja auch alles Sinn. Vielleicht haben sie dem Fernsehmann die Bude unter Preis verkauft. Oder seine dicke Dachterrasse war gar nicht mal genehmigt, und die Brüder haben das aber für ihn geregelt. Und jetzt wollen sie vielleicht, dass er aufm *Tibarg* Omas rekrutiert. Und wenn nicht, wird er es **bereuen**.

Als es heute dunkel wurde, gingen Horst und ich vor die Haustür und haben die komplette blaue Tonne in einen großen Müllsack gekippt und alles mit in Horsts Wohnung genommen, weil bei mir nachher noch Dörte vorbeikommen wollte, und ich will einfach auf Nummer sicher gehen.

Wir haben alles in Horsts Badewanne gekippt und jeden Schnipsel genommen, jedes Dokument einzeln unter die Lupe genommen, darunter auch zwei weggeschmissene Hasen-Bilder aus Wachsmaler, die Butschi wohl im Frühjahr seiner Mama noch schnell eine Woche vor Ostern geschenkt hatte, damit der Osterhase auch ein bisschen Bares ins Nest packt. Und jetzt musste neuer Platz am Kühlschrank her. Auch herzlos irgendwie.

Und dann sahen wir ihn. Diesen einen kleinen Schnipsel. Dasselbe Papier. Dieselbe weinrote Druckerfarbe mit einem Satz auf Türkisch oder Arabisch. Also, rein optisch türkisch. Was weiß denn ich?

«Sana reddedemeyeceğin bir teklifimiz var.»

Und es ist gerade mal fünf Minuten her, dass ich Butschi auf seinem Handy angerufen habe, völlig aufgeregt und kurz angebunden, als wäre er mein Telefonjoker, und ich würde nicht neben Horst auf dessen Badewannenrand sitzen, sondern gegenüber von Günther Jauch.

«Du, Butschi, folgende Frage: Was heißt Sana wie Sahne, nur ana und dann redded, nee, reddede meiertschedschin birrrrr oder bier. Und dann tekliff imiz oder teckli fimiz var – oder so ähnlich.»

«Hallo erst mal?»

Acht Jahre alt, und schon so eine dicke Lippe.

«Ja, was heißt das?»

«Was weiß denn ich. Kann ich Türkisch?»

«Kannst du nicht?»

«Mein Vater kann das. Soll ich den später fragen?»

«Nee, lass mal lieber. Die Zeit haben wir nicht.»

«Was ist denn los?»

«Schwierig. Alles schwierig.»

Und obwohl ich das selber hasse, lege ich einfach auf, ohne noch mal Tschüs zu sagen. Horst und ich sind heiß und wollen Lösungen. Die ganze Zeit schon hat er hektisch rumgefuchtelt, um rauszufinden, was Butschi mir erzählt. Und jetzt sitzen wir vor Horsts riesigem Fernseher mit Internetanschluss, den er sich letztes Weihnachten gegönnt hatte, wie ich jetzt erfahre, und mit dem man gar keinen extra Computer mehr braucht, wenn man nur mal so ein bisschen im Internet surfen will, aber mit viel besserem Bild als auf dem Handy. Es dauert eine Ewigkeit, bis er mit der Fernbedienung jeden Buchstaben einzeln in den *Google*-Übersetzer eingibt. Horst sagt, er hat sich damit mal einen Flug nach Kreta gebucht, und allein der Gedanke macht mich schon wahnsinnig, wenn er nach jedem einzeln eingetippten Zeichen den Kopf von der Fernbedienung hebt, um die korrekte Eingabe auf dem Fernseher zu überprüfen. Dazu kommt noch, dass wir nicht wissen, wie wir bei *reddedemeyeceğin* das Ding über dem g hinbekommen. Egal. Der Wartekreisel auf dem Bildschirm kreiselt und kreiselt.

«Das Internet hast du leider nie da, wo du's gerade brauchst, Prange.»

«Mmmh.»

«Das ist wie mit der Nordsee. Wo du dich an 'n Deich legen willst, ist Ebbe.»

«Jaha.»

Was mache ich hier eigentlich? Gleich kommt meine Lebensgefährtin nach Hause, und wenn alles so läuft, wie ich mir das
vorstelle in der Liebe, war sie vorher noch beim Hähnchenwagen. Nach einem Räuspern will ich schon aufstehen, als Horsts
Riesenglotze plötzlich doch noch die Übersetzung ausspuckt.

*«Wir haben ein Angebot für Sie, dass Sie nicht ablehnen
können.»*

14

Nee, echt jetzt?! Ich habe jetzt schon keinen Bock mehr. Ich
stehe in meiner Küche und will nur noch schreien! Ich versuche gerade, mit einem dünnen Kreuzschlitzschraubenzieher
ein Loch für einen langen 8er-Dübel in die Wand zu «kratzen»,
weil ich gerade keine funktionierende Bohrmaschine zur Hand
hab, um die Halterung für einen Handstaubsauger, auf den
Dörte schwört, an die Wand zu bringen. So müssen sich all
die Häftlinge auf Alcatraz gefühlt haben, die den ersten Zentimeter eines hundert Meter langen Tunnels in die Freiheit mit
dem Teelöffel hinter sich gebracht haben. Leck mich am Arsch.
Eigentlich gehören da sowieso zwei 6er-Dübel rein – habe ich
aber nicht, ich mache alles mit Achtern –, und für ein zweites
gekratztes Loch fehlt mir im Moment noch die Vorstellungskraft.

Meine Bohrmaschine ist kaputt. Erst ging sie nicht und
summte nur, dann kam Qualm dazu.

Dann bin ich rüber zu Horst, gegen alle inneren Wider-
stände (!), um mir seine Maschine kurz auszuleihen, was ich
wirklich immer zu vermeiden versuche. Diese devote Bitt-
stellerei von wegen «Du, ich hab da mal 'ne Frage» nutzt er

nämlich gleich immer auf so eine ganz unangenehme Art und Weise aus und führt sich auf wie ein Mafiapate, bei dem man angekrochen kommt, um nach einem Kleinkredit für die Hochzeit der Tochter zu fragen. Und dann bittet er mich rein, in sein Wohnzimmer, wo seine Quizshow läuft, setzt sich wieder vor die Glotze und fragt gönnerhaft: «Was kann ich für dich tun, Prange? Gibt's was Neues vom Fernsehmann?»

«Nein. Bleibt mysteriös. Dörte denkt, ich hab sie nicht mehr alle. Aber mal was ganz anderes: Meine Bohrmaschine ist Schrott. Frag nicht. Hast du eine?»

«Ob ich 'ne Bohrmaschine hab? Also wirklich.»

Dann steht er auf und geht an seinen Werkzeugschrank, und all das hätte man auch von der Wohnungstür aus starten können, aber nein, Horst Rohde *rules* und bittet zur Audienz vor der Quizshowglotze. Dabei habe ich eigentlich noch einen gut bei ihm, seit ich ihm mal vor Jahren einen Dreierstecker für sein Tischfondue geliehen hab, das er mir erst Monate später zurückbrachte, und zwar mit hart gewordenem Käse am Kabel. Weiß der Geier!

«Da ist son kleiner Trick beim Bohrfutterwechsel, aber das weißt du ja sicher ...»

Aha?

«'türlich.»

«Weil, sonst zeig ich dir das noch mal ...»

«Nee, nee. Kein Ding.»

«Ja, dann viel Freude mit dem Gerät.»

Und ich könnte mir wieder in den Arsch beißen, dass ich nicht einfach gefragt habe. Weil jetzt liegt Rohdes No-Name-Bohrmaschine mit allen Zubehörteilen vor mir ausgebreitet, und ich habe keine Ahnung. Ich habe einmal an meiner Bohrmaschine das Bohrfutter gewechselt, weil ich zum Fliesenstemmen einen anderen Aufsatz brauchte, wofür man auch dieses andere Bohrfutter braucht. Da musste man erst drehen und dann ziehen und beim anderen Bohrfutter erst drücken, dann drehen. Aber bei Horsts Maschine krieg ich es nicht mal gedreht und weiß nicht, warum. Und mal ehrlich, standardmäßig gehört eine Bohrmaschine im Koffer ja wohl immer mit dem Originalbohrfutter weggeräumt, falls man sie mal verleihen muss. Mit der Möglichkeit zur Gesichtswahrung. Jetzt nämlich wieder rüberzugehen, um doch noch mal zu fragen, wie das mit dem Bohrfutterwechsel geht (bei seiner komischen Maschine, alter Pfennigfuchser), das ist unter meiner Würde.

Dörte kann ich auch nicht fragen, weil die Handstaubsaugeranbringung ja eine Überraschung werden soll.

«Schimpansen würden das hinkriegen, Ralfi.»

«Hör doch mal auf mit den Schimpansen immer.»

Der Anruf bei meiner Schwester Silke bringt auch wenig Verständnis ein.

«Du kommst immer nur mit deinen eigenen Sachen gut zurecht. Das ist ja auch nicht schlimm, wenn man auf sich selbst spezialisiert ist.»

«Wie hört sich das denn an?»

«Ralf, du konntest schon früher auf meinem Fahrrad nicht fahren, weil du nicht wusstest, wie man den Dynamo angeknipst kriegt.»

«Weil da kein Knopf zum Drücken dran war!»

«Man musste nur ziehen, ohne drücken. So was bekommt ja normalerweise intuitiv hin.»

«Das stimmt so nicht, Silke! Es kommt eben auch auf das Gerät an. Dein Dynamo war scheiße. Horsts Bohrmaschine ist scheiße.»

Ist doch wahr. Es gibt ja diese umstrittene Reitergeschichte, wo die Reiter jeweils die Pferde der Konkurrenten reiten müssen. Wo diese eine Deutsche ja bei Olympia komplett

ausgerastet ist, weil sie nicht mit dem fremden Gaul zurecht-
kam – genau wie ich mit Horsts Bohrmaschine. Wobei ein Bohr-
maschinenwettbewerb, wo ich mit Horsts Maschine und er
mit meiner, wenn sie wieder heil ist, gegeneinander antreten,
höchst interessant wäre, natürlich bereits mit Bohrfutter drauf,
die Pferde werden ja auch gesattelt übergeben. Meine Bohrmaschine läuft stufenlos, und das soll er mal ausprobieren,
wenn er das noch nie gemacht hat!

Ich weiß ja aber, was meine Schwester meint. Einfach drauf-
losfummeln an dem Gerät – so würden es die Schimpansen
machen. Während unsereins noch überlegt, von welcher Seite
man die Banane schält, machen die schon längst Mittagsschlaf.

Butschi hat auch noch diesen Urinstinkt in sich drin. Der
Junge kommt auf Anhieb mit jedem Gerät klar, was ihm vor
die Nase gesetzt wird. Nur hat er jetzt gerade Schule. Nützt ja
nix. Gestern Abend noch war er bei uns – uneingeladen – zum
Abendbrot und wollte sich ein *Nutella*-Toast machen, weil es
bei ihm zu Hause nur noch diese körnige Bio-Schokocreme gibt
Alles klar, man ist ja Nachbar. Und der Junge braucht wohl zurzeit die eine oder andere Extraportion Leckeres. Er ist gestresst
wegen der Jungs in der Schule. Und deshalb gönne ich ihm das.
Aber dann war er wieder so gierig, dass er es nicht abwarten
konnte und auf Anhieb, ohne hinzugucken, die richtige Taste
angefummelt hat, mit der die Toastscheibe vorzeitig aus dem
Schlitz fliegt.

Ich selbst habe mit Fremdtoastern so meine Probleme. Vor
allem mit dem in Dörtes Wohnung. Dörte mag Toast nämlich
sehr kross. Sie sagt, sie braucht diese Härte, um den kühl-
schrankkalte Teewurstplacken drauf verschmiert zu kriegen,
ohne dass die Scheibe zerfetzt. Ich hingegen bevorzuge Teewurst bei Zimmertemperatur. Auch weil der Aalrauch sich erst
bei 19 Grad entfaltet. Meine Meinung.

«Oh. Der Teewurstkenner möchte es perfekt temperiert.»

«Es hat mehr Schmelz am Gaumen. Verarsch mich nicht.»

Wir kabbeln uns manchmal. Das ist doch die Würze. Jedenfalls ist der vorzeitige Toastauswurf immer ein Thema, wenn ich bei Dörte bin. Und nachdem ich einiges an Tasten erfolglos ausprobiert hatte – allein «Brötchentaste»! –, hab ich kurzerhand den Hebel mit sanfter Gewalt nach oben gerissen, und auch das hat funktioniert. Ich habe nach wie vor keine Ahnung, wo an Dörtes Toaster die offizielle Taste dafür ist, es ist aber mittlerweile zu spät, danach zu fragen. Da würde ich auffliegen. Eventuell werde ich beizeiten mal heimlich die Firma *Severin* anrufen und nach einer kurzen Hotline-Schulung fragen.

Genauso überfordert bin ich mit Dörtes Fernbedienung. Eine gute Fernbedienung muss man sprichwörtlich im Schlaf beherrschen, also zum Beispiel im Bett, wenn das Licht schon aus ist, und man anhand der Gnubbelanordnung herausfinden kann, wo man für Videotext drückt oder Stummschaltung, oder was auch immer einen in absoluter Dunkelheit an der Fernbedienung interessiert. Bei mir zu Hause ist Videotext unten rechts und Stummschaltung davon aus einen nach links und fünf hoch. «Lauter und leiser» ist links neben einem «Okay»-Knöpfchen, und die «Programm rauf und runter» ist rechts. Bei Dörte ist das genau andersrum. Und Videotext ist rechts über der Drei. Es ist zum Verrücktwerden. Ich habe mir das Schema schon mal abfotografiert und versucht, es auswendig zu lernen, aber immer noch verdrücke ich mich. Neulich wollten wir ein Wochenende im Harz verbringen, zum Windbeutelessen (nicht meine Idee!), und ich hatte tatsächlich kurz im Buchungsportal geschaut, ob es Hinweise auf die TV-Geräte-Hersteller gibt, und da kommt so ein System offensichtlich an seine Grenzen. Jeder Scheiß ist aufgelistet: Ob man sein Auto an einer Elektroladesäule aufladen kann, ob es einen barrierefreien Badewanneneinstieg gibt oder eine hundefreundliche Rezeption. Aber welcher Fernbedienungstyp? Servicewüste Deutschland.

«Von welcher Firma unsere Fernseher sind? Keine Ahnung. Im Foyer haben wir einen *Samsung*, glaub ich …»

Die Dame an der Rezeption hatte irgendwie so gar kein Verständnis für meine Frage. Aber das kenne ich schon.

«Wissen Sie, ich habe auf einem *Philips* gelernt. Videotext unten rechts.»

«Okay. Ich müsste fragen.»

«Verstehen Sie mich nicht falsch. So wichtig ist mir das auch nicht, aber so viel sei verraten: Ihr Hotel liegt mit einem Mitbewerber gleichauf. Wellness, Sauna, WiFi, Südbalkon, Parkgarage – alles identisch. Jetzt wäre die Fernbedienung nur das Zünglein an der Waage.»

«Mmmhm – verstehe …»

«Weil, bei nur zwei Nächten, hab ich das Gerät dann Sonntagvormittag endlich im Griff, und dann muss ich auch schon abreisen.»

Am Ende hatten beide Hotels mir fremde Fernbedienungen, und ich habe aus Prinzip die Glotze nicht angefasst. Dörte hat das dann erledigt.

Für manche ist das vielleicht ein kleines Abenteuer, wenn man im Urlaub ist und in einen Supermarkt kommt, der komplett anders angeordnet ist, als wie man es von zu Hause kennt. Finde mal Tomatenmark in einem *Hipermercado* in Spanien, der so groß ist wie zwölf Fußballfelder oder ein Tausendstel vom Saarland, wie man ja auch sagt. Unmöglich. Das ist wie dies Geocaching, wo irgendwelche durchgeknallten Waldschrate gefüllte Lederbeutel in der Wallapampa verstecken und andere das finden müssen. Ich bin ja schon völlig überfordert, wenn bei meinem Mietwagen der Rückwärtsgang oben links statt unten links ist und der Tankdeckel auch noch auf der falschen Seite.

Die Ukrainer haben innerhalb von zwei Tagen gelernt, wie man mit NATO-Panzern umgeht, und der Schauspieler Will Smith konnte in dem Film «Independence Day» mehr oder weniger auf Anhieb ein Alien-Raumschiff fliegen! Dörte wusste auch sofort, wo auf meinem Ceran-Kochfeld die Sensortaste ist, auf die man draufdrücken muss, um den zweiten Ring für große Töpfe noch mit anzumachen. Die Mikrowelle beherrscht sie. Und meine Waschmaschine. Ich selbst wusste gar nicht, dass man da Wäsche nachlegen kann, wenn die schon läuft. Als Dörte mich fragte, ob ich das denn noch nie benutzt hatte, musste ich lügen. Ich bin nicht stolz drauf.

Der absolute Gerätekenner auf den ersten Blick ist und bleibt aber unser Butschi.

Egal welches Computerspiel er zum ersten Mal in seinem Leben spielt – er weiß sofort, was zu tun ist, wo man langlaufen muss, wer die Bösen sind, und dass man mit der Y-Taste Flammen werfen kann.

Manchmal bin ich hin- und hergerissen, ob ich sein Verhalten unverschämt finden soll oder wahnsinnig talentiert, wenn er zum Beispiel auf seinem eigenen Handy kein Datenvolumen mehr fürs Internet hat, sich einfach mein Handy grabscht und sich – wieder ohne hinzugucken – einen «Hotspot» von meinem Handy legt, wobei ich noch gar nicht wusste, dass das überhaupt geht.

«Ich mach mal kurz, ne?»

«Was?»

«Hotspot. Mein Internet ist alle.»

«Wieso?»

«Geht ganz schnell.»

«Das ist doch keine Antwort.»

Aber dann ist er schon fertig und hat ganz nebenbei meinen Zugangscode für den Hotspot von *xJ-5%19Abg_19&* in 12345678 geändert.

«Ist einfacher.»

Und das Ganze mit meinem Handy in der linken Hand, während er mit seinem Handy von einem komplett anderen Anbieter in der rechten Hand bereits eine Verbindung aufbaut. Eine Fingerfertigkeit, an die sonst allenfalls so jemand wie Lang Lang rankommt, wenn er was von Rachmaninow spielt – also Wahnsinn, ehrlich. Ein Naturereignis beim Zugucken. Da kann man gar nicht richtig böse sein. Und ich weiß jetzt schon, dass der Junge, wenn er erst mal in dem Alter ist, auch einen BH-Verschluss spielerisch mit einer Hand und ohne hinzugucken öffnen können wird.

Vielleicht ist es auch einfach die kindliche Unbekümmertheit. Wenn er Bomben entschärfen müsste, von wegen «blaues oder rotes Kabel durchknipsen», dann würde er wahrscheinlich auch total locker das richtige finden. Weil er eben *nicht* drüber nachdenkt. Er drückt immer den richtigen Knopf.

Neulich hat er mir ungefragt eine Carsharing-App aufs Handy geladen und mich beim Anbieter registriert mit Führerschein und QR-Code usw., weil ich vorhatte, mit Dörte in Bramfeld essen zu gehen, um dann anschließend mit ihr und ihrem Auto wieder zurück zu mir zu fahren. Also Oneway mit einem Elektro-Auto. Und auf dem Weg sollte ich Butschi dann noch beim Fußball vorbeifahren, weil er wohl keine Lust drauf hatte, schon wieder diesen fiesen Arschgeigen aus seiner Klasse über den Weg zu laufen und Malesche zu kriegen. Das hat er zwar so nicht gesagt, aber so gut kenn ich ihn ja mittlerweile auch. Na ja.

Er hat bei uns in der Straße sofort so einen kleinen BMW gefunden, mit meiner App auf meinem Handy, und dann die Tür aufgemacht. Wahnsinn. Alles ohne Schlüssel.

«Wo macht man das an, Butschi?»

«Startknopf.»

«Wo drück ich den denn?»

«Hab ich schon.»

«Mach noch mal.»

«Ist schon!»

«Man hört nix.»

«Ist Elektro.»

Man kommt sich dann schon manchmal alt und dumm vor, und ich tu dann einfach so, als ob ich die Lage längst geblickt habe und nur Witze mache. Er glaubt mir das aber nicht. Denk ich mal. Er sagt aber nix. Und diese kleine Grauzone ermöglicht mir die Gesichtswahrung, die ich mir auch von so jemandem wie Horst wünschen würde.

Nachdem ich Butschi beim Training abgesetzt hatte, bin ich weiter über die Bramfelder Chaussee, und als ich endlich dieses American Diner im Blick hatte, wo Dörte so gern diese Chicken Crossies wegschlemmt, habe ich es nicht hingekriegt, den Wagen zu parken und auch wieder abzumelden. Ich konnte ihr nur schnell zuwinken, als ich sie am Straßenrand stehen sah, und bin dann, ohne anzuhalten, sofort wieder zurückgefahren, damit der feine Herr Butschi mit meinem Handy das Auto abmeldet. Dann war der Akku alle, gerade als Dörte angerufen hat, um zu fragen, was denn überhaupt los ist. Am Ende, als mein Handy wieder Saft hatte und Butschi nach dem Training und Abendbrot zu mir runter an die Straße kam, habe ich den Vier-Stunden-Preis von 26,99 € gezahlt. Er hat nicht mal hingeguckt und einfach an meinem Handy gewischt. Und vorwurfsvoll den Kopf geschüttelt.

«Prange, Prange ... also ehrlich.»

Vielleicht ist er eine von diesen Wiedergeburten. Wie der Dalai Lama oder so was. Kinder, die nur alle Jubeljahre auf die

Erde kommen und mit ihren kleinen klebrigen Fingern alles auf Anhieb richtig auf Start gedrückt kriegen, und ich meine, von daher kommt im eigentlichen Sinne die Frage «Was hast du denn jetzt schon wieder angestellt?».

Wir Erwachsenen können nur staunen und müssen versuchen, uns diese Fähigkeiten zunutze zu machen. Ich werde warten, bis er aus der Schule kommt, und ihn fragen, ob er mal an Horsts Bohrmaschinenfutter rumdrücken kann. Ich bin, wie gesagt, nicht stolz drauf.

15

Es ist tatsächlich alles wie früher! Ich sitze mit Micki und Butschi im Wohnzimmer – und es läuft Fußball-WM. Im Dezember! Eigentlich wollten wir den Scheiß in Katar boykottieren, aber am Ende ist man ja auch nur Mensch. Und Mann. Man quält sich dann in so ein Ereignis rein wie in eine Tüte Erdnusswürmer, bei der man sich ja auch verspricht, sie auf keinen Fall aufzureißen, weil die das letzte Mal schon langweilig geschmeckt haben. Und dann knibbelt man irgendwann doch an der Verpackung rum, nimmt sich den ersten und kaut schon fast angewidert drauf rum – ist jedenfalls bei mir fast immer so –, schaufelt man sich irgendwann doch eine ganze Handvoll rein, und am Ende schüttet man sich die ganze Tüte in den aufgerissenen Rachen und tupft mit feuchter Fingerkuppe Krümel von seinem Pullover. Die stufenweise Ekstase. Und genau so ist es dieses Jahr auch mit der WM gelaufen. Und der Fußball selber ist mir fast egal. Ich sitze hier wieder, wie es sich gehört.

Micki guckt, die Füße auf meiner Sofalehne, ich gucke mit, und Butschi ist nur körperlich anwesend. Er spielt auf seinem

Handy. Die *Playstation* muss ruhen, weil wir brauchen den Fernseher auch mal. Sieht er ein.

Für Paketboten ist so eine WM in der Vorweihnachtszeit natürlich eine Katastrophe. Die Auslieferung zieht sich meistens doch über den Anpfiff vom Abendspiel hinweg, und ich habe mich drauf eingelassen, die Spiele zu streamen, damit ich auf Pause drücken kann, bis Micki entspannt auf meinem Sofa sitzt.

«Kommst du zehn Minuten später! Machst du Pause?»

Eigentlich habe ich mich langsam dran gewöhnt, dass er mit «du» mich, aber auch sich selbst meint, aber in manchen Satzkombinationen ist es immer noch schwierig. Egal.

Ich setze mir dann Kopfhörer mit Musik auf, damit ich keine verräterischen Geräusche bzw. Jubelarien aus den anderen Wohnungen hören kann. Die WG über mir guckt nämlich auch regelmäßig. Und wenn ich Rod Stewart auf dem Ohr habe und meine Wohnzimmerlampe zittern sehe, kann das bedeuten, dass tatsächlich ein Tor für Deutschland gefallen ist oder sonst wen, weil diese Typen über mir jede Mannschaft gut finden. Oder der Hackenläufer stampft gerade über den Flur, um neues Bier aus dem Kühlschrank zu holen. Dieser Interpretationsspielraum lässt mich diese Situation dann einigermaßen ertragen.

Ich hatte eh schon Ärger mit der WG, weil die an der Sat-Schüssel hängen und ihr TV-Signal fast eine halbe Minute eher kommt als meins, und wenn die dann oben jubeln, während bei mir unten noch der Ball ins Aus geht, der dann zur Ecke führt, die dann erst das Tor einleitet, kann ich schon mal die Nerven verlieren. Dann gehe ich auch schon mal hoch.

«Könntet ihr bitte leiser jubeln. Geht das? Oder einfach gar nicht?»

«Hä?»

«Ich guck das Spiel auch und möchte mich zum richtigen Zeitpunkt freuen oder ärgern können. Ist das so schwer?»

«Ist doch normal. Alle schreien, wenn 'n Tor fällt.»

«Ich hab doch aber auch 'n Recht drauf, es erst dann zu erfahren, wenn auch bei mir unten das Tor fällt!»

«Ja, weiß nicht. Sorry ...»

«Es versaut mir das Vergnügen!»

«Es ist doch wohl nicht verboten! Ich könnt auch extra bei Ihnen klingeln und sagen ‹1:0 für Deutschland›, das wäre auch nicht verboten.»

«Okay. Wenn das so ist, dann kann ich ja auch bei euch klingeln und euch einfach sagen, wie dieses *Breaking Bad* zu Ende geht, das hat nämlich meine Lebenspartnerin schon fertig geguckt, und ihr habt euch ja grad erst die Blu-Ray bestellt.»

«Woher wissen Sie das denn?»

«Ja, das Päckchen war ja bei mir. Und so was kann man ja wohl ... erfühlen. Und dann klingle ich einfach und, und ...»

«Wir müssen ja nicht aufmachen.»

«Dann brüll ich durch den Briefschlitz! Walter White stirbt! Auch sein Schwager Hank wird erschossen!»

Tja. Das war mir dann tatsächlich einfach so rausgerutscht. Der Hackenläufer (oder war's der Bumser?) hat dann wortlos die Wohnungstür zugeschoben. Aber da konnte er eben mal sehen, wie das ist. Ich hatte danach das Gefühl, dass sie den Fernseher etwas leiser gedreht haben und auch in den eigenen Reaktionen etwas verhaltener waren.

Ein paar Tage später habe ich sie dann noch mal beim Nikolaussingen im Treppenhaus getroffen, und es reichte nur zu einem stummen Kopfnicken als Begrüßung. Insgesamt war die Stimmung gedrückt. Immerhin war Achtelfinale, und statt gemütlich im Wohnzimmer zu hocken, stand man im Flur und musste Tanja Kapella dabei zuhören, wie sie sopranartig eine hohe zweite Stimme über «Maria durch ein Dornwald ging» *drüberzuckerte*, wie sie dieses Gewiehere nennt: «Leute, macht mal ganz normal. Und ich versuch, oben noch was *drüberzuckern.*»

Alle im Haus wissen, was das heißt. Horst und ich waren wieder genötigt worden, als Nikolaus und Knecht Ruprecht den Kindern aus dem Goldenen Buch vorzutragen, was im abgelaufenen Jahr eher schlecht lief, und schon fast aus Tradition heraus habe ich mir dann auch noch die einen oder anderen Erwachsenen rausgepickt.

«Liebe Frau Schönenborn, Ihr neuer elektrischer Duftzerstäuber von *Amazon* stinkt nach Vanille und Teppichreiniger und zieht ins Treppenhaus. Lassen Sie das!»

Na ja. Am Ende saßen wir in der Wohnung vom Ökospießer und dem Blassen und haben wenigstens noch zusammen die zweite Halbzeit von einem Achtelfinale geguckt – immerhin mit Portugal. Butschi hatte sein nagelneues Deutschland-Trikot an, das ich ihm als Nikolaus höchstpersönlich geschenkt hatte, was zu erheblichem Naserümpfen seiner Mutter geführt hatte. Vielleicht fand sie es übergriffig. Vielleicht auch, weil Deutschland schon rausgeflogen ist. Ausgerechnet der Blasse vom Ökospießer hat noch entsprechende Sprüche gebracht. Als ob der Ahnung hätte. Mir egal. Es ist WM, und der Junge braucht ein Trikot. Basta. Und das hier hatte ich nun mal schon etwas zu optimistisch während der Vorrunde gekauft.

Es gab Saté-Spieße von seiner Mutter, so weit ganz lecker, Knabberkram von Dörte und mir, Würstchen in Blätterteig von Horsts Tochter und dann noch einen Bulgur-Salat vom Blassen selbst, der dann noch ewig Auskunft über dieses «unglaublich interessante» Rezept geben musste und sich in dieser fast hysterischen Nachfrage suhlte, während das Spiel lief und an Fahrt aufgenommen hatte, sodass ich schon anfing, extralaut zu husten, um die Leute dezent darauf hinzuweisen, dass man jetzt langsam auch mal die Schnauze halten könnte.

«Du kannst doch in einer fremden Wohnung den Gastgebern nicht das Sprechen verbieten!»

Dörte war ein bisschen angefressen, dabei hatte nur sie und vielleicht noch Horst überhaupt verstanden, was das sollte.

«Du, Dörte, auf der anderen Seite: Der Blasse hatte uns ja alle erst zu sich eingeladen. Mit den Worten ‹wollen wir nach dem Singen bei uns noch Fußball gucken?›.»

«Er interessiert sich doch überhaupt nicht für Fußball. Und als er das gesagt hatte, war Deutschland ja noch dabei.»

«Dann soll er's nicht sagen. Dann soll er fragen, ob wir mit zu denen in die Wohnung wollen, wo er uns dann mit seinem Bulgur-Salat vollquatschen kann!»

«Mit Gemüsebrühe. Hätt ich nicht gedacht.»

«Jetzt hör doch auf. Er hat uns zum Fußballgucken eingeladen. Dieses Leistungsversprechen hat er nicht eingehalten. Und dann kann ich das reklamieren. Wie in einem Hotel. Auch in einer fremden Wohnung! Silke hat mich mal darüber aufgeklärt.»

Ist doch wahr. Dörte guckt mich eine Weile an, direkt in die Augen, und fängt dann irgendwann einfach zu lächeln an und krault meinen Kopf.

«Ach Ralfi, du bist mir 'ne Marke.»

Meine Schwester meint häufiger mal kopfschüttelnd, dass sie auch nicht weiß, was Dörte an mir findet, und dass sie mir wahrscheinlich erotisch verfallen ist. Und dann bekommt Silke einen irgendwo verletzenden Lachanfall. Aber die Wahrheit über Dörte ist: Es ist einfach diese grenzenlose Toleranz von dieser Frau! Das wird meine Schwester nie verstehen, und es tut mir auf der einen Seite unglaublich leid, dass sie jetzt in diesem Augenblick immer noch für *Hermes* Weihnachtspakete ausfährt und sie auch niemals von mir verlangen würde, mit dem Spielbeginn auf sie zu warten, während *DHL*-Micki schon seine Beine auf meinem Sofa ausstreckt. Auf der anderen Seite, und ich bin nicht stolz drauf (!), genieße ich es! Nicht wegen oder gegen Dörte, sondern für meine Jungs und diesen kleinen Ausflug in mein altes Leben, auch wenn meine Schwester immer rumlästert, dass das ja wohl auch nicht mein gewohntes altes Leben ist, das mit Micki und Butschi, sondern höchstens erst seit einem Jahr.

«Dein gewohntes Leben, Ralf Prange, das ist das Alleinsein! Alleine Fußball gucken. Nur mit deinem versauten Vogel.»

«Woher willst du das wissen?»

«Mit wem hast du denn bitte schön geguckt, bevor du den Jungen und diesen Postmann kanntest?»

«Paketmann.»

«… Paketmann kanntest.»

«Mit einigen.»

«Aha.»

«Ist so. Manchmal Horst zum Beispiel.»

Die Wahrheit ist ja, dass man mit Horst überhaupt nicht Fußball gucken kann. Der sabbelt die ganze Zeit! Und er zusammen mit Micki und Butschi? Nee! Das verwässert.

«Ralfi! Du kannst die Leute, an denen dir was liegt, nicht in Freizeitkategorien einteilen», sagt Silke dann immer. «Was weiß ich, Fußballgucken und Abhängen mit dem Paketmann und dem Jungen, Kriminalfälle im Haus mit Horst, Familienkram mit mir und romantische Zweisamkeit mit Dörte.»

«Wir gehen auch gerne zusammen in Baumärkte, Dörte und ich.»

«Du weißt ja wohl, was ich meine. Du musst die Dinge in deinem Leben auch mal zusammenführen.»

«Das stresst mich. Wenn du und Dörte gleichzeitig da seid,

dann tut ihr euch immer gegen mich zusammen. Und wenn Dörte mit uns Fußball guckt, dann ist Micki nicht Micki und Butschi nicht Butschi und Dörte letztlich auch nicht Dörte, und ich bin dann sowieso schon mal gar nicht ich.»

Ist tatsächlich so. Vielleicht gibt es ja den Prange-Prange, den Micki-und-Butschi-Prange und den Dörte-Prange, und solange ich nicht weiß, welcher mir selber am besten gefällt, will ich das lieber mal gar nicht zu doll mischen.

Jetzt genieße ich auf jeden Fall erst mal. Der Ball ist gerade im Aus, und ich nutze die kleine Pause, um Micki nach seinen Weihnachtsplänen auszuhorchen. So weit haben wir uns als Fußball-TV-Partner nämlich schon eingespielt: Wir antizipieren das Spiel, wie man heutzutage sagt, also wir sehen gewisse Spielsituationen voraus und passen unsere Gespräche dem Geschehen an. Der Spieler im Fernseher holt sich noch den Ball für den Einwurf, und Micki «timt» seine Antwort.

«Gehst du Familie. Erste Tag Mama. Zweite Tag Mama und Verlobte. Dritte Tag Kopfweh. Aua, aua, aua.»

Er lacht, schnaubt in seine Bierflasche – und dann wird der Einwurf auch schon ausgeführt. Und wenn die Antwort mal länger dauert, dann unterbricht er eben, sobald das Spiel weiterläuft.

«In Heimat gehst du Wald mit Papa und Opa und Onkel zu holen Baum und schießt du wilde Schwein und ziehst du in Garage Schwein Pullover aus für Braten. Hängst du …»

Pause. Der Spieler läuft zur Ecke an. Der Ball liegt in der Luft. Ein anderer Spieler köpft. Der Torwart hält.

«Karnickel …»

Der Torwart wirft sich den Ball auf den Fuß und schlägt ab. Ins Aus.

«… Karnickel an Decke zu bluten. Und schimpfen Verlobte, wenn auf Auto tropft.»

Und dann murmelt er in den folgenden Einwurf noch so was wie «Babski» rein, was wohl so viel wie «Weiber» heißt, und schüttelt lachend den Kopf dabei.

So ist Micki. Oder besser gesagt der Prange-Micki. Weil an seinem Pullover hängt ein kleiner leuchtender Weihnachtsengel, den er von seiner Verlobten geschenkt bekommen hat, und an der Kette, die aus seinem Kragen rausbaumelt, ist ein kleiner silberner Herz-Anhänger mit dem Namenszug «Danka» dran, was wohl die Koseform von Danuta sein soll. Und das ist dann der Danka-Micki, der insgeheim eine ziemlich romantische Ader hat. Was er natürlich nie zugeben würde.

«Und Prange? Machst du Weihnachten Schwester oder machst du Freundin?»

«Wahrscheinlich Schwester. An Heiligabend. Und Freundin dann am Ersten abends wieder hier in Hamburg. Dörte ist Heiligabend bei ihrem Vater, von daher. Ist mir aber auch ganz recht, wenn ich sie nicht bei meiner Schwester hab.»

«Bist du immer kleine Bruder von große Schwester. Raaaaalfi ...»

Er schnaubt und lacht sich schlapp.

«Prange! Bist du im Stress. Bist du anders, wenn Miezekatze da.»

Ich hasse es, wenn er Dörte oder auch seine eigene Verlobte Miezekatze nennt. Das hat ihm mal irgendein Brummifahrer in einem Imbiss beigebracht. Aber es ist wohl das erste Mal, dass Mickis Aussage und das «Du» sowohl auf mich als auch auf ihn selbst zutrifft und seine grammatikalische Unwucht völlig egal ist. Einmal hab ich ihn mit seiner Danuta am Zuckerwattestand auf dem Sommerdom getroffen, als ich mir Schoko-Weintrauben am Spieß zum Mitnehmen für zu Hause holen wollte, obwohl Dörte immer meint, so was muss man vor Ort auf dem Jahrmarkt essen, sonst ist es nicht dasselbe, aber ich finde, zu

Hause kann man beim Essen wenigstens gemütlich fernsehen, und wenn man mit dem Spieß im Hals über den Dom läuft, ist das viel zu gefährlich, weil es rappelvoll ist. Auf jeden Fall bin ich mit der U3 zum Dom gefahren und traf die beiden, und er hatte seinen Arm um sie gelegt und seinen Daumen in ihre Arschtasche an der Jeans gesteckt, und sie genauso bei ihm in seiner DHL-Hose. Und er hatte Gel im Haar. So ist das also, wenn der feine Herr Micki Verlobten-Besuch aus der Heimat bekommt. Gel im Haar!

«Du bist doch auch anders, Micki, wenn deine da ist.»

«Was? Bist du ja wohl schlimmer!»

Er lacht völlig empört auf.

«Na und? Du aber auch.»

Er schüttelt gespielt den Kopf, und es entsteht eine kleine Pause, in der wir beide versuchen, möglichst leise und bewegungsarm die Chips aus der Tüte zu fummeln. Wäre Dörte jetzt da, hätte ich sie wahrscheinlich in kleine Snackschüsseln gekippt. Stehe ich zu.

«Weißt du, Micki? Es gefällt mir halt, wenn ich bei Dörte noch so was wie 'ne weiße Weste hab. Wenn ich bei ihr eben noch 'n bisschen was Besonderes hab. Also für mich selbst auch. Weißt, wie ich meine?»

Ist doch so. Der Dörte-Prange ist für mich irgendwo der bessere Prange. Wenn man in eine frische Beziehung startet und sich Mühe gibt, dann ist das, wie wenn man früher in der Schule ein neues Heft anfängt. Schneeweiß. Ohne Eselsohren, noch. Alles in Schönschrift. Und man versucht, wenigstens bis Seite zehn ohne Tintenkiller auszukommen oder Kakaoflecken. Und die weiße Weste bei Dörte heißt eben, dass ich noch keine Ketchup-Flecken auf dem Poloshirt hatte, dass ich noch nie für *Klein* auf dem Klo saß, während sie sich die Zähne geputzt hat – was bei meiner Schwester Silke durchaus mal vorkommen kann, so nah sind wir uns dann doch –, dass ich mich anstrenge und regelrecht darauf konzentriere, mir vor Dörte niemals, auch nicht unterbewusst, meine Nasenhaare zu richten, weil es wie Popeln aussieht, auch wenn es das überhaupt nicht ist. Was völlig anderes! Aber egal. Ich habe auch noch nie in ihrem Beisein die Zahnpastatube leer gesaugt – und gefurzt habe ich auch nie vor ihr. Und das soll möglichst lange so bleiben. Und wenn dann eben solche Typen wie Micki und Silke mich mit meinem Micki-Ich und meinem Silke-Ich konfrontieren – vor Dörte –, dann ist das ein Einbruch in unser Paradies. Und stresst mich total. Ist so.

Als ich jung war, gab es diesen Film mit der Blauen Lagune, wo Brooke Shields und dieser Blonde auf der einsamen Insel waren und verliebt und alles. Und er hatte so eine richtige Scheißfrisur, so eine blonde Dauerwelle wie später Thomas von Heesen vom HSV. Selbst in der *Bravo* wurde damals nur über die heiße Brooke Shields geschrieben. Es weiß auch keiner mehr, wie dieser Schauspieler hieß. Das Ding ist: Nur, weil die die ganze Zeit zu zweit waren in dieser Lagune, hat das überhaupt so lange funktioniert mit den beiden. Wären da noch andere dabei gewesen, hätten die jeden Tag über diese Scheißfrisur hergezogen. Und wenn meine Schwester bei uns wohnen würde, kämen jeden Tag irgendwelche alten Storys auf den Tisch wie die, wo mir bei *Hagenbeck* mal der Elefant mit dem Rüssel eine Backpfeife gegeben hat, eine richtige Schelle, obwohl ich gar nichts gemacht hatte. Und dann würde Silke wieder sagen, dass ich irgendwas wohl gemacht haben *muss*, weil, ohne Grund würden Elefanten so was nicht tun, und ob ich vielleicht das Trinkgeld für den Tiertrainer, das unsere Mutter mir gegeben hatte, im letzten Augenblick zurückgezogen hätte, als der Elefant gerade danach schnappen wollte, weil ich zu geizig war, und er wäre deshalb sauer gewesen und hätte mir

deshalb eine geballert – und dann lachen wieder alle über eine
Seite von mir, an die ich mich sowieso nicht richtig erinnern
kann und die mir, auch wenn sie wahrscheinlich erfunden ist,
heute peinlich ist. Ich möchte einfach nicht, dass meine neue
Freundin so was über mich erfährt.

«Bräute! Kannst du nicht mit ihnen, aber auch kannst du
nicht ohne sie!»

Micki knufft mich kumpelhaft in die Seite.

«Ja, frag mich mal.»

Wie aus dem Nichts schaltet sich Butschi in unser Gespräch
ein, und Micki und ich gucken uns einigermaßen erstaunt an.

«Ist doch so.»

«Was hast du denn für 'n Problem, Butschi?»

«Wieso? Nur so.»

«Hast du Ärger mit Pina?»

«Die meckert auch immer nur. Und sagt, dass ich doof bin,
wenn die Jungs aus meiner Klasse in der Nähe sind.»

«Diese Idioten? Diese Idioten aus deiner Klasse? Die vom
Flohmarkt? Die dir neulich auch im Supermarkt gefolgt sind?»

«Kann sein ...»

Er wird rot. Seine Schläfen pochen.

«Die ärgern dich doch. Hab ich doch gesehen.»

«Kann sein ...»

«Aha. Oha.»

«Und wenn Pina dabei ist, sowieso immer doller. Und wenn
ich dann sag, dass sie abhauen soll, damit sie das nicht mit-
kriegt, dann ist sie sauer auf mich.»

«Mmh.»

«Aber es nützt ja nix.»

«Mmh.»

Selbst Micki ist jetzt ganz ruhig und schaltet den Ton vom
Fernseher ab. Wir beide schauen auf Butschi, der wie ein Häuf-

chen Elend im Schneidersitz auf dem Teppich zusammensackt und unmotiviert auf seinem Handy rumwischt.

«Sonst verkloppen die mich wieder.»

Das Fußballspiel läuft ohne Ton. Eine Spielertraube geht im Fernseher auf den Schiedsrichter zu, und vor uns sitzt unser kleiner achtjähriger Freund, der gemobbt wird und sich deshalb nicht zu der einzigen Freundin, die er in seinem Alter hat, bekennen mag. Seinen Eltern hat er nichts erzählt, sagte er. Das ist Angst-Butschi. Und ich kann den Moment kaum aushalten.

In die Stille hinein hört man von oben plötzlich Torjubel.

In rund zwanzig Minuten werden wir dann auch wissen, für wen.

16

Ich habe jetzt schon so was von keinen Bock mehr. Ist doch wahr. Ich stehe am Grab meiner Eltern und hab gerade den Granitstein mit Spüli gewaschen, die welken Buchen-Blätter aus der Buchsbaumhecke gefummelt und traditionell die vierzig Zentimeter Kiesweg davor mit der Harke hübsch gemacht. Warum auch immer. Das ist hier so in der ganzen Grabreihe Tradition, seit ich denken kann, seit mein Vater hier damals als erster Prange einzog, nachdem er von einem besoffenen Baggerfahrer überfahren worden war. Vielleicht ist es einfach ein Pufferstreifen, damit die Leute nicht zu dicht ans Grab rankommen können, ohne auf das Geharkte zu treten, was weiß denn ich. Wege zu harken, ist bekloppt und absolut unsinnig, aber wenn ich es nicht mache, dann fehlt irgendwas.

Was mich jetzt aber gerade nervt, sind die neuen Grabnachbarn. Beide sind ungefähr so alt wie ich und tragen eine Art Partnerlook. Dünne kurze Outdoorhosen und gleichfarbige Gummi-*Crocs*. Sie sind mit Walkingstöckern, die jetzt an ihrem Grabstein lehnen, um die Ecke gewalkt und unterhalten sich mehr oder weniger schreiend, weil er gegen ihre Musik ankommen muss.

«SOLL ICH DAS HIER AUCH WEGSCHNEIDEN, ODER IST DAS GAR KEIN UNKRAUT?»

«HÄ?»

«IST DAS UNKRAUT!?»

«SCHNEID WEG!»

«UND WENN DAS KEIN UNKRAUT IST?»

«ES IST KEIN UNKRAUT! ABER SCHNEID WEG! HAM WIR GENUG VON!»

«OKAY!»

«JA!»

«ICH DACHTE, ICH FRAG LIEBER!»

«IST JA GUT!»

«WEIL, HÄTT JA SEIN KÖNNEN!»

«IST GUT JETZT!»

«WAS?»

«ICH WILL DAS LIED HÖREN!»

Ja. Traumhaft. Da will man mal alle paar Jubeljahre am Friedhof innere Zwiesprache mit den Eltern halten, und dann brüllt sich Familie Flodder am Nachbargrab ununterbrochen an. Seit die hier das Grab haben, war ich kein einziges Mal mehr hier, ohne dass die beiden auch vor Ort waren. Sie scheinen besessen von der Grabpflege zu sein. Einmal haben sie sich sogar Klappstühle mitgebracht und im Sitzen keuchend vom Klappstuhl aus Unkraut gezupft und Blätter aus den Pflanzen gefummelt. Überhaupt dieses Blättergefummel. Ich frage mich, wann hier der Erste mit einem Laubbläser auftaucht.

«Hier ruht unsere geliebte Mutter Marita Detlefs.»

Das Ganze ist auf einen weißen Stein geschrieben. Und ir-

gendwelche Kinder – denke ich mal, sonst wäre es richtig ver-
haltensauffällig – haben diverse Marienkäfer aus Fimo gebastelt
und da drangeklebt. Viele kleine Plastikviecher stehen auf dem
Grab. Ein kleiner Igel, ein kleines Bambi, ein frecher Frosch, ein
Gartenzwerg mit Laterne sowie eine Hartplastikvogeltränke
mit Hartplastikvögeln umsäumen die schneeweißen Garten-
platten, die zum Grabstein von Mutter Detlefs führen. Als hätte
der Lastwagen vom Sonderpostenverkauf einmal alles abge-
kippt. Fertig! Denn mehr oder weniger über Nacht war alles da.
Hässlich. Geschmacklos. Und das in der bestgelegenen Grabreihe vom ganzen Friedhof. Hier liegen wir Pranges, aber eben
auch ein Prof. Dr. Dr. sowie ein ehemaliger Bezirksamts-Chef
und ein Schlagersänger, der 1978 einen Auftritt in der *Aktuellen
Schaubude* hatte, was tatsächlich auch auf dem Grabstein ver-
merkt ist. Ich fühle mich sonst nicht wirklich wie was Besseres
und halte das Getue um solche Sachen auch für absolut über-
flüssig, aber hier auf dem Friedhof ist es dann schon was Besonderes. Man liegt gern gegenüber von Prof. Dr. Dr., und wer
eine gut gepflegte Buchsbaumhecke sein Eigen nennen kann,
der gehört eben auch schon etwas länger dazu.

Neben dem Grab meiner Eltern, wo jetzt Marita Detlefs liegt,
bewirtschafteten die Gebauers das Grab ihrer Eltern, falls man
in dem Fall von einer Bewirtschaftung sprechen kann. Immerhin gab es einen kleinen Johannisbeerstrauch, und der wurde
jedes Jahr abgeerntet, und einmal stand sogar ein Glas Marme-
lade auf dem Grabstein meiner Eltern. Man ist ja Nachbar.

Aber dann, exakt fünfundzwanzig Jahre nach der letzten
Verlängerung, haben die Gebauers das Grab ihrer Eltern einfach «platt gemacht». Es ist jetzt nicht Fachjargon, aber genauso
hatte mir das Frau Gebauer junior vor ein paar Monaten ange-
kündigt.

«Fünfundzwanzig Jahre sind dann auch genug, Herr Prange.

Das Grab von Mutti und Vati machen wir platt. Wollen Sie den Stein?»

«Wie bitte?»

«Den Stein. Falls Sie dafür Verwendung haben. Dann müssen wir ihn nicht abtransportieren lassen.»

«Nun ja. Mit den Namen ist ja doof ...»

Ich dachte wirklich, sie ist bescheuert.

«Nein, das ist ja klar. Aber man kann ihn ja umdrehen, als Türtritt oder so. Notfalls kann man die Buchstaben auch abflexen. Die sind aufgesetzt. Manche machen das.»

Wer macht denn so was? Da marschieren die mindestens fünfundzwanzig Jahre einmal die Woche zum Grab der Eltern, verdrücken vielleicht auch noch ein Tränchen, und dann – bumms! – ist das alles nichts mehr wert, und der Bagger kommt. Ich meine, dann kann man es ja wohl gleich bleiben lassen, oder man macht eine Seebestattung, dann ist jeder Strand- und Hafenbesuch, letztendlich weltweit, immer auch ein Grabbesuch, und man kann dort innere Zwiesprache halten, zwischen drei Kartoffelpuffern mit Apfelmus und dem Ablegen der Fähre nach Wittdün. Aber egal. Sollen sie doch. Das Thema Grabauflösung ist jedenfalls eine große Sache und deutlicher gängiger, als man sich das vorstellt.

Und ich hab tatsächlich ganz kurz drüber nachgedacht, den Stein der Gebauers mit Inschrift heimlich im Garten meiner Schwester aufzustellen, und hab mir vorgestellt, wie sie aus dem Fenster guckt von wegen «Hier ruhen Anneliese und Richard Gebauer» und einen spitzen Schrei ausstößt. Na ja. Manchmal ist die Idee auch schöner als das Ergebnis in Wirklichkeit, und als ich Frau Gebauer junior gefragt hab, ob ich mal an ihrem Stein rütteln kann, um zu gucken, ob ich ihn überhaupt umgeworfen kriege, war sie dann doch ein bisschen verhalten, und das Scheißding hat sich auch wirklich keinen

Millimeter bewegt. Von daher hat sich die Geschichte sowieso erledigt. Ich hab mir dann noch ein Pampasgras von den Gebauers ausgebuddelt, und die Harke, die immer hinter dem Grabstein lag und die ich sowieso schon all die Jahre heimlich benutzt hatte, hab ich den Gebauers für einen Zehner abgekauft. Der Johannisbeerstrauch kam bei meiner Schwester Silke in den Garten, hat es aber nicht überlebt. Es war Hochsommer, und beim Thema Grabauflösung kann man sich das ja nicht aussuchen. Ich persönlich fand auch, dass es ein Geschmäckle hatte. Weil, dass die Wurzeln in die Gebauers mit reingewachsen sind, lag auf der Hand, auch wenn die Tochter versichert hat, dass Johannisbeeren Flachwurzler sind. Und bei *Google* stand das auch. Aber man hat ja schon Pferde kotzen sehen. Ist doch so. Und man wird ja wohl noch fragen dürfen. Das Pampasgras wuchs problemlos an. Immerhin.

«Weiß man denn schon, wer hier unsere neuen Nachbarn werden, Frau Gebauer?»

«Das kann ich ihnen leider nicht sagen. Wir haben nur gesagt, dass wir zum 1. August platt machen wollen. Und ich habe gehört, dass sich eine Familie aus dem Rheinischen unser Stück angeguckt hat, und jemand aus Wandsbek soll auch dran sein.»

«Aus dem Rheinischen? Was wollen die hier Gräber haben?»

«Vielleicht weil jemand aus der hiesigen Verwandtschaft, wie sagt man, demnächst *fällig* ist.»

«So was vielleicht. Okay.»

«Nech?»

«Es ist ja 'n Filetstück.»

«Das will ich meinen. Wir waren auch sehr zufrieden hier. Wir haben ja hier noch etwas weniger Birkenabfall als Sie bei Ihren Eltern.»

«Und trotzdem schattig.»

«Und trotzdem schattig. Das ist das.»

In dem Moment kam ich schon ins Grübeln. Ich meine, es ist wirklich noch mal ein besserer Platz als unserer, und der Gedanke an einen kleinen Umzug, auch wenn es stressig ist in der Übergangszeit, kam mir immer reizvoller vor.

«Silke, was hältst du davon, wenn wir Mama und Papa bei den Gebauers unterbringen? Die Lage ist besser, und sie wollen ihrs jetzt platt machen.»

«Platt machen?»

«Ja, sagt man so. Frag nicht. Wir hätten weniger Birkenabfall und … und …»

«Bist du noch ganz dicht, Ralf Prange? Wir verlegen jetzt doch nicht unsere Eltern zu den Gebauers!»

«Die sind dann ja nicht mehr da. Es wird ja quasi, wie sagt man, also besenrein, aber eben grabtechnisch, äh …»

«Ralfi …»

«Es wird geräumt übergeben.»

«Das darf man ja wohl gar nicht. Das ist gegen die Totenruhe.»

«Du darfst das Grab sogar platt machen. Und Friedrich der Große durfte auch noch mal umgebettet werden. Nach Potsdam. In seinen Schlossgarten. Neben seinen Hunden, die schon immer da gelegen haben. War ja 'ne Riesensache damals.»

«Du darfst doch gar nicht neben deinen Hunden begraben werden. Im eigenen Garten.»

«Er schon. Vielleicht ältere Rechte. Aber darum geht das ja gar nicht. Es wär nur 'ne Gelegenheit.»

«Da mach ich nicht mit.»

«Sonst hol ich mir das vielleicht nur für mich.»

«Du willst doch 'ne Seebestattung. Oder ist das nicht mehr aktuell?»

«Das wissen *die* ja nicht. Dann hätte ich 'n schönes Stück daneben. Könnt ich Rasen hin machen. Und meine neue Freundin sucht eigentlich genau so was.»

«Dörte? Die will ja wohl was mit Haus drauf.»

«Ja. Aber sie mäht auch gerne Rasen.»

Sie hat dann aufgelegt. Aber mal ehrlich: Wahrscheinlich gibt es in dem Bereich auch Spekulanten. Da ist ja Geld drin.

Tja. Hätt ich es man einfach gemacht. Könnt mir in den Arsch beißen. Zu lang gewartet! Und jetzt hab ich Familie Detlefs neben mir!

«Alexa? Was für Filme kommen heute Abend im *Mundsburg-Kino*?»

Ist das zu fassen? Die Planschkuh sitzt auf ihrem Klappstuhl auf Mutters Grab, gießt die Blumen und fragt ihr Handy nach dem Kinoprogramm – in einem Ton, als wär es ein Marschbefehl eines Panzergenerals. Und dann muss ich mir die Antwort anhören und gleich die Anschlussfrage, ob es im Foyer Naschitüten zum Selbst-Zusammenstellen gibt, worauf Alexa dann keine Antwort hatte.

«Torsten, weißt du denn, ob das da diese Naschitüten gibt?»

«Das hast du sie ja nu schon gefragt. Denn hätt ich ja wohl was gesagt.»

«Ja, sie weiß es ja nicht.»

«Ja, ich weiß es ja auch nicht.»

Vielleicht muss ich die Grabpflege in Gärtnerhände geben. Das hier kann ich nicht mehr lange aushalten. Einmal bin ich an einem Sonntagmorgen extrafrüh hierhergekommen, und selbst dann saßen die beiden schon auf ihren bescheuerten Klappstühlen. Es ist eigentlich wie mit dem Nachbarn von gegenüber, dem Glotzer, der immer noch glotzt und gegen den ich irgendwie auch nichts machen kann. Ich meine, ich muss ja am Ende wohl fast froh sein, dass die beiden nur meine Friedhofsnachbarn sind. Stell dir mal vor, die würden bei mir zu

Hause wohnen. Auf irgendeinem Balkon in Hörnähe. Ich würde durchdrehen. Menschen haben ganz offensichtlich keinerlei Hemmungen mehr in der Öffentlichkeit.

Neulich saß ich mit Dörte in einem neuen Eiscafé, das in der Nachbarschaftsgruppe empfohlen worden ist, aber am Ende hatten die da nicht mal Krokant-Streusel und auch keinen Amarena-Becher, was für mich schon mal ein absolutes Versagen ist. Ich esse immer Amarena-Becher in Damenbegleitung. Muss so. Egal. Am Nebentisch hockten so zwei Teenagermädchen feixend über ihren Handys.

«Hey Siri, was ist Arschverkehr?»

Und dann sind beide kreischend über ihren Handys zusammengebrochen und kriegten sich gar nicht mehr ein. Dörte und ich sind direkt rot angelaufen und haben stumm unseren Kiwi-Becher (was für ein Scheiß!) aufgegessen. Und weil alle Leute, die ihre Handys nach Dingen fragen, besonders laut und deutlich sprechen, wird der ganze Umkreis von zwanzig Metern mit versorgt. Ungewollt. Und natürlich macht so was auch die Elblette auf ihrem Balkon.

«Sag mal Google, wie schreibt man hanebüchen?»

«Hanebüchen. H-A-N-E-B-Ü-C-H-E-N.»

Sie saß vorgestern am Gartentisch an einer Beschwerdemail gegen ihren neuen Vermieter, weil der ihr ungefragt neue Fenster und sonst was einbauen und dann die Miete «anpassen» will, wie man heute so schön sagt.

«Sag mal Google, wie schreibt man Entgelt?»

«Sag mal Google, wie schreibt man dilettantisch?»

«Sag mal Google, was ist ein Furnier?»

Man sollte solche Dinge, auch zum Selbstschutz, lieber still und heimlich googeln.

Neulich saßen in der U-Bahn zwei Leute in meinem Wagen. Er, Mitte dreißig, fragte sein Handy «Hey Siri, gibt es Sackgesichter *wirklich*?», und sie, Ende zwanzig, fragte erst ganz leise und schüchtern: «Kann man vom Küssen Affenpocken kriegen?» – ergebnislos – bis sie es beim vierten oder fünften Versuch regelrecht in ihr Handy gebrüllt hat.

Ich habe schon mal im Flugzeug neben einem Typen gesessen, der beim Essen geröchelt hat und dessen Langzeitblutdruckmessung alle fünfzehn Minuten ansprang. Aber das war nichts gegen dieses laute Gequatsche ins eigene Handy. Und die Detlefs sind die Schlimmsten.

«Friedhofsverwaltung.»

«Ja, Prange mein Name. Meine Eltern liegen bei Ihnen in der 192. Und nun sind dort neue Nachbarn in der 193.»

«Ja?»

«Ja, ich fühle mich gestört von den Herrschaften.»

«Also nach meinem Kenntnisstand liegt dort nur eine verstorbene Dame.»

«Nein. Das ist klar. Gegen die hab ich ja auch nix. Woher denn? Nein, die Herrschaften, die sich kümmern.»

Gestern habe ich den Anruf gewagt. Und die Art, wie dieser Mitarbeiter mit mir geredet hat, also diese gewollte Begriffsstutzigkeit, das mangelnde Problembewusstsein, ging mir sofort auf den Sack. Man ist gleich in der Defensive.

«Was ist denn Ihr Problem?»

«Ja, zum einen ist es optisch nicht schön. Und da wollte ich fragen, ob es in Ihrer Satzung nicht so was wie 'ne Bauordnung gibt. Weil: Was hat ein frecher Frosch am Grab zu suchen? Wissen Sie, wie ich meine?»

«Nein?!»

«Na ja, und dann vor allem die Lärmbelästigung.»

«Hören die Personen laut Musik?»

«Nein, das nun nicht. Aber sie sprechen laut miteinander, weil die Dame immer Kopfhörer im Ohr hat.»

«Schreien die beiden?»

«Gefühlt ist es Schreien. Das liegt aber auch daran, dass es sonst so still ist auf dem Friedhof.»

«Und das ist ja schon mal gut, sagen die meisten.»

«Normal ja, geb ich Ihnen recht. Aber wenn der Friedhof an der Autobahn liegen würde oder im Containerhafen, dann würde ich zumindest die Detlefs nicht so kristallklar raushören mit ihrem bescheuerten Gelaber. Jetzt auch wegen der inneren Einkehr, ne?»

«Ich kann Ihnen da leider überhaupt nicht helfen …»

«Ich finde, es ist auch Ihre Aufgabe als Verwaltung, dass man guckt, dass es passt in der Nachbarschaft. Als bei uns zu Hause eine Prostituierte in den Souterrain zog, gab es auch erst großes Naserümpfen. Aber die Dame hat sich entwickelt. Das kann ich bei den Detlefs allerdings nicht erkennen. Was ich sagen will: Es ist ein Jammer, dass die Gebauers ihr Grab platt gemacht haben.»

«Platt gemacht?»

«Ja, sagt man das nicht?»

«Nein.»

«Oh.»

Er atmete nur, und ich konnte richtig spüren, wie er mich am anderen Ende vor seinen Kollegen nachäfft oder entsprechende Gesten macht, dass ich einen an der Marmel habe oder so. Mein Herz pochte laut bis in meinen Hals, und ich habe mich gefragt, ob er das auch durch den Hörer bei sich hören konnte.

«Herr Prange?»

Und dann kam alles aus mir raus, als wär meine Wut nix Weiteres als ein angeschwollener Pickel, den man nur ganz leicht drücken musste.

«Wissen Sie eigentlich, was ich gerade durchmache? Allein

zu Hause in Barmbek! Wo das eigentlich wunderschön ist auf 'ne Art. Aber jetzt ist alles im Wandel, wie man sagt. Wir haben jetzt einen Getränkeshop, wo man Pakete aufgeben kann, und kein Mensch fragt mal, was der Scheiß soll. Nur mal so als Beispiel! Und wenn meine Schwester sagt ‹Ralfi, du kannst den Wind nicht ändern, aber die Segel anders setzen›, dann kann sie mich mal am Arsch lecken! Ich hab jetzt 'ne Freundin, und das ist auch gut. Aber wenn ich mal meine Ruhe haben will, muss ich zum Puzzeln in 'n Keller, und sie fängt auch schon an, die Küche umzuräumen, und ich geh auf Pärchenabende bei den Kapellas, und ich hab kaum noch Zeit für meine Jungs, und der Kleine wird gerade gemobbt, und ich werde auch gemobbt von meinem neuen Vermieter mit seinem bekloppten Grinsegesicht und dem bescheuerten Sohn, die ständig in meine Wohnung wollen, weil sie da wahrscheinlich heimlich Sachen ausmessen, falls er vielleicht doch mit Eigenbedarf kommt und mich rauswerfen will, und mein Prominachbar ist verschwunden, weil er wahrscheinlich von Scientology mit der türkischen Rocker-Mafia an den Eiern genommen wird, weil das alles Verbrecher sind, kann man alles nachlesen bei Facebook, aber da muss ich mich wahrscheinlich auch alleine drum kümmern, man wird ja reingesaugt in solche Situationen, ob man will oder nicht, und wenn ich dann mal zur Entspannung auf meinen Balkon will, glotzt schon der durchgeknallte Nachbar von der Gegenseite, und das kann ich ihm wohl auch nicht verbieten, und WENN ICH DANN PLÖTZLICH AUCH NOCH AUFM FRIEDHOF NEUE NACHBARN HAB, DIE IM SITZEN UNKRAUT ZUPFEN UND IHR BEET MIT 'NER HALBEN TONNE KITSCHIGER HART-PLASTIK MULCHEN UND SICH DABEI ANSCHREIEN, WAS ES IM KINO ZU FRESSEN GIBT, DANN IST DAS ZU VIEL! DANN RASTE ICH AUS!»

Aber am Telefon war schon lange keiner mehr. Ich hatte das

Knacken und Tuten gehört, aber ich war wohl schon zu doll in Schwung.

Stille.

Dann habe ich bemerkt, dass meine Balkontür offen stand. Im Innenhof sind leise ein paar Fenster zugegangen. Egal.

Ich stehe am Friedhof, packe mein Spüli und die *Zewa*-Rolle in die alte Frottee-Strandtasche von meiner Mutter, und es fängt zu nieseln an.

«Alexa, wie wird das Wetter heute Abend?»

Die Detlefs packen auch zusammen und schnüren sich ihre Kapuzen stramm über ihre glänzenden Speckgesichter.

«Alexa? Kann man mit einer Friedhofsharke Menschen erschlagen?»

Es lag mir auf der Zunge. Habe ich natürlich nicht gesagt. Aber irgendwann mache ich das.

17

Tja. Komisch ist das schon, und ich habe jetzt schon keinen Bock mehr. Ich stehe mit der Polizei vor der Wohnung vom Fernsehmann, und wir verschaffen uns gerade Zutritt mit einem Schlüsseldienst. Die Beamten meinen zwar, dass Horst und ich unseren Job nun auch langsam mal getan hätten und drinnen nichts zu suchen haben, aber das finde ich dann jetzt auch irgendwie undankbar. Wenigstens mal einen kleinen Blick wagen, ob da alles in Ordnung ist. Horst und ich haben das ganze Thema doch erst aufgebracht.

Das Ding ist nämlich: Der Fernsehmann ist nun tatsächlich verschwunden! Seit ungefähr fünf Wochen schon. So lange ungefähr kommen jedenfalls schon keine Pakete mehr für ihn.

Ich meine, er bestellt jetzt nicht so massiv im Internet wie die

Elblette, aber zwei, drei Sachen pro Woche waren eigentlich immer für ihn dabei. Klamotten von diesem Laden, wo sie einem schon ganze Outfits zusammenstellen, weil er braucht ja viele Outfits für seine Sendungen, dann Bücher und Elektronik, Kosmetik, auch für den Haarwuchs denk ich mal – es standen jetzt nicht auf allen Paketen die Absender –, und ganz viel Superfood, in riesigen Verpackungen. Ich denke mal an diese Goji-Beeren in Kilo-Säcken oder Kurkumapulver für Kurkuma-Shots. Oder letztes Mal hat er sich eine ganze Saft-Trinkkur bestellt.

«Was bringt so was? Darf ich mal fragen?»

Er stand vor meiner Tür und holte sein Paket ab.

«Wie bitte?»

«Diese Trinkkur. Ich hab das mal gegoogelt. Da gibt es ja die Preise vom selben Anbieter (!) von bis!»

«Ich versteh nicht ganz.»

«Mit dem Absender von *freshioo*, von Ihrem Paket – wenn man das googelt, sieht man ja sofort, dass die diese Saftkuren zum Entgiften machen. Das ist teuer!»

«Sie googeln meine Absender?»

«Es ist ja nun ein riesiger Schriftzug über den ganzen Karton. Dagegen ist *Amazon* ja direkt diskret.»

«Ja, apropos. Diskret.»

«Ja, sag ich ja. Und das wirkt gegen Gifte im Körper?»

«Ich bin ganz zufrieden. Ich mache das viermal im Jahr.»

«Und danach haut man sich doch wieder 'ne Currywurst rein und dazu 'n Bierchen. Und dann kommt die Wurst-Bier-Spirale mit Durst nach Wurst und Appetit nach'm Bierchen, eins ergibt das andere und ...»

Er guckte mich an. Hochgezogene Augenbraue. Ich verstand.

«Also so ist es bei mir meistens. Wir sind ja alle keine Engel.»

Er nahm mehr oder weniger wortlos sein Paket und ging zurück ins Treppenhaus.

«Aber teuer ist das ja!», versuchte ich es noch mal. «80 Euro für drei Tage nur Säfte trinken?»

Aber da war er schon weg.

Ist doch wahr. Verzicht muss man sich offensichtlich leisten können. Wo sind wir eigentlich? Wenn du das einen ganzen Monat machst, kommst du ja auf 800 Euro Saftkosten. Wir kamen früher, also mit meiner Mutter noch und Silke und mir, mit einer Palette Apfelsaft genauso lange aus, und die hat gerade mal 14 D-Mark oder so gekostet.

Na ja. Das war jedenfalls das letzte Mal, dass ich den Fernsehmann gesehen hab. Lebend.

Und im Fernsehen selbst ist er auch nicht mehr zu sehen gewesen. Aber wenn er gekündigt hätte oder so, dann hätte ja in der Zeitung was darüber gestanden. Oder sie hätten ihn im Studio mit einem riesigen Blumenstrauß verabschiedet, kennt man doch, wenn dann alle Kollegen noch mal klatschend vom Bildrand aus dazukommen usw. Nix! In der Nachbarschafts-gruppe bei *Facebook* – auch nix!

Und erst als dann die Sache mit der Papiertonne passierte, fiel es Horst und mir wie Schuppen von den Augen, dass er schon so lange weg ist.

«Wir haben ein Angebot für Sie, dass Sie nicht ablehnen kön-nen» – so stand es Schwarz auf Weiß auf dem zerrissenen Brief im Altpapier. Also auf Türkisch. Und deshalb zog mich Horst gleich in seine Wohnung, als ich ihm seine bescheuerte Bohr-maschine zurückbringen wollte. Ich bleibe dabei: ein Scheiß-gerät. Auch wenn Butschi das Bohrfutterding natürlich mit ein-mal kurz Rumfummeln sofort zusammengesetzt bekam. Egal.

«Türken-Mafia. Ich hab noch mal drüber nachgedacht.»

«Moin Horst.»

«Es könnte die Türken-Mafia sein.»

«Sagt man das noch? Türken-Mafia?»

«Wieso? Du sagst doch auch Chinesen-Mafia oder Russen-Mafia.»

«Ja, aber Italiener-Mafia sagst du nicht. Von daher find ich schon. Es hat auch was Abwertendes.»

«Ja, warum denn auch nicht, wenn das die Mafia ist!»

«Nein. Für die Staatsangehörigen.»

«Ja, mein Gott. Diese Grauen Wölfe vielleicht, diese Schlä-ger-Rocker, die machen wahrscheinlich für *Casa Albano* die Drecksarbeit.»

«Sag mal, Horst ...»

«Was denn sonst? Der arme Kerl.»

«Ich mein, zuzutrauen wär's diesen Arschgeigen. Da gibt's ja ganze Dokus von im Fernsehen, wie die Druck ausüben.»

«Und das ist, was du sagtest, Prange. Wenn du erst mal Promi bist!»

«Sagte *ich*, ne?»

«Ja.»

«Denn hab ich das ja aufgebracht.»

«Ja. Sollst du ja. Kannst du ja.»

«Ja. Und nu ist er weg. Das ist unheimlich. Aber die räumen ihn doch nicht wirklich aus'm Weg, nur weil er sich weigert, für Scientology alte Omas klarzumachen.»

Im Internet kam auch nichts mehr von ihm. Er hat sonst ja immer mal was getwittert, und dann konnte man das nach-googeln. Mit einem Aperol an der Alster. Mehr geht nicht. «#Hamburg-Feeling XXL.» So was in der Art. Hat er fast täg-lich abgesetzt. Und dann, vor drei Tagen, das merkwürdige nächste Ereignis! Ich war grad im Keller an meinem Puzzle. Dörte machte oben Rouladen für uns, und ich hab einfach mal eine kleine Portion Me-Time genossen – als ich plötzlich Stim-men hörte. Eine Gruppe Menschen schlurfte die Betonstufen runter. Ausgelassene Stimmung, vereinzeltes Gelächter. Ich bin richtig erstarrt und stand schweigend hinter der Tür zu meinem Abteil, die nur bis auf einen kleinen Spalt angelehnt war. Also eigentlich wie immer, wenn ich hier unten bin und jemanden reinkommen höre.

«Und hier könnte man, wie gesagt, mit Haltebügeln schon mal bis zu acht Fahrräder unterbringen.»

Das war die Stimme vom Ökospießer. Ich glaubte es nicht. Okay, er ist jetzt auch Eigentümer. Aber es war eine gefühlte Frechheit, dass einer, der mal zu uns Mietern gehörte, hier einfach so wichtig-popichtig irgendwelche Leute durch unsere Kellerräume führte! Doch dann hörte ich auch noch die Stimme vom Grinsegesicht. Vick! Mein neuer Vermieter.

«Ja, aber was hab ich denn davon? Es kostet ja erst mal nur Geld. Und ich weiß gar nicht, ob mein Mieter überhaupt 'n Fahrrad hat.»

«Herr Prange ist doch Ihr Mieter, oder?», meinte der Ökospießer. «Der hat sein Fahrrad an der Straße stehen. Aber der beschwert sich ja auch immer, dass mein Fahrrad oben im Flur abgestellt ist. Deswegen. Es würde mehr Ordnung schaffen im Treppenhaus.»

«Ja, wer hat denn da überhaupt diesen monströsen Kleiderschrank im zweiten Stock aufgebaut?»

«Das war Herr Prange. Er ist komisch. Das Thema hatten wir ja eben schon auf der Versammlung.»

Wie bitte? Was für 'n Verräter. Und dich hab ich nach'm Straßenfest in meiner Wohnung weiterfeiern lassen!

«Wieso, der wohnt doch im Erdgeschoss?»

«Ja, das ist 'ne reine Racheaktion dieses Herrn, weil Herr und Frau Kapella ihre Fahrräder im Eingangsbereich abgestellt hatten, wo Herr Prange lebt.»

«Die Kapellas sind meine Mieter. Das ist ja interessant.»

Eine neue Stimme. Sie kam von einem aalglatten Typ. Das

feuchte Schimmern seiner schmierigen Haare im fahlen Kellerlicht war durch meinen Spalt deutlich zu sehen. Rosa Hemd mit eingesticktem Polospieler. Dagegen ist mein neuer Vermieter richtig kernig. Da tun einem Frank und Tanja schon fast wieder leid.

«Ich dachte, mit diesem Herrn Prange hätte sich das alles beruhigt, hieß es doch eben noch von der Hausverwaltung. So gut wie keine Beschwerden mehr.»

Noch so ein Schlipspisser! Einer von der *Casa Albano*, denen ja inzwischen die Mehrzahl der Wohnungen gehört. Offensichtlich war das Ganze so eine Art verlängerte Eigentümerversammlung bei uns im Keller. Und normalerweise hätte ich mich natürlich einigermaßen darüber aufgeregt, in welchem Ton diese Arschgeigen durch unsere Kellerräume stolzieren, als wenn der Großvater vom «kleinen Lord» seine Gesindehäuser inspiziert. Wo leben wir denn? Aber mich hat etwas ganz anderes zutiefst beunruhigt: der Fernsehmann. Er war nicht dabei. Und er ist doch auch Eigentümer! Und zwar schon lange! Ist er nicht bei dieser Versammlung dabei gewesen? Oder sind ihm die Fahrradstellplätze im Keller scheißegal?

Na ja. Es wurden noch Fotos geschossen. Es wurde Maß genommen. Man ging langsam die Kellertreppe wieder hoch. Und dann wurde es dunkel.

«LICHT WIEDER AN!»

Es war wie ein Reflex. Kann man nix gegen machen. Da bin ich ganz wie dieser Pawlow-Hund. Ist so. Sehe ich ganz selbstkritisch. Zu oft habe ich das schon irgendwelchen Leuten aus unserem Haus hinterhergebrüllt. Wenn man runtergeht in den Keller, und es ist bereits Licht an, dann weiß man ja wohl, dass noch jemand da unten ist, oder man fragt wenigstens beim Hochgehen: «Ist da noch jemand?» Immer dasselbe!

«Herr Prange?»

Der Ökospießer. Und irgendwie hab ich den Moment dann doch genossen. Konnte mir richtig vorstellen, wie sie sich da alle oben im Flur wie die Salzsäulen an der Wand festgehalten haben und langsam rot anliefen. Das Licht ging wieder an, und die Kellertür wurde betont leise zugeschoben. Als ich fünf Minuten später ebenfalls nach oben ging, lauerte mir Vick schon vor meiner Wohnungstür auf.

«Herr Prange. Ich dachte mir, dass Sie vielleicht auch gleich hochkommen. Deswegen hab ich einfach mal gewartet. Guten Tag erst mal.»

«Moin.»

Er grinst. Keine Bemerkung zu dem Geläster im Keller. Wahrscheinlich lernt man so was als gehobener Vertriebsmitarbeiter eines namhaften Kartoffelpüreeherstellers auf entsprechenden Führungskräfteseminaren. Einfach nicht reagieren! Einfach überhören und weglächeln!

«Herr Prange. Dürfte ich Sie um einen Gefallen bitten?»

«Ja, mal sehen. Was denn?»

«Dürfte ich mir bei Ihnen einmal die Hände waschen?»

Auch das noch. Ich weiß bei solchen Anfragen nie, ob sich jemand jetzt wirklich nur die Hände waschen will oder ob das nur so eine codierte Ankündigung ist, dass er ganz dringend aufs Klo muss. Woher soll er denn dreckige Finger gehabt haben? Und er bemerkte auch gleich, dass ich ihm auf seine Fingernägel gestarrt hab. In diesem Augenblick ging die Tür auf, und Dörte huschte zu uns ins Treppenhaus.

«Hast du an das Gurkenglas gedacht?»

«Nee, hab ich vergessen. Hol ich gleich. Herr Vick will noch eben bei uns auf Klo.»

«Händewaschen.»

«Ja.»

«Guten Tag.»

«Guten Tag.»

Vick ging ungeniert voran und direkt ins Bad, während Dörte stumm rumgestikulierte, warum ich denn diesen Typen bei mir ins Bad lasse, und das auch noch, wo sie doch ihre Schlabberhose mit Senfresten vom Rouladeneinschmieren anhat. Dafür braucht Dörte maximal drei, vier Handbewegungen, und sie verzerrt dabei noch das Gesicht wie dieser Pantomime-Typ früher immer in den Fernsehshows mit Rudi Carrell, als das noch eine echte TV-Sensation war. Da hat sie ein Talent.

Im Badezimmer lief kein Wasserhahn! Entweder er saß auf dem Klo oder schaute sich einfach seelenruhig im Badezimmer seines Mieters um.

«Kennen Sie eigentlich unsern Fernsehmann?»

«Wie bitte?»

Seine Stimme kam dumpf durch die Badezimmertür zurück – eindeutig aus der Toilettenecke!

«Unsern Fernsehmann! Aus dem Vierten.»

«Natürlich. So ein Promi im Haus. Aber ist der nicht meistens im Dritten?»

«Stock!»

«Ach so, ja. Na, den werde ich dann sicherlich ja auch noch persönlich kennenlernen.»

«Ach? War er denn nicht auf Eigentümerversammlung?»

«Ich weiß nicht, Herr Prange, warum ... ich bin gleich wieder bei Ihnen ...»

«Nein. Allgemein gefragt. Weil, er ist ja Eigentümer.»

«Okay. Nein. Er war nicht da. Hat sich von der Hausverwaltung vertreten lassen. So ein Mann hat ja auch viel zu tun.»

Und dann ging die Klospülung. Und dann hat er sich am Ende noch nicht einmal die Hände gewaschen. Der Wasserhahn wurde *nicht* angestellt. Was soll dann dieses Affentheater immer! Er kam raus.

«Haben Sie denn schon mal Kontakt mit ihm gehabt? Weil, ich hab ihn jetzt tatsächlich schon länger nicht mehr gesehen.»

«Machen Sie sich Sorgen?»

«Neiiiiin.»

Ich brachte ihn raus, ging in den Keller und holte das Gurkenglas, und die ganze Zeit hat das in meinem Kopf gerattert. Später beim Rouladenessen hab ich Dörte dann alles erzählt.

«Dörte! Ist es nicht komisch, dass die Hausverwaltung, die ja sowieso mit der *Casa Albano* unter einer Decke steckt, weil die Frau von dem einen von der *Casa Albano* da den ganzen Schriftverkehr macht, vorher ja auch schon, also, dass diese Hausverwaltung ausgerechnet gerade zu dem Zeitpunkt sagt, wir vertreten hier heute auf der Sitzung den Fernsehmann, wo er höchstwahrscheinlich von Motorradrockern aus der Türkei, die für die *Casa Albano* arbeiten, erpresst wird und seitdem spurlos verschwunden ist?!»

«Du reimst dir da wieder was zusammen, Ralf! Dann musst du eben mal Tag und Nacht durch deinen Türspion ins Treppenhaus gucken, dann läuft er bestimmt irgendwann vorbei ...»

Manchmal denke ich, Dörte kennt mich gar nicht. Das habe ich doch schon längst gemacht. Da war kein Fernsehmann durchs Treppenhaus gelaufen. Aber das habe ich lieber für mich behalten. So sehr ich Dörte auch schätze und immer noch in sie verliebt bin, in solchen Dinge ist sie manchmal einfach naiv. Sie guckt ja aber auch kein *Aktenzeichen XY*, sondern geht lieber ins Kino. So was kommt von so was.

Als ich mit meinen neuen Erkenntnissen zu Horst rüber bin, hat der allerdings gleich die nötigen Schlüsse gezogen, was mir wieder Sicherheit gegeben hat.

Vorgestern saß ich dann mit Micki und Butschi gemütlich vorm Fernseher. In der Glotze war das Standbild von Butschis *Playstation*-Spiel zu sehen, das auf Pause gedrückt war, und es lief diese unglaublich nervtötende Musik in Dauerschleife dazu. Wir alle waren aber zu beschäftigt, um den Ton abzustellen. Butschi selbst spielte parallel ein anderes Spiel auf seinem Handy, Micki wischte mit seinem Finger einigermaßen gelangweilt durch seine *Tinder*-App, obwohl er immer noch glücklich verlobt ist, und ich holte mir ein kleines Update in meiner Nachbarschaftsgruppe bei *Facebook*, weil ich mir inzwischen selbst verordnet hatte, nur noch einmal am Tag reinzuschauen. Ich habe mich durch die letzten 24 Stunden durchgescrollt, nix Besonderes: Eine Eisdiele, die dichtgemacht hat und wo jetzt wohl irgendeine «Sushi-Factory» reinkommt, vom selben Betreiber (ich wünsche viel Glück!), und zwei Sonnenuntergänge durch die hängenden Äste einer Trauerweide am Stadtparksee aufgenommen. Leute, geht's noch? Macht es beruflich! Mietet euch für die Vernissage eine Ausstellungshalle oder wartet, bis die Sushi-Factory ihren Geist aufgegeben hat, aber nervt mich nicht mit diesen Fotos. Meine Zeit ist begrenzt!

«Was los, Prange?»

«Wieso, Micki, was denn?»

«Stöhnst du so genervt. Keine geilen Bräute?»

«Ich bin hier am Recherchieren, was glaubst du denn? Ich bin nicht bei *Tinder*!»

«Sag ich auch, wenn Freundin fragt.»

Und er lachte so in sich rein, und irgendwie kann man ihm ja auch gar nicht böse sein mit seinem etwas «kernigen» Frauenverständnis, weil er am Ende des Tages ja doch eine unglaublich treue Seele ist. Neulich habe ich ihn erst wieder mit seiner Verlobten getroffen, als sie von Polen nach Hamburg kam, um mit Micki ein Auto für seinen künftigen Schwiegervater zu kaufen. Da war er dann wie ausgetauscht und wackelte auf der Automeile willenlos hinter ihr her. Ich hoffe mal nicht, dass ich das ausstrahle, dass das zu Hause bei mir zugehen soll wie in der Baubude und Micki in meiner Wohnung nur mir zum Gefallen den Macker raushängen lässt. Außerdem habe ich jetzt auch eine Lebensgefährtin, und die ist meistens nebenan am kleinen Fernseher, wenn ich die Jungs zu Hause habe, und dann möchte ich nicht, dass sie so was hört. Das färbt auf mich ab, und am Ende muss ich dann noch abends diskutieren, obwohl das alles von Micki kommt. Egal. Ich habe weitergescrollt und las auf einmal:

«Hat hier jemand Erfahrung mit *Casa Albano*? Die haben unser Mietshaus am Wiesendamm gekauft, und jetzt stehen da schon zwei Baucontainer davor.» 😱

(Katja BiBa)

Ich dachte, ich gucke nicht richtig. Und drunter haufenweise Kommentare von wegen «Erst machen sie die Balkone neu und größer, und dann kloppen sie die Miete rauf» oder «Bei uns haben sie sogar die Luft überm Haus dazugekauft und aufgestockt».

«Was ist das?», fragte Micki.

«Ja, was, was?»

«Luft kaufen.»

«Man kann wohl die Luft kaufen, was weiß denn ich, von der Behörde oder so, und dann darf man da einfach 'ne Etage oben auf so ein Haus drauf bauen.»

«Auch wenn mein Haus das ist?»

«Nein, nicht noch bei andern. Du musst schon das ganze Haus kaufen. Und dann kriegst du die Luft dazu.»

«Was kostet Luft?»

«Ich weiß es nicht. Kann ja nicht viel sein. Bis zu 'ner gewissen Höhe gehört dir die Luft über deinem Haus ja sowieso.»

«Bis Mond ...»

«Irgendwo wird dann der Cut gemacht. Aber es geht nur

um ein Stockwerk. Aber das ist natürlich auch Baulärm. Will keiner.»

«Szalone Niemcy!»

Er lachte und haute sich dabei auf die Schenkel.

«Das war irgendwas wieder mit Deutschland, ne?», meinte Butschi, ohne vom Handyspiel aufzuschauen. Egal. Es ist verrückt irgendwie. 258 Kommentare standen da insgesamt, und ich wollte schon das Handy weglegen und zwei Bierchen und eine Vanillemilch aus dem Kühlschrank holen, um zum gemütlichen Teil des Spätnachmittags überzugehen, als ich plötzlich den Eintrag sah von einem oder einer «Sigi Hartmann». Es ließ sich nicht rausfinden. Auf dem Profilbild war ein Hund, und mal ganz ehrlich, wer so einen beliebigen Namen hat, sollte wenigstens im Profilbild eine Geschlechterzuordnung regeln, falls man sich mal mit einer Nachricht an diese Menschen wenden muss. Egal, auf jeden Fall schrieb Sigi Hartmann:

«Bei uns im Haus wollten sie eine ältere Dame loswerden, weil die sich weigerte auszuziehen. Und die ist jetzt verschwunden!»

Und dann haben sich die Kommentare überschlagen!

«Das kann ja wohl nicht wahr sein!»

«Glaubt ihr wirklich, dass die zu so was fähig sind?»

«Wieso denn nicht? Man hört so vieles! Kranke Welt! Krankes Deutschland!»

«Vielleicht hat die Dame ja auch nur das Zeitliche gesegnet. Da schon mal drüber nachgedacht?»

«Arbeitest du auch bei der *Casa Albano*, oder warum nimmst du die jetzt in Schutz?»

Usw. usw. Und auch, wenn besagte Oma vielleicht wirklich nur das Zeitliche gesegnet hat, wobei ich mich schon immer gefragt hab, wer da eigentlich was segnet, nämlich die Oma das Zeitliche, oder wird sie selbst vom Zeitlichen gesegnet – es geht durch Subjekt, Objekt usw. einfach nicht deutlich hervor –, aber das nur am Rande, dann hat der ganze Zusammenhang natürlich schon auch ein Geschmäckle.

«Jetzt lass doch mal die Kirche im Dorf!»

Dörte schaltete sich aus dem Schlafzimmer heraus, wo sie *Bares für Rares* guckte, in unsere kleine Diskussion ein, und das zeigt, wie laut und dringlich wir das alles mittlerweile schon durchdiskutiert hatten. Ich werde dann von der Leidenschaft getrieben.

«Dörte! Unser Fernsehmann ist auch verschwunden! Vielleicht wollten sie über seinem Penthouse da oben auch die Luft drüber bebauen und hatten das im Kaufvertrag damals vergessen, weil ihnen das erst hinterher eingefallen ist oder eben weil er sich weigert, alte Omas am *Tibarg* zur Scientology zu kobern. Es ist doch so vieles möglich!»

Ich hörte nur noch, wie ganz langsam die Tür vom Schlafzimmer ins Schloss fiel, und damit war wohl klar, dass Dörte mit dem Fall nicht weiter vertraut gemacht werden will. Ich kann damit umgehen. Wir reden einfach ein, zwei Stunden nicht miteinander und wechseln dann meistens zu irgendeinem Essensthema, «Wusstest du, dass die Gurke eigentlich Obst ist und nicht Gemüse?», und dann kommt man wieder ins Reden, und irgendwann wird einem auch wieder beim Fernsehen der Unterarm gestreichelt. Das macht doch eine Beziehung erst aus.

Ich bin dann selbst aktiv geworden und hab einen eigenen Post in die Gruppe abgesetzt und gefragt, ob irgendjemand in letzter Zeit den Fernsehmann gesehen hat.

«Oder wohnt der gar nicht mehr Barmbek? 👻»

Leider waren die Antworten dann doch nicht ganz so zielgerichtet, wie ich mir das erhofft hatte.

«Ich fand den schon immer schmierig. Braucht kein Mensch.»

«Ich find Judith Rakers besser.»

«Alida Gundlach! Die war noch gut!»

«Der Typ lief doch immer mal über den Wochenmarkt am Wiesendamm.»

«Sorry, aber ich finde den Wochenmarkt an der Vogelweide besser. Auch der Fischmann da ist eindeutig besser!!!»

«Du hast wohl keine Ahnung von Fisch! Oder warum sagst du so was?»

«Warum denn gleich so aggro?»

«Fischfresser sind Meerestöter!! Sorry! Aber meine Meinung!»

Usw. usw., und ich muss ganz ehrlich sagen, dass mir die meisten von diesen Vollidioten mächtig auf den Sack gehen. Da ist so mancher Osterbrunch mit meiner Schwester und ihrem Mann und den Nachbarn aus dem Teewurstfarben-Haus gesprächstechnisch besser strukturiert – und das soll was heißen! Vielleicht muss ich irgendwann eine eigene Barmbekgruppe ins Leben rufen. Das hier führt ja zu nix.

Abends bin ich dann noch zu Horst und habe ihm alles berichtet.

«Da ist Gefahr in Verzug.»

«Und ich mach jetzt einfach mal den Vorschlag, Horst: Wir gehen da jetzt zusammen nach oben und klingeln beim Fernsehmann. Und wenn er nicht aufmacht, dann rufen wir durch 'n Briefschlitz, dass wir gleich reinkommen. Und wenn dann immer noch nix passiert, dann gehen wir da rein und gucken nach!»

Er guckt mich an.

«Mit deinem Schlüssel zum Blumengießen.»

«Den hab ich ja gar nicht mehr, Prange.»

«Wie? Was?»

Hat der Fernsehmann damals am Ende doch mitgekriegt,

dass Horst und ich uns in seiner Bude so ein büschen umge-guckt haben, als Horst den Schlüssel zum Blumengießen hatte und dann da auf einmal die Überwachungskameras angesprun-gen sind? Setzt so jemand sich tatsächlich nach seinem Urlaub zu Hause hin und glotzt Videos, was tagsüber in seiner Woh-nung los war?

«Was weiß denn ich? Er kam vor 'n paar Wochen runter zu mir und sagte, er müsste mal vorübergehend seinen Schlüssel wiederhaben, weil er jemanden tagsüber in seine Wohnung reinlassen muss.»

«Ja, wen denn, bitte schön?»

«Was weiß ich denn?»

«Hättest ja mal fragen können. Vielleicht sind das ja genau die Typen, die ihn im Griff haben.»

Das war gestern. Wir haben dann noch am selben Abend in der Dunkelheit das Penthouse vom Fernsehmann beobachtet. Keinerlei Licht. Keinerlei Vorhangeinsatz. Heute Morgen: kein einziges Fenster auf Kipp. Und wir wollten schon gerade wie-der rein, als mein Blick dann doch noch an der loungemäßigen Dachterrasse hängen geblieben ist. Und da offenbarte sich uns das letzte fehlende Puzzleteil: Die Bambusbüsche und das Pampasgras – komplett vertrocknet! Eins stand sofort fest: In diesem Penthouse war schon länger niemand mehr zugegen. Zumindest nicht lebend!

Und dann haben wir sicherheitshalber noch mal in unserer *WhatsApp*-Gruppe die Nachbarn gefragt, ob irgendjemand weiß, was mit dem Fernsehmann ist. Keinerlei Reaktion. Schon fünf Minuten später fragte die Elblette was ganz ande-res, nämlich, ob man Käsepapier in die blaue oder die gelbe Tonne schmeißen muss, und das finde ich dann auch immer unhöflich, wenn man einfach mit anderen Fragen nachschießt und nicht wenigstens mal eine Stunde Abstand hält, dass sich unsere Frage nach dem Fernsehmann entfalten kann. Die Antworten auf diese bescheuerte Käsepapierfrage kamen im Sekundentakt. Nur nicht vom Fernsehmann.

Und dann haben wir die Polizei angerufen.

Horst und ich haben die Beamten im Hochparterre in Empfang genommen und sind dann zusammen mit ihnen hoch.

«Wissen Sie? Es ist schon ungewöhnlich. Der Mann ist ja sonst höchstens mal 'ne Woche weg. Prange mein Name.»

«Und er fällt ja auf im Treppenhaus. Rohde.»

«Wie bitte?»

«Rohde mein Name. Und es riecht ja auch schon langsam im Treppenhaus.»

«Ja, das sagten Sie schon am Telefon. Wir schauen jetzt einfach mal nach.»

Dann haben die Beamten bei ihm geklingelt und geklopft, was ich auch schon wieder irgendwie unverschämt finde. Man kann uns ja auch einfach mal glauben, wenn wir sagen, dass in der Wohnung keiner reagiert. Na ja. Jetzt stehen wir hier vor der Wohnungstür, und der Schlüsseldienst bohrt die Tür auf. Gefahrenabwehrgesetz! Eine Beamtin geht in die Wohnung, und der andere passt doch tatsächlich auf, dass wir zwei nicht doch noch hinter der Polizei in den Flur schleichen. Der Gestank kommt jedenfalls nicht aus der Wohnung vom Fernsehmann. Wahrscheinlich macht der Ökospießer wieder mal Kohlsuppendiät, und das alles weht aus dem Dritten bis hier in den Vierten hoch.

«Wohnung ist leer», ruft die Beamtin zu ihrem Kollegen hier vorne.

«Alles klar.»

Die Beamten schauen sich nachdenklich an. Der Herr vom Schlüsseldienst baut ein neues Schloss ein.

«Und wer bekommt jetzt den Schlüssel?»

«Den kann Ihr Nachbar sich dann bei uns im Revier abholen.»

«Soll ich das vielleicht übernehmen?», fragt Horst. «Ich hab schon früher Blumen für ihn gegossen.»

«Ach, und jetzt nicht mehr?»

«Ja, es hat sich dann nicht mehr ergeben.»

«Sehen Sie?»

«Ach, und dann kommt der arme Mann hier eventuell doch noch mal die Treppen hochgestiefelt, *wenn* er noch lebt», sag ich, «und muss erst noch zu Ihnen aufs Revier, um den Schlüssel abzuholen?»

«*Sie* haben uns doch gebeten, die Wohnung aufzubrechen! Oder haben Sie da vielleicht doch 'n bisschen übertrieben?»

«Hallo? Woher denn?»

Die andere Beamtin geht in die Hocke und sammelt mit so einem Beweismittelbeutelchen irgendwas vom Boden auf.

«Was sind denn das für Krümel hier überall?»

Und jetzt sehe ich's auch.

«Das sind seine Streuhaare!»

«Streuhaare?»

«Streuhaare! Die fallen ihm vom Kopf, wenn er am Hetzen ist. Das hab ich schon mal beobachten können, als er das Treppenhaus runtergerannt ist, weil sein Taxi gewartet hat. Da musste *ich* vor meiner Tür den Hausflur saugen, damit man das nicht in die Wohnung reinträgt.»

Pause. Angestrengtes Denken.

«Also war er am Hetzen!», ergänzt Horst.

«Genau, Horst! Er ist ja quasi aus der Wohnung rausgehetzt. Und jetzt ist er seit Wochen verschwunden.»

Die Beamten blicken sich an. Nicken. Und dann schließen sie die Tür, drehen den Schlüssel im neuen Schloss herum und kleben ein Siegel zwischen Tür und Zarge. Jetzt ist es offiziell.

«Wir haben einen Fall!»

«Die Polizei hat einen Fall.»

«Ja.»

18

Tja, so was kommt vom Einmischen: Es ist der erste Weihnachtsfeiertag, ich stehe mit Dörte in meinem Keller, und ich habe jetzt schon keinen Bock mehr auf die Festtage. Gerade habe ich noch ein Stück Eiffelturmspitze in das Puzzle gedrückt, das ich gestern von meiner Nichte und meinem Neffen geschenkt bekommen habe (obwohl ich mir sicher bin, dass es ihre Mutter besorgt hat. Aber egal).

Irgendwann kam Dörte runter und war dann doch ziemlich baff und ein kleines bisschen beleidigt, als sie mich hier puzzeln sah. Meine Schwester saß oben beim Nachtisch mit ihren Kindern und ihrem Mann Stefan und beeilte sich mit dem Futtern, weil alle später noch in das Eiskönigin-Musical gehen wollten, das hat Silke ihnen allen zusammen zu Weihnachten geschenkt. Richtig Bock hat da meiner Einschätzung nach keiner drauf, aber Weihnachten ist ja nun mal kein Wunschkonzert! Na ja. Und nach über 24 Stunden Familienzusammengehörigkeit musste die ganze Sache ja eskalieren, und am Ende hat meine Schwester meiner Freundin verraten, dass ich höchstwahrscheinlich unten im Keller eine Runde am Puzzeln bin, als die sich gefragt hatte, wo ich mit der neuen Flasche Prosecco bleibe.

«Was machst du hier?»

«Ganz schnell ein, zwei Puzzlestücke. Ich komm jetzt auch gleich mit hoch.»

«Wieso puzzelst du hier unten?»

«Nur mal so.»

«Silke sagt, du machst das öfter. Und auch schon länger?»

«Also eigentlich nur, wenn es sich grad ergibt.»

«Du wolltest Prosecco holen.»

«Ja. Hol ich ja auch. Ich brauchte jetzt einfach nur 'ne kleine Verschnaufpause wegen meiner Schwester und der ganzen Familie.»

«Auch wegen mir?»

«Nein. Silke ist so aggro heute.»

Ist doch wahr. Das fing gestern schon an, als ich bei denen an der Nordsee eingeladen war. Dörte war bei ihrem Vater, und ich war ganz allein diesem neuen Mango-Chutney von Silke ausgeliefert, das sie zum Fleischfondue gemacht hatte. Und ich hasse nun mal Chutney, und auf Mango stehe ich schon mal gar nicht, und das weiß Silke eigentlich auch. Und trotzdem war sie beleidigt, dass ich nicht mal probieren wollte. Und das an Weihnachten!

«Ich weiß, dass ich's nicht mag. Jetzt lass mich doch.»

«Probier mal! Das ist ganz anders, als du denkst.»

«Das muss ich nicht erst probieren.»

«Jetzt tu mir doch einmal einen Gefallen. An Weihnachten ...»

«Bitte. Dann mach ich's eben.»

«Na, und, wie schmeckt es?»

«Es ist nicht mein Fall, Silke.»

«Das sagst du doch jetzt nur mit Absicht!»

«ICH MAG ES NICHT!»

«Warum bist du so? Es ist Weihnachten!»

Seitdem ist die Stimmung angekratzt. Und als Rache kamen dann heute Mittag beim Brunch bei mir in der Wohnung die Seitenhiebe.

«Ach, nur Aufbackbrötchen?»

«Wo soll ich denn andere herkriegen?»

«Wenigstens *Knack&Back* hättest du ja besorgen können, so wie Mama früher!»

«Dann nimm halt Toast!»

«Toll! Haben wir wenigstens Gänsebrustaufschnitt?»

«Das ist mir zu fett. Und du magst ihn doch eigentlich auch gar nicht.»

«Er gehört aber dazu. Mama hat immer Gänsebrustaufschnitt gegessen. Er gehört einfach dazu. Aber so was fehlt dir eben!»

«Wozu, wenn's keiner isst?»

«Ein, zwei Scheiben, meine Güte! Wir gucken ja auch *Der kleine Lord*, obwohl wir den scheiße finden. Weil's dazugehört. Weil Weihnachten ist.»

«Ich finde nur den kleinen Lord selber scheiße. Den Film find ich ganz gut. Kann man sich durchaus angucken.»

«Ja, man *kann* auch mal Mango Chutney essen!»

Usw. usw. Wir haben uns angekeift, die Kinder haben am Handy gedaddelt, Stefan hat sich aufs Klo verzogen (mein Wasserhahn lief!) und Dörte hat die Aufschnitt-Tellerchen und Dip-Schälchen neu arrangiert.

Meine angetrunkene Schwester im Angriffsmodus. Na super. Das war auch schon so, als ich davor zum ersten Mal meiner neuen Partnerin ein Weihnachtsgeschenk überreichen musste, und zwar vor den Augen der versammelten Familie.

Dörte hatte mit ihrem Gutschein für einen Besuch mit Führung im Museum für Hamburgische Geschichte bei mir einen echten Volltreffer gelandet. Sie wusste, dass ich da schon ewig mal hin will, weil das schon lange her ist, dass ich mit meinem Opa da war und vor Staunen fast ohnmächtig wurde, als wir vor dieser riesigen Modelleisenbahn standen. Natürlich ein Witz im Vergleich zum heutigen *Miniaturwunderland*, aber damals eben eine Weltsensation – für mich. Und deshalb war ich eh schon nervös genug, als sie mein Geschenk auspackte. Ich hatte einen schönen Duft für Dörte gekauft und mich dafür durch allerlei durchprobiert. Dörte hatte in letzter Zeit Andeutungen gemacht, dass sie gerne mal was Neues, Schweres hätte, und bald wäre ja auch Weihnachten usw. – so sind sie ja. Also habe ich so was gekauft, einen sogenannten Promi-Duft, von einer Schauspielerin entwickelt. Und Dörte hat sich richtig gefreut und mich umarmt und geküsst, vor allen Anwesenden, zum ersten Mal, und ich hab mich direkt ein büschen geniert und wurde wahrscheinlich auch rot. Dörte meinte noch, dass sie den Duft erst mal im Karton lässt und am Dienstag in die Parfümerie geht und an so einem Pröbchen testet, ob sie das überhaupt riechen mag, und dann erst den Flakon auspackt oder eben umtauscht. Ich liebe sie, auch für dieses Pragmatische. Und mitten in diese Herzlichkeit hinein raunzt meine Schwester, dass das ja wohl wahrscheinlich das Sonderangebot aus dem *Rossmann*-Flyer sei. Was für eine Frechheit.

«Ich war überhaupt nicht bei *Rossmann*.»

«Ja, selber schuld.»

In dem Moment hörten wir im Treppenhaus den Ökospießer und den Blassen streiten, die wohl gerade vom Elternbesuch zurückkamen. Der Ökospießer hat den Blassen richtig gefaltet, weil bei deren Brunch rauskam, dass die Eltern vom Ökospießer eigentlich schon seit Monaten getrennt sind und der Blasse das die ganze Zeit wusste und es seinem Macker verschwiegen hatte. Dicke Luft und Gezeter bis hoch in den dritten Stock.

«Warum sagt er seinem Partner denn auch nicht, dass die Eltern getrennt sind, wenn er es weiß. Das ist doch wichtig», meinte Dörte, während sie die zweite Ladung Aufbackbrötchen aus dem Ofen auf den Tisch stellte und Silke, die eh schon leicht einen im Kahn hatte, den Rest aus der Proseccoflasche einschenkte.

«Weil er ihn vielleicht schützen wollte. Das macht ja auch die Stimmung kaputt.»

«So was muss man doch sagen. Kannst du doch nicht für dich behalten.»

«Da kennst du Ralf noch nicht richtig, Dörte», hat Silke sofort dazwischengeblafft. «Bei so was schweigt er wie ein Grab. Alles andere macht ja nur wieder Stress. So ist mein Bruder schon immer gewesen.»

«Findest du?»

«Das wirst du auch noch merken, Dörte.»

«Na ja. Ich würde solche Dinge einfach wissen wollen. Das erwarte ich von meinem Partner, von Freunden und der Familie. Das ist ja sonst demütigend, wenn alle Bescheid wissen, nur man selber nicht.»

«Sag ich ja», sagte Silke.

«Wir wissen zum Beispiel, dass der Nachbar gegenüber von Ralf von seiner Frau betrogen wird. Und er selber weiß das nicht, wahrscheinlich. Und das finde ich unfair.»

«Das hatten wir doch nun schon, das Thema», wendete ich ein. «Ich kenne den Mann nicht gut genug!»

Es ist nämlich so: Seit einem halben Jahr habe ich einen exklusiven Einblick in das Haus gegenüber, da, wo Mike Theissen wohnt, der seine Niederlage in Sachen Paketannahme mittlerweile wohl auch eingesehen hat und keine Pakete mehr von unserer Hausgemeinschaft zur Annahme bekommt – im Gegenteil: Ich hab mittlerweile das komplette Gebäude übernommen. Meine Erdgeschosslage und mein zuverlässigeres Vor-Ort-Sein sprechen dann eben doch für sich. Auch wenn mir das eigentlich alles viel zu viel wird, gerade die Vorweihnachtszeit war sehr stressig, und bezahlen tut mir das eh keiner, ist das natürlich auf der anderen Seite ein schöner Vertrauensbeweis in mein Pakete-Management. «Wunschnachbar: Prange» geben inzwischen viele bei ihren Bestellungen an. Nun ja. Jedenfalls hat das Nachbarhaus mittlerweile nach all den Modernisierungen nach vorne raus ein gläsernes Treppenhaus zwischen den Haushälften sitzen. Es ist wie im *Ohnsorg*-Theater. Und jedes Mal sitzen Dörte und ich in der ersten Reihe. Das letzte Mal an einem Mittwochabend, 19.52 Uhr.

Zwei Minuten später als sonst. Licht an im Treppenhaus. Auftritt Mike Theissen. Er verlässt auf der linken Seite im vierten Stock seine Wohnung. Um das Handgelenk trägt er sein kleines Herrenhandtäschchen. Da sind seine Dartpfeile drin. Das weiß ich, weil ich ihn mal drauf angesprochen hab, als er mir im Bus zum Kino gegenübersaß. Jedenfalls geht Theissen immer mittwochs mit seinem Darts-Täschchen zum Darts. Man sieht ihn das Treppenhaus Stockwerk für Stockwerk runterlaufen. Die letzte Stufe zum zweiten Stock hüpft er sogar. Der Mann freut sich auf seinen Sport und hat überhaupt keine Ahnung davon, was in den nächsten Minuten an seiner Adresse passiert.

Die Haustür fällt, selbst von unserer Straßenseite hörbar, quietschend ins Schloss. So viel zu den Modernisierungsmaßnahmen. Dann geht das Licht im Treppenhaus aus. Etwa zehn Minuten später geht es wieder an, im zweiten Stock. Diese eine Frau, von der ich den Namen nicht weiß, weil sie noch nie bei mir ein Paket abgeholt hat – vielleicht bestellt sie ja einfach nichts online, wer weiß, eigentlich sympathisch –, hat wie jeden Mittwoch ihre Sporttasche geschultert und geht wahrscheinlich irgendwo zu einem Fitnesskurs, Spinning oder so, und lässt sich von irgendeiner übel gelaunten Trainerin anschreien. Muss man wollen. Sie verlässt auf der rechten Seite ihre Wohnung. Unten fällt quietschend die Tür zu. Dann geht das Licht aus.

21, 22, 23 – zack! Das Licht geht wieder an. Im vierten Stock. Theissens Frau steckt vorsichtig den Kopf über das Treppengeländer und schaut in die Stockwerke unter sich. Niemand da. Vorsichtig geht sie das Treppenhaus hinunter. Im zweiten Stock auf der rechten Seite, da, wo die Spinningfrau rausgekommen ist, muss die Wohnungstür bereits geöffnet worden sein. Denn Theissens Frau geht, ohne zu klingeln, einfach durch. Dann geht das Licht im Treppenhaus wieder aus, und auch in der rechten Wohnung im zweiten Stock am dritten Fenster wird das Licht gedimmt.

Es ist Wahnsinn. Dörte und ich sitzen dann regelmäßig bei aufgezogener Gardine und einem guten Glas Weißwein hinterm Fenster.

«Diesmal bei ihm zu Haus. Hab ich ja gesagt!»

«Ich weiß nicht, Ralf. Ich fühl mich nicht wohl dabei.»

«Jetzt red dich mal nicht raus. *Du* musst morgen Spaghetti-Eis mitbringen nach der Arbeit.»

«Ich hab 'n schlechtes Gewissen. Wenn die andern beiden so ahnungslos sind.»

Tja. Die Frage ist doch: Müsste man da eingreifen? Müsste ich Theissen warnen, obwohl er nun alles andere als eine Vertrauensperson für mich ist? Selbst im Freundeskreis ist es ja schon schwierig, wenn man mitbekommt, dass die eine alte Freundin den anderen alten Freund hintergeht. Sagt man was? Meine Schwester Silke hat das mal gemacht, als sie auf einer 70er-Jahre-Motto-Party an der Nordsee mitbekommen hat, wie der Mann ihrer Freundin Michaela völlig unbekümmert als eine Polyester-Ausgabe von Jim Morrison mit einer Sommersprossenlady am Eck-Kotzbecken auf dem Herrenklo rumgemacht hat. Silke dachte, sie ist einfach mal oberschlau und geht bei den Männern, weil es bei den Frauen immer so voll ist, und die meisten Männer das schnelle Geschäft im Anschluss an die

Zigarette vorm Eingang an der Hecke erledigen. Und so kam das, dass sie das mitkriegte.

Silke hat das dann ihrer Freundin Michaela gesteckt, weil sie sich absolut sicher war, dass die beiden keine offene Beziehung führen oder so. Und Michaela? War stocksauer. Auf Silke! «Was soll das? Warum tust du das, Silke? Warum willst du mir alles kaputt machen? Bist du neidisch auf Carsten und mich? Du bist so eine miese Schlampe!»

Irgendwann, deutlich später, hat diese Michaela dann selbst mitbekommen, was ihr Carsten so treibt, wenn er diese typische Mottopartygeilheit an den Tag legt, aber die Freundschaft mit Silke war trotzdem vorbei. Nach einer solchen Erfahrung kann ich erst recht nicht verstehen, dass Silke mir meine Diskretion vorwirft und mir in den Rücken fällt.

Aus dem Wohnzimmer hörte man Michael Bublé schmachten, seine X-mas-CD hatte Silke von ihrem Mann geschenkt bekommen und einfach ungefragt in meinen CD-Player gesteckt. Jetzt ging meine Schwester rüber und drückte den Aus-Knopf.

«Nun ist langsam mal gut mit dem Gewinsel!»

Dann hat sie Dörte von hinten umarmt.

«Dörte! Weißt du eigentlich, dass dein Mann am Kühlschrank heimlich Milch aus der Tüte trinkt?»

«Hä?», hat Dörte gefragt.

«Was soll das denn jetzt, Silke? Hör mal auf mit dem Scheiß!»

«Ich finde, deine Lebenspartnerin muss es wissen, wenn du die Milch einfach aus der Tüte trinkst, Ralf Prange.»

«Sie hat sich noch nie komisch gefühlt beim Milchtrinken. Oder hast du dich schon mal komisch gefühlt, Dörte?»

«Ich weiß gar nicht, wovon ihr redet.»

«Dörte!», hat Silke eindringlich gelallt. «Möchtest du aus einer Milchtüte trinken, von der du weißt, dass da schon mal einer draus getrunken hat?»

«Sie trinkt ja aus'm Glas oder macht sich das in 'n Kaffee-becher.»

«Ra-hall...»

«An meinem Kühlschrank könnte ja sowieso nur Dörte aus meiner Milchtüte trinken. Butschi mag nur Erdbeermilch, die muss er vorher mixen, und Micki trinkt gar keine Milch bei mir.»

«Weißt du's?»

«Also jetzt hört's aber auf hier. Du selbst trinkst nur noch Hafermilch, Silke.»

«Ist das so?»

«Hör jetzt mal auf. Und 'n Problem hätte ich bei Dörte nur, wenn sie Milch aus der Tüte trinkt und vorher Pfeffermakrele gegessen hätte.»

«Weißt du's?»

«Das ist ja wohl die Grauzone, die man sich gegenseitig in einer Beziehung gestattet.»

Dörte zuckte kurz zusammen, hat Michael Bublé wieder angedrückt und guckte abwechselnd zu mir und zu meiner Schwester. Dem Ganzen fehlte es tatsächlich so ein büschen an weihnachtlicher Würde. Aber es ist doch wahr. Was mischt sie sich ein? Das ist ja wohl übergriffig. Hier geht es schließlich nicht um Leben und Tod.

«Du weißt nicht mal, in was für einer Beziehung wir leben, Silke. Vielleicht sind wir ja beide offen dafür, Milch aus der Tüte zu trinken.»

«Ach komm, Ralf ...»

«Ungeprüfte Vermutungen oder Gerüchte in den Raum zu stellen, kann für verheerenden, überflüssigen Schaden sorgen, steht hier.» Ich hatte mein Handy rausgeholt und ge-googelt.

«Geht das da wirklich um Milch-aus-Tüten-Trinken?»

«Am Ende ist es ja wohl dasselbe. Und beim Mann von deiner Freundin Michaela hast du's ja direkt gesehen. Aber das mit der Milchtüte und mir: Da hast du keine Beweise.»

«Warum steht man sonst hinter der Kühlschranktür und macht Schluckgeräusche.»

«Hier sagt eine Beziehungsexpertin: Eine Heimlichtuerei muss nicht immer eine Gefahr für die Beziehung darstellen.»

«Ich kenn diese Ratgeber im Internet auch, Ralf Prange. Und bei mir steht hier, dass ich Leuten wie dir die Möglichkeit geben soll, die Angelegenheit selbst zu regeln und reinen Tisch zu machen. Und ich hab dir letztes Mal schon gesagt: Wenn du Dörte nicht sagst, dass du Milch aus der Tüte trinkst, dann mach ich es. Du hattest deine Chance. Du hättest mir ja versprechen können, dass du gar keine Milch aus der Tüte mehr trinkst. Aber das wolltest du ja auch nicht.»

«Weil es dich nichts angeht, und weil du gar nicht weißt, ob es so ist!»

«Ich möchte nicht für dich lügen müssen, auch wenn du mein Bruder bist.»

«Meinst du, Dörte fragt dich, ob du weißt, ob ich Milch aus der Tüte trink?»

«Falls sie einen Verdacht hat, dass du vorher Pfeffermakrele gegessen hast?»

«Pfeffermakrele? *Das* traust du mir zu?»

«Wenn ich diese Dinge deiner Partnerin verschweige, dann ist das unterlassene Hilfeleistung, Ralf Prange! Und *du* bist ja wohl der übergriffigste Einmischer überhaupt!»

Jetzt auf einmal! Leute! Es gibt schließlich einen Unterschied zwischen übergriffiger Einmischung und unterlassener Hilfeleistung. Unterlassene Hilfeleistung ist auch, wenn man, was weiß ich, im Linienbus sitzt und mitbekommt, dass sich zwei Leute unterhalten und der eine der anderen den allergrößten Scheiß erzählt, von wegen «An der nächsten müssen wir raus, wenn wir in die Hamburger Meile wollen» und man selber ganz genau weiß, dass das nicht stimmt. Dass man nämlich noch eine weiter fahren muss. Und wenn die jetzt aussteigen, weil er so einen Scheiß erzählt, dann streiten sie sich womöglich noch, und es wäre eigentlich an mir, mich in das Gespräch einzumischen. Tue ich aber nicht. Eine Haltestelle laufen – das ist noch im Bagatell-Bereich. Wenn die sich aber, hm, über ein Restaurant unterhalten, wo sie hinwollen, und ich aus meiner *Facebook*-Gruppe die brandneue Info habe, dass der Laden dichtgemacht wurde, dann mische ich mich schon mal ein und sage denen das.

«'tschuldigung. Ich hab grad mitbekommen, dass ihr ins *Adagio* wollt. Die haben aber dichtgemacht. Da wird nix draus. Fahrt mal lieber eine weiter, da ist das *Ciao Bella*, wenn's denn unbedingt ein Italiener sein soll. Ich mein, Italiener ist das sowieso nicht, er kommt aus'm Libanon, aber die Pizza ist gut.»

Und dann gucke ich manchmal nur in tote Augen. Natürlich steigen sie dann da aus, wo das *Adagio* war und heute schon alle Heizkörper rausgerissen sind und vor dem großen Panoramafenster auf dem Bürgersteig liegen. Aber dann sollen sie mich halt am Arsch lecken. Ich habe es versucht. Ich bin meiner Bürgerpflicht nachgekommen.

Genauso bei den Eltern von Butschi. Dass der Junge von diesen Arschgeigen aus seiner Klasse fertiggemacht wird, ist ja mittlerweile offensichtlich. Abgezogen haben sie ihn, hat er sogar selbst zugegeben, als er bei Micki und mir vor zwei Wochen zum Fußballgucken war.

«Wo ist denn das Deutschland-Trikot, das dir der *Nikolausi* geschenkt hat?»

«Lass das mal. Ich bin acht!»

«Wo ist es denn?»

«Hab ich verloren.»

Stille. Er wurde ganz rot und hat an seinen Fingerkuppen rumgepult.

«Ist das, weil Deutschland schon raus ist?»

«Nee, ich bleib ja Fan.» Immerhin.

«Oder haben vielleicht diese Idioten dein Deutschland-Trikot?»

«Kann sein …»

«Mmh.»

«Die haben sich schlapp gelacht, weil da Butschi draufstand.»

«Das tut mir leid.»

«Kannst du ja nicht wissen.»

Und seine Mutter? Offensichtlich völlig ahnungslos.

«Malik sagt, er hat das Trikot verloren, Herr Prange.»

«Natürlich sagt er das, Frau Demirbay-Köster. Er will, dass da nicht noch mehr Stress reinkommt.»

«Ich hab Ihnen neulich schon gesagt: Mein Sohn kann immer offen mit mir reden.»

«Das weiß ich doch …»

Sie stand irritiert vor mir in ihrer Wohnungstür, als ich ihr die ganze Geschichte erzählt habe. Aufklärungsarbeit.

«Ständig mischen Sie sich ein. Sie meinen's ja gut, aber manchmal sehen Sie vielleicht Dinge, die da gar nicht sind.»

«Wo das denn?»

«Mit unserem Promi aus dem Dachgeschoss – auch so 'n Ding. Alle machen Sie verrückt mit Ihren Mutmaßungen.»

«Die Sache mit dem Fernsehmann ist noch nicht ausgestanden. Und das bei Ihrem Sohn? Das sind ja keine Mutmaßungen.»

«So was hätte er mir erzählt. Wir haben ein besonders enges Verhältnis.»

«'türlich.»

«Ich bin eine Löwenmutter. Und das weiß er.»

«Das ist das ja.»

«Er ist so ein aufgeweckter Junge, er ist so ein Lieber.»

«Jaha!»

«Sein Klassenlehrer sagt auch, dass alles in Ordnung ist. Die sind ja sogar ganz offiziell ‹Schule gegen Mobbing›.»

«Ja, warum wohl?»

«Hängt ja sogar ein Schild neben der Schultür.»

«Diese Jungs haben ihm das Trikot geklaut!»

«Vielleicht ist es ihm peinlich, dass er das Trikot von Ihnen verloren hat. Dann erzählt er solche Räuberpistolen.»

Es kann wohl nicht sein, was nicht sein darf. Dabei hat mich neulich selbst schon unsere Liebesdame Ilona aus dem Souterrain auf Butschi angesprochen, als sie ein Päckchen bei mir abgeholt hat, und die kommt ja nun wirklich kaum mal vors Haus. Aber selbst in der kürzesten Zigarettenpause vor ihrem Studio hat Ilona mitbekommen, wie «der kleine Scheißer», wie sie ihn nennt, von anderen Jungs durch die Straße gejagt wurde. Und die eigene Mutter sieht es nicht, und der Vater ist sowieso nur in seinen Tankstellen am Arbeiten.

Tja. Es ist wirklich nicht schön, solche Nachrichten zu überbringen, und am Ende steht man dann auch noch wie der Böse da. Das Ganze ist ungefähr so angenehm, wie wenn man jemandem sagen muss, dass er Mundgeruch hat oder unter den Achseln riecht. Also durchaus gut gemeint, aber … Na ja. Als ich den Kapellas erzählt habe, dass ihr Hund Radkappen und Fahrräder und Hauswände anpinkelt und auch sonst ein richtiges Arschloch ist, wenn Butschi mit ihm Gassi geht, und der Köter alle anbellt und alles anrammeln will, da waren sie beleidigt.

Ganz nach dem Motto: Was ich nicht weiß, macht mich nicht

heiß, und insgeheim dämmert es vielleicht auch den Eltern von Butschi oder Mike Theissen, dass da irgendwas nicht stimmt. Sich das aber ehrlich einzugestehen? Das kommt nicht in die Tüte. Da sind wir alle Verdränger. Ich auch, wenn ich ehrlich bin: Als Horst mir mal im Vertrauen gesteckt hat, dass mein Auto auf die Straße leckt, da habe ich das eine halbe Ewigkeit nicht wahrhaben wollen. Ich habe mich geweigert, einfach mal einen Blick unter die Karosse zu werfen, und bin sogar die letzten Meter mit Augen zu zum Auto gelaufen, aus Angst, irgendeinen Fleck zu entdecken, der mich zum Handeln zwingt. Bin ich nicht stolz drauf. Aber in die Werkstatt müssen, zwei Tage kein Auto mehr haben, vielleicht ein neues kaufen müssen – leck mich am Arsch. Dann lieber noch mal eine Woche oder einen Monat länger mit der Kiste rumfahren. Unbeschwert! Überhaupt wollen wir es ja alle immer schön unbeschwert. Aber wenn es um Butschi geht, da regt sich was in mir. Da ist es dann doch was anderes als ein Ölfleck. Um *irgendwas* zu unternehmen, bin ich letzten Freitag am Nachmittag in Butschis Schule gegangen, während die neunte Stunde lief, weil dann am wenigsten los ist (hatte ich ausbaldowert). Und dann habe ich mich durch den Flur zum Schwarzen Brett geschlichen und neben all diese «There is no Planet B»-Plakate und Schulorchester-Probentermine meinen DIN-A4-Zettel gehängt.

«So, ihr Arschlöcher. Ihr habt keine Ahnung, mit wem ihr euch da angelegt habt! Wem ihr da das Deutschland-Trikot geklaut habt! Ihr habt genau 24 Stunden Zeit, das Teil beim Getränkeparadies (DHL-Shop) abzugeben, oder wir rufen das Moskau-Team!»

Okay. Im Nachhinein war es blauäugig, dieses Ultimatum an einem Freitagnachmittag zu starten, und dann auch noch ohne exakte Zeitangabe, aber ich war so sauer und geladen, und dann passiert eben so was. Aber das Gefühl, endlich mal was unternommen zu haben – herrlich!

Na ja. Und das verstehe ich eben unter ausgeübter Hilfeleistung im Sinne des Gesetzbuches und auch in meinem eigenen Sinne. Ist doch wahr! Da hat Butschis Mutter im Grunde gar kein Mitspracherecht mehr. Und so was versteht meine bescheuerte Schwester einfach nicht, und dass das ja wohl ein gewaltiger Unterschied zu dem ist, wo sie sich immer einmischt und Leute verpetzt. Zu Weihnachten! Oben in meiner Wohnung! Aber mein Ärger ist schon direkt am Verpuffen, als Dörte ihre Hände, warm wie Aufbackbrötchen, um meinen Nacken legt.

«Wir können doch auch einfach oben mal zusammen puzzeln. Ist doch gemütlicher.»

«Ja, können wir mal.»

Dörte knetet hier unten im Keller mit ihrer Hand meinen verspannten Wirbel. Ich rieche ihr altes Parfüm und freue mich schon auf das erste Mal, wenn sie meinen Duft benutzt. Wer weiß, wer ihr den aktuellen mal geschenkt hat.

«Auf der anderen Seite, Dörte ...»

«Was denn?»

«Manchmal muss ich das auch haben, so 'n paar Minuten ganz allein. Also ganz allgemein.»

«Oh.»

«Hat nichts mit dir zu tun. Aber ich muss mich auch erst mal gewöhnen, ne?»

«Das versteh ich, man muss sich ja erst mal gewöhnen.»

Meint sie das so? Ich weiß es nicht. Sie nimmt meine Hand, und wir gehen zusammen mit dem kellerwarmen Notprosecco nach oben. Die Wohnung ist leer. Nur Berni ist noch da und krächzt wenig Weihnachtliches. Auf der Paketanrichte liegt ein Zettel.

«Wir mussten los ins Musical. Sorry wegen vorhin. Wir schnacken. Silke»

Tja. Jetzt hat sie es selber wohl auch gemerkt. Ich meine, okay, ich mische mich auch ein – aber in die wichtigen Sachen!

Ich zünde noch mal die Kerzen am Baum an, aber nur so viele, wie noch in der angebrochenen Packung sind, das muss reichen, ich hab nun mal nur dreizehn Halter am Baum, und deswegen geht das nie richtig auf – aber egal, es kommt eine ganz heimelige Gemütlichkeit auf. Und dass die Sache mit meinem Keller geklärt ist, ist wie ein Pfropfen, der von meinem Gewissen gelöst wird. Dörte und ich gönnen uns noch eine Scheibe Lachsschinken pur direkt vom Aufschnitt-Teller und tuppern den Rest für den Kühlschrank ein. Als ich die klöternde Tür aufreiße, lacht mich die Milchtüte an.

«Du ... Dörte? Das mit der Milch aus der Tüte tut mir leid. Aber ... so bin ich.»

«Mmh.»

«*Das* bin ich.»

Sie schaut mich an und wuschelt mit ihren «gemachten» Fingernägeln durch meinen Pony.

«Ich hab schon mal mit deinem T-Shirt das Waschbecken und den Hahn blank gewienert.»

«T-Shirt ist okay.»

Ich nehme einen Schluck aus der Milchtüte. Dörte lächelt. Ich reiche ihr mit fragendem Blick die Tüte, und sie nimmt auch einen Schluck. Wir haben Milchbärte und küssen uns, und ich weiß nicht, ob es jemals ein schöneres Weihnachtsfest gab.

19

So! Es ist Januar und bitterkalt, und ich laufe mit Dörte durch das schlecht geheizte Museum für Hamburgische Geschichte. Meine Beine fühlen sich an, als wenn sie mir langsam absterben, weil ich meine Alu-Einlegesohlen vergessen habe. Die sind noch in meinen Trekkingschuhen, die ich mir zusammen mit Dörte gegönnt habe. Heute beim Museumsbesuch wollten wir die aber lieber zu Hause lassen, damit wir nicht gleich wie Touris aussehen. Das will man ja auch nicht. Deshalb normale Halbschuhe und die Trainingsjacke aus meiner Barmbeker Faustballzeit, die mit dem nötigen Understatement ausdrückt, dass ich aus Hamburg komme und mich alle Dahergefahrenen aus dem Umland und von noch weiter weg mal gernhaben können. Hier ist Prange, Hamburg. Und die Lady an meiner Hand gehört dazu. Das meiste über Hamburg wissen wir sowieso schon, ist doch klar, aber wir gucken es uns trotzdem immer wieder gerne an.

Die ganzen Kunstfuzzis gehen ja auch immer wieder in die *Kunsthalle,* und wenn sie dann in diesem schicken Café mit den schicken Säulen aufkreuzen, rufen sie fragend im Vorbeigehen extralaut, ob es noch das getrüffelte Rote-Bete-Carpaccio gibt und – wenn ja – ob sie dann bitte auch gleich den schönen Weißen vom letzten Mal dazu bekommen können, «... und danach gehen wir dann aber erst mal zu *meinem* Friedrich, weil ohne einmal *meinen* Friedrich gesehen zu haben, ist es kein *Kunsthallen*-Besuch, auch wenn wir uns heute eigentlich die Impressionisten *antun* wollen ...». Habe ich live erlebt, als ich von meiner Schwester mal auf ein Stück Käsekuchen in der *Kunsthalle* aus ihrem Gutscheinheft eingeladen wurde.

Jetzt stehe ich hier und habe selbst noch einen Museumsflyer von 1976 in der Hand, um allen zu zeigen, dass ich ein Wiederkehrer bin, und als ich mit Dörte ins Foyer kam, konnte ich mir auch nicht verkneifen, extralaut darauf hinzuweisen:

«Na, dann wollen wir doch mal sehen, ob auf der Eisenbahnanlage im Abschnitt Harburg immer noch der *Ameisenbär* fährt. Mir war so beim letzten Mal.»

Da war ich noch ganz euphorisch, und nach ein paar Minuten kam dieser Gernot, der Museumsführer, den Dörte uns ganz exklusiv für einen Rundgang gebucht hatte. Das beste Weihnachtsgeschenk der Welt. Dachte ich. Denke ich immer noch. Also, eigentlich.

Es war nämlich so: Wir sind relativ schnell durchs Erdgeschoss durch. Da war viel Modekram, im Wandel der Zeiten usw., und ich gab Gernot immer wieder kleine Handzeichen, dass wir ruhig etwas zügiger einen weiter können, so hatten wir das verabredet. Ich meine, diese Stickereien – schön und gut – aber doch ziemlich öde, wenn man mal ehrlich ist. Das ist wie mit den Makakenaffen in *Hagenbeck*: Ganz putzig, aber man will eigentlich schnell zu den Löwen oder Elefanten oder den richtig geilen Affen im Affenhaus. Wie viel Zeit soll man denn aus Höflichkeit vergeuden? Das geht ja alles von den guten Sachen ab. Nee, nee. Wir kamen also vor gut einer halben Stunde hier im ersten Obergeschoss an, wo es den Stadtrundlauf gibt mit Hammaburg und Störtebeker usw., und als Gernot gerade am Erzählen war, dass dieser eine Piratenkopf mal geklaut worden war und ein Jahr später wieder auftauchte, und ich mich noch gefragt hatte, ob die vom Museum auch auf ihrer *Facebook*-Seite mit dem Moskau-Team gedroht hatten, tauchte dieses Pärchen neben uns auf.

«Guck mal, Dörte!», zischelte ich leise, während Gernot weiter erzählte.

«Was denn?»

«Ich glaub, die hören einfach zu.»

«Ja, und?»

«Eben haben sie sich noch Bilder angeguckt, auf der ganz andern Ecke. Und dann sind sie immer dichter gekommen.»

«Ich weiß gar nicht, was du willst, Ralf.»

«Die schmarotzen.»

«Wie bitte?»

«Die schmarotzen. Die hören einfach zu, obwohl sie gar nicht bezahlt haben. Meinen die, ich merk das nicht?»

«Die gehen ja bestimmt gleich zur nächsten Station.»

«Da kannst du lange drauf warten.»

Nech? Ich hab Gernot ein Zeichen gegeben, dass wir einen weiter gehen können, und er leitete schon damit ein, dass der wirtschaftliche und kulturelle Aufschwung der Stadt ab dem 17. Jahrhundert vor allem in dem Aufbau in dieser barocken Kaufmannsdiele nachvollziehbar gemacht wird usw. – und da standen die beiden immer noch hinter uns.

«Dörte! Die waren eben gerade auch schon mal in dieser Diele. Und jetzt mit uns noch mal. Das machen die doch mit Absicht.»

Fast reflexartig fing ich an, in deren Richtung zu husten, damit sie, auch wenn sie das jetzt nicht verscheucht hat, wenigstens nicht so deutlich verstanden haben, was Gernot gerade erzählt hat. Mich selbst hat diese Diele jetzt sowieso nicht richtig interessiert. Ich habe mich auf die Eisenbahn gefreut und konzentriert und war bereit, alles zu tun, um die beiden loszuwerden, bevor wir ins zweite Obergeschoss zur Anlage wechseln. Wenn ich könnte, würde ich sowieso am liebsten ganz alleine durch solche Räume laufen. Weil: Ich kann es nicht ab! Das ist, als wenn man durch die Geisterbahn fährt und die Wagen vor einem kreischen hört, sodass man schon in der Kurve weiß, dass da gleich ein Gruselgerippe kommt oder so, oder wenn WM ist und die Arschgeigen aus der WG schon immer Minuten vor allen anderen über die Tore jubeln! Ich möchte dieses Museum allein erfahren. Und mit Dörte. Also zumindest, was unsere Führung betrifft. Immerhin hat *meine* Freundin dafür bezahlt und es *mir* zu Weihnachten geschenkt. Ist doch wahr. Hier geht es ja auch ums Prinzip. Wo sind denn da die Grenzen? Wenn ich in der U-Bahn sitze und Zeitung lese, dann finde ich das okay, wenn mein Gegenüber meine Schlagzeilen locker überfliegt. Wenn er aber anfängt, in meine Zeitung reinzukriechen und mich fast schon beleidigt anglotzt, wenn ich umblättre und er noch nicht fertig ist mit seiner Seite, dann hört es auf! Ist doch wahr! Ansonsten könnte er sich ja auch gerne finanziell beteiligen oder es zumindest anbieten. *Das* hätte Gesicht.

«Entschuldigen Sie bitte. Ich konnte es mir nicht verkneifen, drei Seiten Ihrer Zeitung mitzulesen. Darf ich Ihnen vielleicht zwanzig Cent anbieten?»

«Ach, das ist doch nicht nötig. Die Zeitung ist ja schon bezahlt.»

«Ich wollte es nur angeboten haben.»

«Das ist ein sehr feiner Zug.»

«Ist doch wohl selbstverständlich. Dann danke ich Ihnen recht herzlich.»

«Gern geschehen.»

«Sind Sie mit dem Sportteil durch?»

«Aber bitte doch!»

«Sehr freundlich, Herr ...»

«Prange. Prange mein Name.»

«Sie sind ein sehr freundlicher Mann, Herr Prange.»

So würde ich mir das wünschen. Ein Traum! Dann bin ich auch gerne bereit zu teilen. Aber wenn diese Arschnasen sich einfach an uns ranwanzen wie die Möwen an den Krabbenkutter, ohne zu fragen, dann wird mir das zu viel.

Ich saß mal im Flieger nach Mallorca. Von ganz links rüber saßen meine Schwester, ihre zwei Kinder, dann auf der rechten Seite schon ihr Mann Stefan, dann ich und dann eine junge Dame am Fenster, die auf ihrem iPad über Kopfhörer *Rocky* geguckt hat. Hätte die Elblette sein können – ähnlicher Typ. Und für solche Filme braucht man nicht mal Ton. Kennt man ja in- und auswendig, auch wenn ich gar nicht mal der super Stallone-Fan bin. Aber *Rocky* läuft ja gefühlt alle zwei Tage auf Kabel 1, und das ist so ein ungeschriebenes Gesetz bei *Rocky* 1 und *Rocky* 2, aber auch *Lawrence von Arabien* und *Die Glücks-ritter*: Wenn ich da reinzappe, dann gucke ich das auch bis zum Ende.

Na ja. Und dann gibt es natürlich dieses Gefühl des Hingu-ckenmüssens, als wenn man einem Typen mit *BILD*-Zeitung gegenübersitzt, auf deren Titelblatt fett draufsteht «Killerwels schluckt Luftmatratze mit Blondine drauf» oder so ähnlich. Im Rocky-Fall blinzle ich dann eben immer mal rüber zum iPad. Ich lege mich ja nicht mit Kopfkissen in Guckrichtung und würde auch nie auf die Idee kommen zu fragen, ob ich mit meinen Kopfhörern bei ihr mit rein darf, weil ich ja eine Kopfhörer-Weiche hab. Ich stelle auch überhaupt keine An-sprüche an die Bildqualität. Selbst wenn sie das Display immer dann ein Stück weiter in ihre Richtung dreht, wenn sie mich dabei ertappt, dass ich gucke. Na ja. Ganz am Ende des Films habe ich wohl aus Versehen etwas lauter ein «Adriannnnn» ausgestoßen, als Rocky mit seinen Klebeaugen auf den Seilen steht und sie ihm entgegenrennt, und da hat die Dame neben mir das iPad einfach zugeklappt. Aber das war ein Versehen von mir. Eine Ausnahme. Während vor allem der Mann von den beiden, die mit uns im Museum stehen, jetzt immer hem-mungsloser mit dem Kopf nickt, wenn Gernot irgendwas von der Hanse faselt, sodass es nur noch eine Frage der Zeit ist, bis der Typ seine eigenen Fragen stellt. Das muss man sich mal vorstellen!

«Ralf, entspann dich!»

Dörte bemerkt meine Anspannung sofort. Wie so ein Epileptikerhund weiß sie immer die paar Sekunden vorher, dass es in mir brodelt, obwohl mir das selbst noch gar nicht richtig klar ist. Also wo ich merke, dass ich sauer bin, aber eben nicht, dass ich «Blutdruck im Gesicht» habe, wie Horst immer sagt. Sie streichelt meinen Unterarm, und ich ärgere mich über mich selbst, aber in diesen Dingen kann ich einfach nicht aus meiner Haut. War schon immer so. Dieses Gefühl, übervorteilt zu werden! Vielleicht ist es auch insgesamt einfach zu viel, mit dem Vick-Grinsegesicht und den ganzen andern Arschlöchern aus der Eigentümerclique in unserem Haus, die einen am Ende nur verarschen wollen, und dem verschwundenen Fernsehmann und dem Butschi-Mobbing.

«Du hast dafür bezahlt, Dörte. Nur für uns.»

«Ich möchte das hier jetzt genießen, bitte.»

«Das ist Erschleichen einer Leistung. Da kann ich mich ja auch mit einem Mikrofon neben die Stadtparkbühne setzen und die Konzerte da aufnehmen und in der Schule verkaufen.»

«Ra-half ...»

«Hat meine Schwester früher gemacht. Muss man sich mal vorstellen. BAP und Ulla Meinecke!»

«Wer ist denn Ulla Meinecke?»

«Die kannte man. Ist ja auch egal. Es geht ums Prinzip. Sonst könnte ich mich ja auch einfach so 'ner Kieztour von Olivia Jones anschließen, ohne irgendwas dafür zu blechen.»

«Aha.»

«Denn gucken die andern aber.»

«Ralf ... wollen wir nicht einfach jetzt zuhören mit der Hanse?»

«Wie will sie's mir verbieten?»

«Wer?»

«Olivia Jones!»

Ist doch wahr. Bei ihr ist man ja sogar noch im öffentlichen Raum und nicht im Museum. Wer will mich dran hindern, dass ich mich einfach hinten in der Gruppe mit anstelle und meine Lauscher aufstelle?

«Ja, niemand. Aber so was macht man doch nicht, wenn man nicht dafür bezahlt hat», meint Dörte.

«Guck! So was macht man nicht!»

«Das ist doch dann aber auch mit Vorsatz. Aber hier im Museum? Wo sollen die Leute denn hin? Die können sich ja nicht in Luft auflösen.»

«Dörte. Ich hab doch gemerkt, wie die Zeit schinden. *Sie* wollte ja schon weiter in diese komische Witwenwohnung, und da blieb *er* auf dem Absatz stehen, weil er gehört hat, wie unser Gernot grad was Spannendes zu dieser 1900er-Hafenkneipe gesagt hat. Und dann hat er sie noch mal geholt! Extra!»

Ich komme richtig in Rage, und auch Gernot guckt schon etwas irritiert. Der arme Kerl hat es wahrscheinlich häufiger mit verhaltensauffälligen Schmarotzern zu tun. Ich zwinkere ihm zu.

Und ich sehe deutlich vor mir, wie das mit Olivia Jones wäre: Mitten in einem Pulk von Hamburg-Touristen steht sie da in ihrer neongrellen Riesenhaftigkeit wie Schneewittchen und die fünfzig partygeilen Zwerginnen und reißt bereits einen Aufwärm-Gag nach dem anderen. Und dann stelle ich mich einfach Ecke Große Freiheit/Reeperbahn dazu.

«Na, Süßer? Wenn du nicht bezahlt hast, dann darfst du aber nicht mitlaufen.»

«Wieso? Ich steh hier ja nur.»

«Ja, dann bleib auch stehen. Weil, wir laufen jetzt weiter.»

«Ich muss auch in die Richtung.»

«In welche Richtung denn, bitte schön?»

«Wirst du schon sehen. Wo lauft ihr denn hin?»

«Das werd ich dir auch grad noch verraten, wenn du nicht bezahlst.»

«Ja, denn eben nicht.»

Pause. Genervte Blicke.

«Also gut, Kinder. Wir gehen jetzt einfach mal los.»

«Alles klar. Ich will dann auch mal los.»

«Willst du mich verarschen?»

«Das is 'n freies Land.»

Und dann kann ich mir richtig vorstellen, wie sie sich den Perückenhelm vom Kopf reißt und ihn mir links und rechts um die Backen haut. Und die andern Leute, die alle für die Tour bezahlt haben, würden wahrscheinlich mit ihren Klopferschnapsfläschchen nach mir werfen. Aber, ich hätte es verdient! Die würden sich verarscht fühlen! Genauso, wie ich mich jetzt gerade verarscht fühle von den zwei Schmarotzern hier im Museum. Ist doch wahr! Wer sich in der Öffentlichkeit den Luxus einer exklusiven Dienstleistung gönnt, der hat ja wohl auch die exklusiven Rechte daran.

«Okay, allerdings auch Pflichten», sagt Dörte. «Denk mal dran, wie du dich aufgeregt hast, als wir mit deiner Schwester essen waren.»

Tja. Das ist die Kehrseite der Medaille. Vor ein paar Wochen waren wir mit Silke beim Mexikaner, und am Nebentisch spielte stundenlang ein Mariachi-Duo die immer gleichen Rhythmen. Exklusiv gebucht. Und damit ohne Absprache, geschweige denn Einverständniserklärung, der Gäste in das Restaurant verbracht. Ich weiß nicht mal, ob die Restaurant-Besitzer überhaupt involviert waren, geschweige denn wussten, wo die Musik auf einmal herkam. Mir reichte es jedenfalls irgendwann.

«Würde es Ihnen was ausmachen, mit Ihrer Mariachi-Band vor die Tür zu gehen und dort weiterzuhören?»

«Wie bitte?»

«Es stört so beim Essen …»

«Das ist nicht meine Band.»

«Sie haben doch dafür bezahlt. Haben Sie doch grad noch stolz wie Bolle Ihrer Begleitung rübergebrüllt.»

«Okay. Von daher ja.»

«Und sie klatscht doch dazu.»

«Ist ja gu-hut!»

«Ja nix gu-hut. Man darf ja wohl noch fragen!»

Normalerweise gibt man denen Geld, damit die abhauen und weiterziehen, aber in diesem Fall sollte das wohl eine Geburtstagsüberraschung für seine Frau sein. Schöne Scheiße. Ich musste richtig gegen dieses Geklampfe anbrüllen.

«Ich komm hier ja auch nicht einfach mit'm Gettoblaster rein und dreh voll auf!»

«Das ist ja wohl was anderes!»

Er brüllte zurück, und die Band machte keinerlei Anstalten, Leine zu ziehen.

«Wo ist das denn bitte schön was anderes? Ich sitze hier beim Essen, und diese knallharten Burritos lassen sich nicht schneiden, ohne dass alles rausquillt. Und dann brauch ich da auch gar keine Tortillas mehr drum rum. Kann ich auch nur die Pampe auflöffeln. Und das stresst mich schon genug. Ich schwitze! Und dann kommen Sie hier auch noch mit Ihrer Musik, dass mich die Kellnerin nicht mal hört, wenn ich fragen will, wo eigentlich mein Bier bleibt!»

«Waaaas?»

«Die Kellnerin!»

«Was 's mit der?»

Er hatte offensichtlich überhaupt nichts verstanden. Und

genau da, wo die Band dann eine klitzekleine Pause machte, schrie meine Schwester etwas verzögert durch den ganzen Saal:

«Ralfi! Wenn du gemehlte Grützwurst aus der Pfanne isst, dann quillt das Weiche doch auch immer aus der Pelle. Und das magst du doch.»

Alle guckten Silke, Dörte und mich an, als hätten wir einen an der Marmel, und da spielte die Band auch schon weiter, und die Geburtstagsfrau stand fingerschnippend auf und fing an zu tanzen, als wär es griechische Volksmusik. Ich weiß nicht, wie man zu Mariachi tanzt, weil man ja meistens am Tisch sitzen bleibt und toter Mann spielend auf die Speisekarte guckt – aber ganz bestimmt nicht so!

«ES IST NICHTS ANDERES! UND ICH MÖCHTE SIE BIT-TEN, DIE MUSIK LEISER ZU DREHEN ODER MIT IHRER BAND VOR DIE TÜR ZU GEHEN!»

«Spaßbremse!»

«Ich möchte hier nur essen!»

«Beim Mexikaner muss man ja wohl damit rechnen, dass da eine Mariachi-Band spielt!»

«Das ist nicht mal ein Mexikaner! *Sie* heißt Mandy, und *er* kommt auch aus'm Osten! Die hatten beide im Sommer noch den Minigolfplatz am Stadtpark. Weiß ich aus der *Facebook-*Gruppe!»

Und genau in dem Moment, also unmittelbar davor, war das Lied schon wieder zu Ende, sodass das ganze Restaurant mein Gebrüll hören konnte. Wieso haben die auch nur so kurze Songs? In dem Moment stellte mir Mandy äußerst schweigsam mein neues Flaschenbier hin, und ich traute mich nicht zu meckern, dass es schon ein bisschen lang gedauert hat. Die Band trat ab und ging – das war die eigentliche Frechheit – noch mal mit dem Hut rum, und zwar an *allen* Tischen, sodass ich auch noch einen Klogang vortäuschen musste, um einigermaßen geschmeidig und ohne Eklat aus dieser Situation rauszukommen. Aber so rum kann es eben auch gehen.

Das hilft mir jetzt und hier im Museum aber herzlich wenig. Sobald ich mich umdrehe, dreht sich das Pärchen im Museum auch um oder tut plötzlich so, als gäbe es da irgendwas im Rucksack rumzufummeln. Verarschen kann ich mich selber.

«Meinen Sie, wir merken das nicht, dass Sie hier extra hinter uns rumlungern?»

Er hört mich nicht.

«Ja, da musst du schon lauter reden, Ralf. So kann er dich ja nicht hören!»

Und das ist natürlich die Lösung. Ich verabrede mit Gernot, dass wir an der großen Eisenbahn-Ausstellung nur noch mit dem Handy kommunizieren.

«Wie stellen Sie sich das vor, Herr Prange?»

«Sie rufen meine Lebensgefährtin über *WhatsApp* an, und wir machen einen Gruppen-Call.»

Dörte ist besser in so was. Ich krieg es nicht immer so schnell hin. Außerdem hat sie mir das Ganze ja zu Weihnachten geschenkt, und da will ich auch nicht übergriffig sein und mich in die Orga einmischen. Gernot ist noch etwas irritiert. Er ist einen Tick älter als ich und kennt sich vielleicht noch weniger aus mit *WhatsApp* und so. Dörte stellt ihm alles ein und schaut kopfschüttelnd zu mir rüber. «Alte Männer und Technik...!»-mäßig zwinkere ich ihr zu, aber vielleicht meinte sie auch was anderes, denn sie lächelt nicht zurück.

Mein Handy klingelt. Wortlos beginnt Gernot seinen Vortrag.

«Kernstück der Anlage sind der Bahnhof Hamburg-Harburg und der Hauptgüterbahnhof Hamburg mit der Pfeilerbahn.»

«Bitte etwas leiser.»

«Was sagen Sie?»

«Sprechen Sie bitte etwas leiser in Ihr Handy. Ich kann Sie sonst auch so über den Raum hören.»

«Kernstück der Anlage sind der Bahnhof Hamburg-Harburg und der Hauptgüterbahnhof Hamburg mit der Pfeilerbahn.»

Gernot flüstert beinahe verschwörerisch in sein Gerät. Ich lausche gebannt, und auch Dörte folgt den Erläuterungen des Experten. Sie schaut dabei genervt zur Decke. Wahrscheinlich kommt sie mit Gernots leichtem Sprachfehler, seinem Wasserzahn, nicht so zurecht. Gerade wenn er Begriffe wie «Gleisch-Anlagen» verwendet. Ich finde, es hat was Authentisches, und genieße den Vortrag. Das beste Geschenk der Welt. Auch, weil die anderen beiden jetzt etwas ratlos auf die Anlage blicken und sich dann schließlich wieder ins erste Obergeschoss zurückziehen.

Wusste ich es doch!

20

«Frank? Hörst du mich?»

Es ist der 1. Februar um zwanzig nach zehn, und ich habe jetzt echt so langsam keinen Bock mehr. Aber das kommt davon, wenn man sich der Nachbarschaft öffnet. Dann hat man die hier hocken und ist gefangen in der eigenen Wohnung. Frank Kapella sitzt eingeschlossen auf meinem Klo, und ich versuche, über das Schlüsselloch Kontakt mit ihm aufzunehmen. Ich knie vor der Tür und kann ihn gerade noch am Schlüsselbart vorbei erkennen, wie er da so bewegungslos auf der Schüssel hockt, mit dem Kopf an der Fliesenwand – und pennt. Das muss man sich mal vorstellen. Ich habe schon gegen die Tür gehämmert und auf seinem Handy angerufen, das in seiner Hosentasche steckt. Vergeblich. Frank Kapella ist weggetreten, und seine Frau ist auf unserem Sofa eingenickt, wo Dörte ihr gerade eine Decke über die Beine legt.

Und das Bittere ist: Ausgerechnet heute hatten Dörte und ich etwas Schönes vor. Nach dem Museumsbesuch hat sie mich nämlich einigermaßen zusammengefaltet, von wegen ich hätte ihr mit meiner Aktion das ganze Erlebnis versaut und ich wüsste manchmal einfach nicht, wann auch mal gut ist. Ich sehe das zwar immer noch anders, aber habe einfach mal taktisch klein beigegeben. Es ist nicht so, dass ich mich selbst nicht einschätzen könnte. Ich weiß das alles. Aber wenn diese Leute im Museum mir so doof kommen – man darf ja wohl noch fragen! Jedenfalls wollte ich mich auch mal wieder von meiner romantischeren Seite zeigen und habe einen schönen Abend ausbaldowert:

«16.00 Uhr Feierabend Dörte, zwei Stunden quality time z. fr. Vfg. – 18.00 Uhr Baumarkt, Angebote gucken mit Anschluss-Wurst – 20.00 Uhr Mundsburg-Kino, freie Filmwahl – 22.30 Uhr Sekt N. N. – 23.00 Uhr Heimkehr.»

Das hatte ich in Schönschrift auf einem Stück Büttenpapier notiert, das noch aus dem Bastel-Nachlass meiner Mutter stammt, und fein säuberlich als Präsent zusammengerollt und verschnürt. Sah richtig gut aus. Und Dörte war ganz angetan. Es war kurz nach vier, und wir guckten zusammen ein bisschen die *Rosenheim-Cops*, und ich knetete ihr nach neuesten Techniken, die ich mir im Internet angeguckt hatte, den Nacken, der ihr noch von der Schicht wehtat. Stichwort: Partnermassagen. Wobei der Unterschied zwischen Partnermassagen und dem Geknete in der Physiopraxis eigentlich nur in Druck und Tempo liegt. Die vermeintlich erotische Komponente, vor allem am

Nacken, hat sich mir noch nicht in Gänze erschlossen. Einen alten kranken Hund würde ich wahrscheinlich genauso massieren. Aber ich ahne, wie es gemeint ist. Das Kribbeln soll wohl auch eher beim Massagenehmer liegen, und ich selbst bekomme ja schon Gänsehaut, wenn mir die Friseurin das Kreppband um den Hals legt und glatt streift. Ist so.

«Du machst das richtig gut, Ralfi.»

«Nicht mehr böse wegen dem Museum gestern?»

«Ich war ja nicht wegen dem Museum böse ...»

«Weißt ja, wie ich mein.»

«Alles gut.»

Und tatsächlich entstand in dem Augenblick eine erotische Situation, als wir da immer gehauchter und dem Rhythmus der Massage folgend miteinander am Quatschen waren.

«Aber gestern warst du böse ...»

«Böse war ich?»

«Ja. Richtig böse. Ein richtig böser ...»

Und da klingelte das. Und gleich hinterher ein Bollern an der Tür, als ob man nicht mal zwei Sekunden warten kann, bis einer nach vorne zum Öffnen kommt.

Die Kapellas!

Bestens gelaunt standen beide mit zwei Sektflaschen und einer Aperol-Kopie vom Discounter vor der Tür.

«Bei uns gibt's heute was zu feiern, und da dachten wir, wir kommen einfach mal spontan vorbei. Aber wenn euch das jetzt gar nicht passt, müsst ihr sagen.»

Aber da war Tanja Kapella schon an mir vorbei ins Wohnzimmer zu Dörte gehuscht.

«Na, Süße? Feierabend?»

Sie nennen sich jetzt gegenseitig «Süße», und das ist für mich so abtörnend und ätzend, meine Freundin dabei zu erleben, als wenn sie plötzlich Mundgeruch hätte. Ich finde es jedenfalls deutlich unangenehmer, jemanden in der Öffentlichkeit «Süße» zu nennen, als jemanden im Museum anzugehen, der sich in eine private Führung reinzeckt. Meine Meinung. Es ist einfach die Spur Tussihaftigkeit, die Dörte entfaltet, wenn sie mit Tanja Kapella zusammen ist. Es passt einfach nicht, und ich hatte da schon die schlimmste Ahnung, als ich hinter Frank die Tür schloss und das Korkenploppen aus dem Wohnzimmer gehört habe.

«Tag eins in Freiheit! Einen Monat haben wir Basenfasten gemacht und uns echt niiichts gegönnt. Und jetzt ist's vorbei. Das muss man feiern!»

Tanja Kapella ist völlig manisch. Auf diesen Tag hat sie offenbar hingearbeitet. Unter größtmöglichem Mitteilungsbedürfnis hat das Ehepaar das Fasten-Projekt durchgezogen. Silvester hatten sie sich noch mal ordentlich die Kante gegeben, um dann mit einem letzten Konterbier am ersten Januar – «weil am ersten Januar darf man noch» – in die Enthaltsamkeit zu gleiten. Immerhin keine Kohlsuppendiät. Die ersten Januartage waren unerträglich im Treppenhaus, weil's aus der Wohnung vom Ökospießer und seinem Blassen wieder mal nach innerer Verwesung roch. Was haben die nur alle mit diesem Fasten? Butschi war auch schon ganz gestresst, weil seine Mutter der ganzen Familie zum neuen Jahr zwei Wochen «Medien-Fasten» verordnet hatte, was dazu führte, dass der arme Junge noch häufiger bei mir zu Hause zum Daddeln abhängen musste. Bei ihm wartete jeden Abend eine Partie *Jenga* mit den Eltern, was ihm normalerweise richtig Spaß macht, aber die aufgesetzte Ausgelassenheit seiner Mutter geht ihm dabei wohl mächtig auf den Sack.

Bei Tanja und Frank Kapella war das einmonatige Basenfasten nicht nur für Leber und Figur gedacht, sondern das gemeinsame Projekt sollte sie auch als Paar wieder näher zusammenbringen – daher hatten sie einen Begleitkurs in der Volkshochschule gebucht.

«Ich hätte gar nicht gedacht, wie viel mir das geben kann, zusammen mit meinem Mann dieses Projekt gemeinsam auszuarbeiten.»

«Acht Kilo!»

Frank Kapella greift in seinen in der Tat flacheren Bauch.

«Fünf Kilo!»

Tanja Kapella streift mit ihren Händen die Hüften entlang und schiebt nach:

«Weniger Gewicht, aber ganz viel mehr Liebe!»

Ich wollte da schon kotzen, aber sie streichelte dann auch noch sein Knie, und beide gaben sich – auf meinem Sofa, auf unserem Sofa! – einen Kuss, der sich nach gefühlten zwei Sekunden in einen offenen Zungenkuss verwandelt hat. Und dann haut sie ihm noch gespielt empört und mit Kopfschütteln auf den Oberarm. Danach hielten sie demonstrativ Händchen und lösten den Griff nur, um sich Sekt nachzuschenken.

«Leute, Dörte und ich sollen aber noch in den Baumarkt nachher.»

«Ach Ralf, ist doch nur 'n kleines Belohnungs-Sektchen für einen Monat Arbeit am Körper und an der Liebe.»

Und schon fummelte Tanja Kapella wieder an ihrem Mann rum. Und plötzlich spürte ich Dörtes Hand in meiner. Händchenhalten auf dem Sofa – was soll das eigentlich? Wie zwei Kindergartenkinder, die von der Kindergärtnerin im Bus nebeneinandergesetzt werden. Und dann stand sie auf, um noch eine Tüte Erdnusswürmer aus dem Schrank zu holen, weil jetzt dürfen die Kapellas ja endlich wieder, und als sie zurückkam, hat sie sich dann sogar auf meinen Schoß gesetzt, und es war tatsächlich das erste Mal für mich, dass ich eine Lebensgefährtin von mir vor anderen auf dem Schoß sitzen habe.

«Na, ihr zwei könnt wohl auch nicht voneinander lassen», lallte Tanja Kapella schon leicht.

«Warum auch?»

Und damit gab Dörte mir einen Kuss auf die Wange und wuschelte mit ihrer Hand durch mein Haar. Ich kam mir vor wie beim Flaschendrehen. Der eigentliche Zweck dieser Übungen dämmerte mir erst langsam: Dörte wollte mit den Kapellas in eine Art Zweikampf darum gehen, wer hier das bessere Paar ist. Vielleicht brauchte sie das auch für sich selbst, nachdem unser letzter gemeinsamer Paar-Ausflug im Museum in die Hose gegangen war.

«Ralf hat mir ein Parfüm geschenkt, riech mal, Tanja!»

«Mmmh, riecht gut.»

«Er hat's genau getroffen. Einhundertprozent Dörte Krampitz. Volltreffer. Obwohl, nee, Ralf: *Du* bist ja mein Volltreffer!»

Und dann hat sie mich noch mal auf die Wange geküsst, und Tanja Kapella stieg auch langsam auf den Schoß von ihrem Fränkie. Zwischendurch wurde ordentlich in die Erdnusswürmer gegriffen und Sekt nachgekippt, und es war schon kurz vor sechs, als ich zaghaft anmerkte, dass wir langsam losmüssten, aber Dörte passte unser Abendprogramm dahin gehend an, dass wir auch noch gegen sieben im Baumarkt aufschlagen könnten, um Angebote zu gucken und danach statt der Bratwurst gleich mit Nachos mit Käsesoße im Kino als Abendbrot weiterzumachen. Na toll. Der Sekt war da schon alle.

Die Kapellas hatten einen unglaublichen Zug am Leib, und nach einem Monat Basenfasten braucht man wohl auch nicht so viel, und nachdem Fränkie im Anschluss an seinen ersten Toilettengang völlig unbemerkt nach oben in seine Wohnung gekrabbelt war, um noch ein bisschen Gin und zimmerwarmes Tonicwater mitzubringen, war der weitere Ausgang der Sache fast klar. Es war halb sieben, und beide Kapellas waren mächtig breit, und von zur Schau gestellten Zärtlichkeiten war keine Rede mehr.

«Awwerwiegesacht! Einma in Jahr ssssgansse Syssem einma runnerfahn – sss tut sooo gut. Glau mir dasssma, Ralf ...»

Dann ist Frank aufgestanden, hat sich mit der Hand auf der Erdnusswürmertüte abgestützt, ist in den Flur gewankt, hat mit seiner Hüfte noch ein Päckchen vom italienischen Feinkostversand für den Blassen im Dritten vom Sideboard geräumt und ist im Klo verschwunden. Kurz vor sieben wollten Dörte und ich uns dann fertig machen für Baumarkt und Kino und fragten Tanja Kapella vorsichtig nach ihrem Mann. Wir standen schon in Jacken im Flur, und Tanja klopfte an die Klotür – aber nix.

«Nicht, dass ihm was passiert ist», meinte Dörte, und allein der Gedanke daran hat mir einen Stich mit der Gewissheit versetzt, dass wir uns unseren schönen Abend von der Backe schmieren können.

«Fränkie? Frank? Fra-hank!»

Doch Frank Kapella reagierte überhaupt nicht auf das immer hysterischere Gewieher seiner Frau. Mal ganz abgesehen davon, dass ich auch noch mal auf die Toilette wollte, war die Situation einigermaßen angespannt. Es hätte ja sein können, dass er auf der Toilette tot zusammengebrochen ist, wie damals Elvis. Keine Ahnung. Ich kam mir ein bisschen bescheuert vor, meinen Nachbarn durchs Schlüsselloch auf der Toilette zu beobachten, aber Tanja Kapella war eindeutig zu besoffen dazu, und Dörte wollte ich das nicht zumuten. Wer weiß denn schon in dem Moment, welcher Anblick einen da erwarten kann.

Frank Kapella lehnte regungslos, wie jetzt auch immer noch, an den Fliesen. Drei, vier Minuten starrte ich ihn an.

«Macht er was?»

«Abwarten.»

«Atmet er?»

«Jetzt wartet doch ma!»

Und dann plötzlich ein gackernder kurzer Schnarcher. Sein Brustkorb hob und senkte sich in langen Bewegungen. Er lebt! Besoffen auf meinem Klo eingepennt und auch wirklich nach mehrmaligem Poltern und Klopfen nicht aufzuwecken.

«Na, ein Glück!», hörten wir seine Frau noch kurz lallen, bevor sie zurück ins Wohnzimmer getorkelt ist, wo sie sich aufs Sofa fallen ließ und seitdem ebenfalls pennt.

«Ja toll. Ich will aber in den Baumarkt fahren und dann ins Kino!»

«Ralf. Wir können die hier doch nicht liegen lassen.»

«Was können wir denn bitte schön dafür, dass die sich einen reinhauen und sich dann ablegen?! Dann bin ich ja Gefangener in meiner eigenen Wohnung!»

Berni war auch schon ganz aufgescheucht durch so viel Aktion am Nachmittag und spulte sein ganzes Fäkalwörter-Programm ab. Auch nicht hilfreich!

«Man muss auf die aufpassen irgendwie.»

«Zu Hause würden sie doch auch angesoffen rumliegen.»

«Dann haben wir aber nicht die Verantwortung.»

«Ja, so weit kommt das noch, dass ich die Verantwortung hab.»

«Weißt ja, wie ich meine.»

«Ich könnte Horst fragen, ob er sich hier vielleicht hinsetzt, während wir im Kino sind.»

«Als Babysitter, oder wie?»

«Bei seiner Tochter setzt er sich auch manchmal hin, wenn die was unternehmen wollen.»

«Das ist ja auch sein Enkel. Dann müssen wir ihn bezahlen. Was kostet so was? 12 bis 15 Euro, so was?»

«Ich bezahl doch nicht Horst Rohde als Babysitter für die

Kapellas, die sich in meiner Wohnung ungefragt zum Pennen ablegen!»

«Du kannst dir das ja von Tanja und Frank wieder holen.»

«Es geht ums Prinzip, Dörte!»

«Dann eben nicht.»

Es ist gerade mal eine Stunde her, dass sie auf meinem Schoß gesessen hat, aber jetzt kippt die Stimmung langsam. Dabei hatten wir den Kapellas ein Zeitlimit mitgeteilt. 18 Uhr! Das würde ich sowieso gerne immer so handhaben, wenn man Besuch zu Hause hat: Bitte nur bis 22 Uhr. Bitte nur bis Mitternacht. So was. Dann wissen alle gleich, woran sie sind – wenn es sich nicht gerade um die Kapellas handelt.

Butschi ist in dieser Hinsicht angenehm. Den kümmern irgendwelche Zeitlimits zwar einen Scheißdreck, aber er verhält sich dann auch wie ein Möbelstück, das vielleicht mal im Weg ist, wenn man staubsaugen will, aber nicht weiter stört, wenn er da so vorm Fernseher hockt und still *Playstation* spielt. Er ist also im wahrsten Sinne des Wortes ein Hocker. Und davon fühle ich mich auch nicht beeinträchtigt in meiner Entfaltung. Ist doch so. Frank Kapella sitzt pennend auf meinem Klo und hat die Tür abgeschlossen. *Das* ist eine Beeinträchtigung. Vielleicht bin ich aber auch traumatisch vorbelastet.

Als ich elf Jahre alt war, haben meine Eltern mit einem befreundeten Paar das Wochenende in Berlin verbracht, um als Studiopublikum an der *Hitparade* teilzunehmen. Die achtundneunzigste Ausgabe um genau 19 Uhr und 31 Minuten, wie Dieter Thomas Heck gleich am Anfang verkündete. Die Karten hatte mein Vater auf der Internationalen Funkausstellung gewonnen, und Silke und ich waren schon etwas verwundert, dass dieses andere Paar mitdurfte und wir nicht. Ich war beleidigt und meine Schwester hocherfreut. Sturmfreie Bude gegen das Versprechen, auf «Ralfilein» aufzupassen.

Die Eltern waren kaum weg, da tauchte schon Astrid auf, die beste Freundin von Silke, und brachte zwei Flaschen *Persiko* und zwei Flaschen *Kellergeister* mit, und ich bekam von jedem der bald eintreffenden Partygäste zwei Mark, damit ich das Ganze nicht ausplaudere.

Dann wurde vorgeglüht, wie man heute sagen würde, damit die Clique einigermaßen angeschickert in die nächste Disco gehen kann. Wenigstens bis Mitternacht. Und da ich auch das für mich behalten sollte, wurde mir in Aussicht gestellt, dass die ganze Bagage um zehn den Abflug macht und ich ganz allein und ohne dümmliche Kommentare *Sport-Studio* gucken darf. Win-win.

Wir haben uns alle beömmelt, als plötzlich bei dem Lied «Bleib nicht allein» meine Eltern am Gang sitzend neben Tony Marshall auftauchten. Unfassbar. Der ganze Saal war am Schunkeln, nur meine Eltern blieben wie angewurzelt sitzen, aus Ehrfurcht vor den Kameras.

Die Stimmung war ausgelassen, und wie versprochen, hatte ich den Rest des Abends für mich und bin nach dem *Sport-Studio* brav ins Bett.

Am nächsten Morgen wollte ich wieder ins Wohnzimmer und nachschauen, was das Fernsehprogramm so hergibt – da traf mich der Schlag.

Astrid lag mit einem Jungen unter der Häkeldecke meiner Oma auf dem Sofa. So gut wie nackt. Sofort hab ich die Tür wieder zugemacht, und ich glaube auch heute noch, dass die nicht mal gemerkt hatten, dass ich im Zimmer war. Ich eilte zu meiner Schwester. Die röchelte mit dickem Kopf und meinte nur, dass ich Astrid und «Jörg» ruhig noch pennen lassen sollte. Sie selbst müsste gleich zum Handball, ist aber abends wieder da, um uns was zu essen zu machen. Die Eltern würden erst am Montag kommen.

Wenn ich Silke heute davon erzähle, und vor allem ihren Kindern, dann streitet sie das natürlich total empört ab. Ich *weiß* aber, dass es so war.

Mit einer nie wieder da gewesenen Kackdreistigkeit blieben Astrid und dieser Jörg den ganzen Nachmittag noch bei uns im Wohnzimmer liegen. Und um 15.20 Uhr sollte der Jerry-Lewis-Film *Ein Froschmann an der Angel* anfangen, den ich mir schon Tage vorher in der *Hörzu* angekreuzt hatte. Und ich war nicht in der Lage, ins Wohnzimmer gehen. Ich war gefangen in meinem Zimmer und habe aus lauter Langeweile Plastikstrohhalme angezündet und zusammengeklebt. Und Kopfschmerzen bekommen. Bis dann irgendwann gegen 18.30 Uhr die Wohnungstür ins Schloss fiel und Astrid samt Macker abgehauen ist. Zehn Minuten später kam Silke nach Hause, machte mir eine Dose Texas-Eintopf warm, was ich durchaus auch schon selbst hinbekommen hätte, und feierte sich als fürsorgliche Schwester. Arschlecken!

Und weil das alles so prägend sein kann, mache ich mir so Sorgen um Butschi. Der musste auch schon Erfahrungen mit Sitzfleischkandidaten machen. Und was für welche! Als er neulich seinen Geburtstag gefeiert hat, hat er zwei, drei Kinder aus seiner früheren Schule und dem Kindergarten eingeladen und außerdem diese zwei Vollidioten aus seiner jetzigen Klasse, die ihn immer ärgern und vermöbeln. Warum macht man so was?

Später hat er mir gesagt, dass seine Mutter die Idee hatte und dass ab da, wo sie das mit den anderen Müttern am Telefon besprochen hatte, schon alles zu spät war. Höhere Mächte! Auf jeden Fall haben die Arschgeigen dann stückweise den Geburtstag übernommen und nur noch die Spiele spielen wollen, in denen Butschi nicht so gut war, so was wie Knutschflecke auf den Arm saugen, und wenn die Mutter nicht dabei war, haben sie ihm Schaumküsse ins Gesicht gedrückt. Da haben sich die

anderen Kinder schon längst abholen lassen. Aber die Arschgeigen hatten Sitzfleisch und wollten sowieso selbst mit dem
Bus nach Hause fahren.

«Prange, es war voll der Albtraum. In meinen eigenen vier
Wänden!»

«Ich weiß genau, was du meinst, Butschi.»

Diese Ohnmacht! Neben uns schnarcht Tanja Kapella. Den
Gedanken, sie zu wecken, haben wir längst verworfen. Es wäre
wohl auch besser, sie hier zu haben, wenn ihr Macker doch
noch mal aufwacht. Vor fünf Minuten habe ich bei Horst geklingelt, ihm die ganze Misere geschildert, bin schnell aufs Klo
gegangen, Dörte auch, weil da ist Horst ja schon Nachbar und
verständnisvoll, und im Rausgehen habe ich einen letzten Versuch gestartet, um vielleicht wenigstes noch mal mit Dörte um
den Block bummeln und sich ein Eis von der Tanke holen zu
können. Wenigstens das!

«Ich weiß ja, wie spät das ist, Horst. Aber hättest du vielleicht
'ne halbe Stunde Zeit, dich zu uns zu setzen und auf die beiden
aufzupassen?»

«Normal ja, ehrlich. Aber ich warte auf einen Rückruf von
so einem Radiogewinnspiel, wo man Karten gewinnen kann.
Santiano.»

«Seit wann stehst du denn auf die?»

«Tu ich ja nicht. Aber angucken kann man das ja mal. Und
die rufen aufm Festnetz zurück, und mein Handapparat geht
nicht bis zu dir.»

«Hm.»

«Sonst immer gerne. Wirklich.»

«Hm.»

Es nützt ja nix. Es ist fast halb elf, und Dörte und ich putzen
in der Küche unsere Zähne mit unseren ausgedienten Zahn-
bürsten, die ich zum Chromputzen unter der Spüle stehen

habe, die aber glücklicherweise noch nicht zum Einsatz kamen, und einem Streifen Zahnpasta, den Horst uns geliehen (!) hat. Wir schließen die Schlafzimmertür hinter uns und gucken im Bett noch leise den Rest von den *Tagesthemen*.

Das kommt davon, wenn man Leute kennt.

21

«Was machen Sie da, Herr Prange?»

«Ich weiß nicht. Ich meine, wir lassen gerade den Schornsteinfeger rein. Weil Herr Rohde hatte ja den Schlüssel extra bekommen vom Fernsehmann, auch für solche Fälle und ...»

«Ein Schornsteinfeger ist auf den Aufnahmen nicht zu sehen.»

«Der sollte ja auch erst 'ne halbe Stunde später kommen. Dann wollten wir schon mal durchlüften für den Kollegen.»

«Sind Sie auch Schornsteinfeger?»

«Nein. Im Geiste ...»

«Herr Prange, warum setzen Sie sich in einer fremden Wohnung auf das Bett und unterhalten sich über dessen Bettwäsche?»

Ja. Gute Frage. Bin ich nicht stolz drauf. Ich sitze mit Horst auf dem Polizeirevier, und wir müssen uns Videos aus der Überwachungskamera vom Fernsehmann angucken. Ich hatte damals schon, im letzten Jahr, ein schlechtes Gefühl, als wir mit dem Schlüssel, den Horst vom Fernsehmann bekommen hatte, in dessen Wohnung sind. Eigentlich sollten wir den Schornsteinfeger reinlassen, weil der Fernsehmann auf Schicht war, haben uns dann aber doch noch mal ein bisschen in der Promi-Wohnung umgeguckt. Sieht man schließlich nicht alle Tage, wie so jemand wohnt.

Die Kameras haben wir damals erst am Schluss bemerkt, und man geht wirklich nicht davon aus, dass sich jemand die Aufnahmen noch mal anschaut. Sicherheitshalber haben wir dann noch ganz gekonnt geschauspielert, von wegen, dass wir dem Marder aus der WG auf der Spur sind und den im Unterboden vom Fernsehmann vermutet haben. Na ja. Scheiß drauf. Jetzt ist es eben so gelaufen, wie es gelaufen ist, und nun sitzen Horst und ich hier auf der Wache. Und das kam so: Zwei Tage, nachdem die Polizei die Wohnung vom Fernsehmann aufgebrochen hatte, bekamen wir einen Anruf, dass wir mal bitte zu denen kommen sollten. Und wir dachten erst, dass man uns vielleicht doch noch den Schlüssel zur Wohnung vom Fernsehmann aushändigt, damit da einer Blumen gießen kann. Oder machen das in solchen Fällen die Polizei-Azubis? Man weiß es nicht.

Auf jeden Fall sitzen wir hier schon seit einer halben Stunde. Mir geht es sowieso nicht besonders gut, weil ich wegen der Kapellas völlig übermüdet bin. Nachts habe ich es erst rappeln gehört, dann die Stimme von Tanja Kapella, wie sie ihren Mann auf dem Klo wachbrüllte, dann ewiges Getuschel, und am Ende Türenzuschlagen und Poltern im Treppenhaus. Das ist es dann, was am Ende von so einem Basenfasten übrig bleibt. Unfassbar. Und jetzt wird man hier von so einem Jungspund von Polizisten oberlehrerhaft angestarrt und befragt: «Wir haben aus Sorgfaltspflicht weiteres etwaiges Beweismaterial gesichert, weil auch andere Hausbewohner uns glaubhaft versicherten, Ihren Nachbarn schon lange Zeit nicht mehr angetroffen zu haben, und dass auch sie den Verdacht teilen, dass der Herr unter Umständen in Erpressungsvorgänge mit dem Milieu verstrickt sein könnte.»

«Das haben die von mir.»

«Das wissen wir, Herr Prange. Das wissen wir. Daraufhin

haben unsere Mitarbeiter die Videoaufzeichnungen aus den Überwachungskameras ausgewertet.»

«Oh.»

«Warum sind Sie und Herr Rohde auf diesen Aufnahmen?»

Und dann zeigten sie uns die Videoaufnahmen vom letzten Jahr, und was mich am meisten dabei beschäftigt hat, war nicht die Peinlichkeit, dass Horst und ich offensichtlich dabei ertappt wurden, wie wir unaufgefordert in der Wohnung von unserem Nachbarn rumschnüffeln. Das eigentlich Unangenehme war der Schock, wie ich auf diesen Aufnahmen aussehe. Ich meine, Horst sieht aus wie immer, aber ich selbst wirke viel dicker als in echt, und auch die Sachen, die ich anhabe, wirken in dem Video weniger schmeichelhaft, als ich mir das jemals vorgestellt hätte. Allein meine Körperhaltung: die nach vorne gezogenen Schultern, die Beinstellung, der kleine Witwenbuckel, die kleine Pocke, die unter meinem T-Shirt rauszuhängen droht. Dann auch noch dieses Angela-Merkel-Gesicht mit runtergezogenen Mundwinkeln, was meine Schwester schon immer meinte und ich nie glauben wollte. Also insgesamt nicht schön.

Man kennt das ja, wenn man aus der Dusche raussteigt, sich plötzlich selbst im Spiegel sieht und reflexartig das Handtuch vor den Bauch und alles darunter hält – weil man sich in dem Augenblick vor sich selbst schämt. Bin das ich?

Ich bin einmal in meinem Leben geblitzt worden, und auch da war die Aufnahme ein kleiner Schock. Wie bescheuert man gucken kann, wenn man Auto fährt und sich unbeobachtet fühlt! Augen halb geschlossen. Das halbe Gesicht hängt. Keinerlei Spannung in der Visage. Und ich habe nicht mal gepopelt oder mir anderweitig im Gesicht rumgefummelt. Dieser Schock kommt wahrscheinlich daher, dass man sonst, wenn man sich im Spiegel anschaut, um noch mal kurz die Frisur zu checken und den Pony glatt zu kämmen, schon mal eine Sekunde vorher einen «Blick» auflegt. Bei irgendwelchen Hollywoodbratzen ist das wahrscheinlich dieses Duckface, wie Butschi mir mal erklärt hat, mit so geschürzten Lippen und ernsten Augen – und bei mir sind das diese hochgezogenen Augenbrauen. Eine Art Kontrollblick. Und so hat man denn eben auch eine falsche Wahrnehmung von sich selbst. Spiegel gegen Wirklichkeit. Und wenn ich in 99,5 Prozent meiner Lebenszeit aussehe wie auf Überwachungsvideos oder Radarfallenbildern – dann gute Nacht. Ich meine, ich bin kein Adonis und «erfrischend uneitel», wie mir Dörte mal bescheinigt hat (bis heute weiß ich nicht, ob das als Kompliment gemeint war), aber so ganz scheiße will man auch nicht aussehen.

Als ich noch in die Disco gegangen und tatsächlich einmal von einer jungen Frau zum Tanzen aufgefordert worden bin, da fühlte sich das am Anfang richtig gut an. Es war direkt ein Knistern zwischen uns zu spüren. Unsere Blicke trafen sich. Wir lachten einander an, und ich war wirklich drauf und dran, die Chance zu ergreifen, und habe mir gedacht «Wenn sie jetzt hier auf der Tanzfläche *Zunge* machen will ...» – so nannten wir das damals in der Faustballmannschaft – «... dann wehr ich mich nicht ...». Aber in dem Augenblick, wo ich meinen Kopf schon schräg stelle, sehe ich mich selbst im Halbprofil in der Discospiegelwand! Ganz plötzlich. Das war direkt verstörend. Ich meine, sie sah auf die Entfernung auch komisch aus beim Tanzen. Nichts mehr von diesen großen Augen mit Lidschatten in Blau, sondern nur noch ungelenkes Armgeschlacker zum Discofox, als würden wir beiden zusammen eine Schwengelpumpe bedienen. Sie hat meine Irritation dann wohl in meinen Augen bemerkt und auch in den Spiegel geguckt, und als sie uns dann beide zusammen beim Tanzen sah, hat sie nur gesagt, dass sie mal eben nach ihrer Freundin gucken muss, ob die noch am Flipper steht – und weg war sie. Nicht mehr gesehen. Auch unhöflich irgendwo. Wenigstens das eine Lied kann man ja wohl zu Ende tanzen!

Von daher ist es mir völlig unerklärlich, wie sich einige Leute, meistens ja Promis, selbst beim Sex filmen. Wann soll man sich das dann überhaupt noch mal angucken? Als Video-analyse vorm nächsten Mal? Quasi nackt und mit Adiletten an den Füßen auf dem Bett sitzend, wie die Nationalmannschaft? Es ist mir schleierhaft. Das will doch nicht wirklich jemand von sich sehen.

Die Abneigung gegen Aufnahmen von mir selbst kommt noch von früher. 1981 war ich mit meiner Schwester Silke im al-ten Volksparkstadion beim Spiel HSV gegen Bayern. Eigentlich hatte sie die Karten ihrem damaligen Freund geschenkt. Aber dann war es zwischen den beiden schon wieder aus, bevor das Spiel überhaupt stattfand, und es gab auch noch nix Neues am Horizont, also musste der kleine Bruder herhalten. Die Karten abgeben, nur weil der Macker mit ihr Schluss gemacht hat, käme gar nicht infrage, das wäre ja wohl der absolute Offen-barungseid, meinte Silke damals. Dabei erhob ihr Ex sogar noch Anspruch auf die Tickets, weil sie sie ihm ja zum «Einmonati-gen» geschenkt hatte. In dem Alter feiert man eben auch die kleinsten Jubiläen. Er wollte dann mit seiner Neuen zum HSV, aber die zwei Stehplatz-Karten lagen eben immer noch bei Silke in der Schublade. Pech gehabt! Jedenfalls, unsere Mutter hatte uns noch Geld für eine Bratwurst mitgegeben, und als ich da reingebissen hatte, war das Ding so heiß, dass ich den ersten Zipfel reflexartig erst mal in meine Handfläche rauspurzeln ließ. Genau diese Szene haben die Arschgeigen dann später in der «Sportschau» in den Spielbericht geschnitten, als Paul Breitner kurz vor Schluss das 2:2 für Bayern geschossen hatte, damit es so aussah, als hätte ich mir deshalb vor Schreck die

Bratwurst in die Hand gerotzt, dabei hatte ich die schon gleich nach Anpfiff gegessen. Journalistisch sehr unsauber. Auch damals schon! Ich war in der Blüte meiner Pubertät und in meiner Klasse natürlich das Thema.

«Prange war im Fernsehen und hat sich Bratwurst in die Hand gespuckt!»

Bis zu den Osterferien ging das noch so. Und ich hatte noch eine Postkarte ans Fernsehen geschickt, mit der Bitte um Aufklärung des eigentlichen Sachverhalts in einer der nächsten Ausgaben. Keine Reaktion!

Und dann, auch wieder mit meiner Schwester, vor ein paar Jahren, war ich zum Stadtteilfest auf dem Bert-Kaempfert-Platz, vor dem Museum der Arbeit. Ordentlich was los – Foodtrucks, Rodelbahn, Hüpfburg, Live-Musik, was weiß denn ich –, und da will man dann schon mal gucken. Zumal auch unser Fernsehmann live dabei war, in so einer Showküche, zusammen mit diesem Koch, von dem ich nie den Namen weiß, also nicht Mälzer, aber genauso gesichtsbekannt. Jedenfalls war mir nicht klar, dass das da alles live für so eine Schalte ins Studio gefilmt wird. Ich hatte mir also gerade einen Crêpe geholt, schön mit Nutella, aber auch mit Eierlikör, was sowieso mein Geheimtipp ist, und dann ging die Scheiße schon damit los, dass ich wieder mal in die Pappe und die Serviette mit reingebissen hatte und deshalb danach den Crêpe zum Abbeißen über die Pappe rübergezogen hab, was dazu führte, dass mir sowohl Nutella als auch Eierlikör aus dem Crêpe auf mein gutes weißes Poloshirt und sogar meine Jeans getropft ist und alles insgesamt verheerend aussah! Und ich hatte da schon überhaupt keinen Bock mehr und war die ganze Zeit so mit der Serviette an meinem Körper beschäftigt, dass ich nicht mal mitbekommen habe, dass all das live im Fernsehen ausgestrahlt wurde. Vorne unser Fernsehmann mit Showkoch am Wok, und im Hintergrund minutenlang ganz rechts oben Ralf Prange, der sich mit seiner Schwester angekeift hat. Also jemand, der Lippen lesen kann, kann sich das heute noch in der Mediathek angucken und übersetzen.

«Was machst du denn schon wieder?»

«Wieso ich? Wenn die da so viel Eierlikör drauf machen ...»

«Du wolltest doch unbedingt Eierlikör!»

«Ja, aber doch nicht so viel!»

«Weil du den Hals nicht vollkriegst bei Crêpes. Das kann man ja so noch nicht mal offiziell kaufen, mit Nutella *und* Eierlikör!»

«Die Pappe ist ja wohl das Problem. Er darf einfach nicht auf dieser Pappe liegen! Das ist würdelos, wenn man da so reinbeißen muss!»

«Dann roll ihn auf. Und beiß von oben ab. Wie beim Dürüm Döner.»

«Da erwisch ich ja auch noch immer Alufolie. Da krieg ich einen gezuckt, wenn das an mein Amalgam kommt.»

Dabei wurde dann von mir der restliche Crêpe erst mal leer gesaugt und dann in den Mund gestopft, während meine Schwester mit ihrer Serviette auf meinem Poloshirt rumgerubbelt hat. Weiter ging's mit vollem Mund.

«Mmmh ... meckt ja awwer geil.»

«So kannst du doch aber nicht rumlaufen, Ralfi. Ist ja peinlich. Warum hast du dir überhaupt keine Jacke für drüber mitgenommen?»

«Fu warm.»

«Ich weiß auch gar nicht, wo du dann immer dein Portemonnaie lässt, ohne Jacke!»

Während vorne der Showkoch übertrieben die Wok-Pfanne schwenkte und angebratene Sojasprossen in die Luft wirbelte, würgte ich mir hinten die Crêpe-Reste runter und musste das Genörgel meiner Schwester über mich ergehen lassen. Es sind vielleicht auch diese festgelegten Rollen, die man dann nach Jahren noch bedient. Große Schwester, kleiner Bruder. Und allein ihre Anwesenheit verunsichert mich so doll beim Crêpe-Essen, dass die Sache schiefgehen muss. Ich war mal mit Dörte einen XXL-Burger mit Rotweinzwiebeln und flüssigem Schimmelkäse essen – und es lief reibungslos, aus dem Selbstbewusstsein eines Frischverliebten heraus. Sozusagen.

Aber seit diesen Vorfällen habe ich eine Aufnahmenproblematik. Man darf sich wohl nirgendwo wirklich unbeobachtet fühlen. Heute noch viel dramatischer als früher.

«Woher wollen Sie wissen, dass wir uns über Bettwäsche unterhalten haben?», frage ich den Polizisten.

«Wir haben dafür Spezialisten, die von den Lippen ablesen können.»

Also tatsächlich! Dann ist das ja nicht mal abwegig, dass solche Profis auch das Gelaber von meiner Schwester über mein Crêpe-Malheur auf dem Stadtteilfest entschlüsseln können. Wo leben wir denn, bitte schön? Muss man sich demnächst wie die Fußballprofis, wenn die über den Schiedsrichter ablästern, mit der Hand vorm Mund unterhalten, weil man heutzutage auch als Normalbürger überall aufgezeichnet werden kann, während man Sachen sagt oder tut, die andere nicht mitkriegen sollen?

«Das ist ja wohl nicht strafbar, wenn ich feststelle, dass die hiesige Fernsehprominenz auch nur mit Bettwäsche von *Tchibo* arbeitet.»

«Sie waren in einer fremden Wohnung. Ohne ausdrückliche Erlaubnis.»

«Wir wollten nur den Schornsteinfeger reinlassen!»

«Zu zweit?»

«Was wollen Sie eigentlich von uns? Wir haben Sie doch überhaupt erst angerufen!»

Das wird mir wirklich langsam zu bunt. Und während ich

mich so aufrege, schaue ich auf dem Überwachungsvideo völlig überrascht in die Kamera. Fast in Nahaufnahme. Mein ganzer Kopf sieht durch den blöden Winkel ganz eierig aus. Ich hasse das und ertrage kaum den Anblick.

Neulich ging so ein Video von unserem letzten Straßenfest durch die *WhatsApp*-Gruppe, und obwohl die deutlich angesoffene Tanja Kapella die eigentliche Attraktion war, fand ich die kurze Aufnahme von mir beim Putenschnitzelwenden am Grill viel beachtlicher, auf eine ganz, ganz unangenehme Weise, sodass ich sogar Dörte gefragt habe, ob ich eigentlich immer so komisch aussehe.

«Wieso komisch?»

«Find'st du nicht? Dieser Blick? Das bin doch nicht ich ...»

«Du guckst eben manchmal schlecht gelaunt.»

«Nein. Das weiß ich ja. Das ist mein Gesicht. Da kannst du kaum was machen.»

«Ja Ralf, du kennst dich ja sonst auch nur durch 'n Spiegel. Deswegen sieht das komisch aus, wenn du dich auf einmal in echt siehst»

Da hat sie natürlich recht. Und das ist das. Ich kenne nur mein Spiegelgesicht. Ich meine, okay, meine Frisur ist ziemlich symmetrisch. Der Pony gleitet kerzengerade runter zu den Augenbrauen. Aber die Augen selber! Das linke ist etwas kleiner als das rechte. Also im Spiegel. In dem Video vom Straßenfest, was die Elblette gemacht hatte, ist es das rechte. Und deshalb fühlt sich das ungewohnt an. Und auch auf diesem Überwachungsvideo vom Fernsehmann sehe ich jetzt wieder den Unterschied.

«Welches Auge von mir ist kleiner, was meinen Sie?»

«Was soll die Frage, Herr Prange?»

«Sie sind doch Polizist. Sie müssen so was doch ganz schnell erkennen.»

«Ihr rechtes Auge ist kleiner.»

«Ja, von wo aus jetzt? Weil von Ihnen aus ist es eigentlich das linke.»

«Schon klar. Aber von Ihnen aus das rechte. Danach geht man ja wohl.»

«Von mir aus ist es das linke. Weil, ich guck ja in den Spiegel.»

«Herr Prange. Noch mal: Sie waren in einer fremden Wohnung. Ohne Erlaubnis. Haben sich da ganz offensichtlich umgeschaut. Und nun ist der Besitzer der Wohnung verschwunden. Da ist doch klar, dass Sie ein Stück weit verdächtig sind.»

«Ich weiß nicht.»

«Herr Prange …»

Er schaut mich eindringlich an und spielt noch mal die Aufnahme von Horst und mir ab, und zwar ab der Stelle, wo wir damals entdeckt hatten, dass da eine Videokamera ist und wir blitzschnell umgeschaltet haben und extralaut versucht haben zu erklären, warum wir im Schlafzimmer vom Fernsehmann rumschnüffeln.

«Ich glaube, es handelt sich tatsächlich um den Marder, Herr Prange. Ich höre ihn bis hierher!», sagte Horst auf den Aufnahmen gerade zu mir.

«Aha», sagte ich. Horst blinzelte mir zu.

«Gut, dass ich Sie dazu gerufen habe und wir nachgeschaut haben. Wo bleibt denn nur der Schornsteinfeger?»

Der Polizist stoppt die Aufnahme und schaut mich an.

«Wer ist der Marder? Hm?»

«Wie bitte?»

«Der Marder. Wer ist es? Ihr Nachbar? Ist er der Marder?»

Ich guck ihn ratlos an.

«So nennt man im Milieu Menschen, hartnäckige Menschen. Aber das wissen Sie und Ihr Partner ja sicherlich. Menschen, die man schwer wieder loswird. Die man aber loswerden möchte. Muss!»

Will er mich verarschen? Ich rutsche quietschend auf dem Kunstlederstuhl hin und her.

«Woher kennen Sie den Schornsteinfeger?»

«Wieso? Was? Ich kenn ihn gar nicht persönlich.»

«Hakim Akyldiz, genannt der Schornsteinfeger. Auftragskiller der Mafia?»

Ich weiß gar nicht, was ich sagen soll, und gucke durch die Scheibe zu Horst, der im benachbarten Raum sitzt und auch einen ziemlich bedröppelten Eindruck macht, während der Polizist weiter erzählt.

«Er trägt immer Schwarz und hat starke Schmauchspuren im Gesicht. Weil er aus allernächster Nähe abdrückt. Abdrücken muss. Wegen seines Sehfehlers. Aber das wissen Sie natürlich.»

«Ich hab gar keinen Kamin.»

«Herr Prange, Sie sind außerdem auf einer Überwachungskamera einer Schule zu sehen, wo Sie einen Drohbrief ans Schwarze Brett anbringen.»

«Wie? Woher?»

«Sie drohen zwei Schülern mit Ihren Kontakten zum sogenannten Moskau-Team. Ein aufmerksamer Lehrer hat uns zum Glück benachrichtigt.»

«Na, auf einmal können die aufmerksam sein», murmle ich.

«Wie bitte?!»

Er zeigt mir die Aufnahme. Verheerend. Offensichtlich konzentriere ich mich gerade darauf, die richtige Stelle für den Zettel zu finden, und kräusle dabei meine Nase und leg meine obere Zahnreihe frei. Fast wie ein Nagetier, das kurz davor steht zu niesen.

So sehe ich also als Denker aus ...!

Manchmal magst du nicht mehr. Man ist Nachbar. Man ist hilfsbereit. Man hat ein offenes Ohr, ein offenes Auge, ja man hat letzten Ende sogar ein offenes Herz, zumindest ein geöffnetes Herz, ein Herz auf Kipp – und dann das. Als wären wir hier die Verdächtigen – und das muss man sich mal vorstellen! –, werden Horst und ich schließlich hinausgebeten. Wie zwei Schulbengel, die vom Direx ordentlich den Marsch geblasen bekommen haben, schleichen wir nach Hause und sprechen so gut wie kein einziges Wort miteinander. Man kann für den Fernsehmann nur hoffen, dass ihm wirklich was passiert ist. Ansonsten bin ich nämlich echt sauer.

22

Ich weiß, ich weiß! Ich hatte mir nach dem Besuch bei der Polizei fest vorgenommen, mich nicht mehr einzumischen, weil: Es bringt nur Ärger. Tja, und jetzt weiß ich gar nicht, wie ich das erklären soll. Es ist komisch. Es fühlt sich auch komisch an. Aber es nützt nun mal nix. Die Sache läuft. Es ist halb vier am Nachmittag, und ich sitze auf dem Beifahrersitz von einem goldfolierten *Mercedes AMG*, der mattschwarze Schmiedefelgen mit Bronzebesatz der Marke *La Chanti* trägt, wie mir der Wagenbesitzer mitteilt. Meine Frage, wo denn da die Muttern sitzen, wenn man mal einen Platten hat, verhallt unbeantwortet im Anfahrts-Dröhnen nach einer roten Ampelphase. Na ja.

Der Sitz ist bequem und mit einer Doppelnaht verarbeitet. Das rote Leder wurde in einer Autosattlerei in Bramfeld genäht, erfahre ich auf Nachfrage. Was soll man mit einem Zuhälter auch sonst besprechen? Über seinen Job will ich nichts wissen, und was er nach Feierabend treibt, geht mir irgendwie am

Arsch vorbei. Ich kann mir nicht vorstellen, dass er mit Test-streifen den Chlorgehalt in seinem Aufstellpool bestimmt oder was andere junge Männer in seinem Alter so machen, die einen Garten – und einen Pool – haben. Ich frage nicht. Wir erledigen einen Job.

Hinter mir sitzt Micki, der nach seiner Frühschicht gleich bei mir geblieben ist, und neben ihm sitzt etwas eingequetscht Ilona aus dem Souterrain, die das alles hier eingefädelt hat.

Ich halte Dragan die Packung Eiskonfekt ins Sichtfeld, aber er lehnt ab.

«Nächste links dann bitte.»

«Geht klar.»

«Donnerwetter. In den Kurven hat er ordentlich Radlast, ne?»

«Hä?»

«Der Wagen.»

«Ja. Sowieso.»

«Meiner hat ja noch Griffe über der Tür.»

«Aha.»

«Zum Festhalten. In der Kurve. Ich mein, ich fahr es nicht aus.»

Und so gleiten wir über die Barmbeker Chaussee, und ich muss gestehen, dass dieses Auto was mit mir macht. Allein schon, dass *ich* vorne sitze und Micki hinten. Das findet er offensichtlich richtig scheiße, aber ich habe die ganze Sache immerhin aufgebracht, nach diesem Anruf gestern. Und deswegen.

Mein Festnetzapparat hatte geklingelt, als er unter meiner Achsel festgeklemmt war, ich mir gerade die Hose runtergelassen und mich gemütlich aufs Klo gesetzt hatte. Ich wollte auf allen Leitungen erreichbar bleiben, falls Dörte von unterwegs anruft, ob sie was vom Hähnchenwagen mitbringen soll. Auf dem Display erkannte ich sofort eine alte Barmbeker Festnetznummer aus der Zeit, als man in Hamburg noch anhand der Rufnummer erkennen konnte, aus welchem Stadtteil jemand kommt. Leute, die heute noch solche Nummern haben, genießen mein Vertrauen. Diese Leute sind telefontechnisch alter Adel. Aber denkste ...

«Ich bin die Mutter von Leander. Mein Mann steht neben mir. Und wenn Sie sich nicht bei unserem Jungen entschuldigen, dann zeigen wir Sie an.»

«Wieso, was soll ich denn gemacht haben?»

Bis ich geschnallt habe, wer da am Telefon ist! Ohne Namen, ohne alles und gleich am Loslegen.

«Das wissen Sie ganz genau! Sie drohen mit dem Moskau-Team? Die Polizei ist doch längst eingeschaltet!»

«Ach so. Jetzt! Dann sind Sie die Mutter von diesem Jungen, der andere Kinder fertigmacht?»

«Wie bitte?»

«Woher wissen Sie denn sonst, dass ich damit Ihren Sohn meine?»

«Hat er uns ja erzählt! Glauben Sie, unser Sohn redet nicht mit uns?»

«Ach, dann fühlt er sich angesprochen?»

«Was wollen Sie damit andeuten?»

Ich wusste gar nicht, wen ich dümmer finden soll. Diesen Jungen, der seine hohle Dumpfheit noch (!) durch Körpergröße ausgleichen kann, was ihm später aber nichts mehr nutzen wird, da wird ihm auch der affige Vorname nicht helfen, oder eben diese hysterisch blubbernde Mutter, die im Ansatz vielleicht eine Löwin ist wie die Mutter von Butschi, nur in absolut ätzend und noch eine Spur verpeilter, was den eigenen Nachwuchs angeht. Weiß sie wirklich nicht, dass sie zu Hause ein Riesenarschlochkind hocken hat, oder will sie es nicht wissen? Ich lehnte mich gegen den Klodeckel und holte Luft.

«Ihr Sohn hat dem kleinen Malik das Trikot geklaut.»

«Was geht *Sie* das denn an?»

Gute Frage.

«Ich habe ihm das geschenkt.»

«Was sind Sie denn für einer? Ich habe mit der Mutter des Jungen alles längst besprochen. Die Jungen sind ja Freunde.»

«Er hat ihn verprügelt und beklaut.»

«Es sind *Kinder*!»

Und dabei hat sich ihre Stimme überschlagen, als wenn es hier um die Zukunft der Welt gehen würde. Und dann, tatsächlich, wurde der Hörer an das Riesenarschlochkind weitergereicht, das die ganze Woche zu Hause bleiben darf. Weil es ja so schlimmen Demütigungen durch den Aushang am Schwarzen Brett ausgesetzt war. Scheiß drauf. Ich wollte meine Ruhe haben.

«Hallo. Hier ist Ralf Prange.»

«Ja. Hallo, Herr Prange.»

Er sprach bemüht glockenhell und süß wie ein Wiener Sängerknabe. Und als ich mich dann tatsächlich entschuldigt habe, weil ich vielleicht etwas über die Stränge geschlagen bin, kroch dieser kleine Sack mit seiner Stimme durch den Hörer plötzlich ganz dicht an mein Ohr und flüsterte: «Du bist voll der Loser. Hast du wirklich gedacht, irgendeiner glaubt dir den Scheiß mit Moskau-Team und so? Du bist so cringe, Digga. Voll der Loser.»

Ich bin direkt erstarrt. Im Hintergrund schaltete sich wieder die Mutter ein, die offensichtlich nichts von dem Ausbruch ihres geliebten Leanders mitbekommen hatte.

«Geht es dir jetzt besser, Leander?»

«Ja, Mami. Darf ich fernsehen?»

Unfassbar. Das geht so nicht weiter. Nicht mit mir! Nicht mit Ralf Prange! Ich bin dann gestern Abend noch zu Ilona rüber. Ich weiß mittlerweile, wann ich bei ihr klingeln kann, ohne zu stören; der 14-Uhr-Slot ist immer am stärksten gebucht. Das kann man sich als Außenstehender kaum vorstellen, dass ausgerechnet dann die Durchschnitts-Geilheit der Bevölkerung am dollsten ihr Recht einfordert. Man vermutet wohl eher zum gemütlichen Feierabend oder so was, aber da müssen die Typen wieder frisch gestriegelt am Abendbrottisch sitzen, sagt Ilona. Leuchtet ein. Deswegen klingle ich meistens erst ab 18 Uhr bei ihr. Manchmal steht dann die Tür zu ihrem «Studio» offen, und sie fegt den Vorflur, wie eine Friseurin kurz vor Feierabend.

«Na, hast du 'n Päckchen für mich?»

Seit dem Straßenfest damals, das noch bei mir zu Hause auf dem Balkon weiterging, duzt sie mich. Ich habe mit ihr zwar nicht offiziell Brüderschaft getrunken wie mit Tanja Kapella, aber zum Abschied nahm sie mich in den Arm, und alles an ihr und mir klackerte – ihre großen Ohrringe, die langen Nägel, das *Moschino*-Täschchen, die Pumps, die Ketten, die Ringe, als wäre sie ein Tannenbaum, hinter dem man krabbeln muss, um die Steckdose für die Lichterkette zu finden. Und dann hat sie mir einen Kuss auf die Wange gegeben, und ich erinnere mich an das komische Gefühl, dass ihre gemachten Wimpern wie kleine Besen über mein Jochbein fegten.

«Nee, heute mal nicht. Ich komm, weil du mir ja letztes Mal ... gesagt hattest ... also... äh ... wenn ich mal ... äh ... Hilfe bräuchte ...»

Es fällt mir immer schwer, andere um Hilfe zu bitten, aber auf dem Bürgersteig direkt vor dem Studio einer Liebesdame ist es noch mal komplizierter, und von daher lasse ich nach jedem Wort eine kleine Pause für sie, damit sie den Satz für mich vervollständigt.

«... dann kannst du immer zu mir kommen. Hab ich gesagt. Was ist denn los, Ralf?»

«Also eigentlich ist es der kleine Scheißer, der uns braucht.»

«Verstehe. Ich hab dir ja gesagt, dass das so nicht weitergeht mit ihm.»

Und dann hat sie alles in Gang gesetzt und mir später noch eine SMS geschickt, dass Dragan uns sein Auto zur Verfügung stellen wird, aber nur, wenn er selber fährt. Das wäre dann sowieso einen Tick überzeugender, wenn so ein bulliger, voll-tätowierter Hüne mit Goldkettchen dabei wäre, und dass ich ihm aber den Sprit bezahlen müsste, weil der Verbrauch bei dem Auto nun wirklich nicht zu unterschätzen ist. Der Plan ist nämlich, dass wir Butschi mit dieser Zuhälterkarre von der Schule abholen, um einfach auch mal ein kleines Zeichen in der Schülerschaft zu setzen. Dann werden wir ja sehen, wer hier der Loser ist.

Vor einer halben Stunde war Treffpunkt bei uns in der Straße, also eigentlich direkt vor dem Haus, wo ich den ganzen Vormittag schon mit einem Klappstuhl und einem «Ladezone! Bitte freihalten»-Schild den Parkplatz für Dragans AMG reserviert hatte. Normalerweise rege ich mich über so was auf, aber das hier war ein Notfall. Ich stand also vorm Haus und wartete, als plötzlich Grinsegesicht Vick mit seinem Sohn auftauchte und in die Lücke wollte.

«Ist da nicht frei, Herr Prange?»

«Nein. Da kommt gleich jemand, auf den ich warte.»

«Das ist mir piepegal. Das darf man ja gar nicht. Räumen Sie bitte den Stuhl da weg?»

Dann hat er mir noch so bedeutungsvoll mit einem Brief-umschlag zugewunken!

«Ich muss Ihnen sowieso gleich noch was geben, Herr Prange. Und dann müssten wir uns mal ganz in Ruhe ...»

In dem Augenblick hörte ich das Blubbern hinter ihm und ein Hupen. Und als das Grinsegesicht in den Rückspiegel geguckt und Dragans AMG gesehen hat, hat er sich schnell geschlichen und vor einer Baumwurzel ein paar Meter weiter geparkt. Ich hörte sie quatschen, als sie auf unserer Bürgersteigseite langsam in unsere Richtung marschierten.

«Ich find das scheiße hier, Papa. Hier wohnen nur komische Leute.»

«Gewöhn dich dran. Meinst du, ich kauf noch 'ne Extrawohnung, weil mein verwöhnter Herr Sohn …»

Das Gespräch riss abrupt ab, als beide vor der Haustür und neben dem AMG von Dragan ankamen, wo ich gerade auf der Beifahrerseite die Tür aufgehalten hab, um eine deutlich als professionelle Liebesdame erkennbare Frau am vorgeklappten Sitz vorbei auf die Rückbank zu drücken, gefolgt von einem polnischen *DHL*-Fahrer, der glockenhell am Lachen war und immer nur «Bist du total bekloppt, Prange! Do przodu!» kiekste und dabei die Krümel von seinem Camembertbrötchen durch die Gegend hustete.

Das Grinsegesicht wollte noch irgendwas sagen, aber dann stieg Dragan aus dem Wagen, um Baumpollen unter seinen Wischern rauszufummeln. Und wie er da so halb über der Haube lag, waren nicht nur seine Armtattoos und die ganzen Halstattoos bis unters Kinn freigelegt, sondern auch ein Arschgeweih. Sieht man auch nicht alle Tage bei Männern. Wahrscheinlich ein Adler. Vielleicht aber auch ein Milan oder Bussard. Was weiß denn ich, bin ich Vogelkundler? Auf jeden Fall blieb das Grinsegesicht auf dem Absatz stehen, und als Dragan sich wieder in aufrechte Position gebracht hat mit seinem rötlich glänzendem Gesicht, den gegelten Igelborsten und überhaupt dieser ganzen absurden Kopfform, als hätte er einen ganzen Tilsiter senkrecht zwischen den Schultern stehen, nur in Geölt und Rot – drehte mein Vermieter um und zog seinen Sohn am Ärmel.

«Ich hab noch was im Auto vergessen.»

«Wieso ... was denn, Papa?»

«Frag nicht. Geh.»

Er steckte den Briefumschlag in seine Jackentasche, und als beide so weit weg waren, dass sie davon ausgegangen sind, nicht mehr gehört zu werden: «In so 'ner Gegend bleibst du nicht, mein Sohn!»

Auch gut. Aber für solche kleinen Triumphe war keine Zeit. Wir fuhren los, und schon an der nächsten Ecke löste sich meine Nervosität. Der rechte Ellbogen wanderte wie von selbst auf die Türablage, nachdem ich die Packung Eiskonfekt aus dem Tankstellenshop von Butschis Vater aufgemacht hatte. Eiskonfekt war für mich schon immer der perfekte Reisebegleiter. Den Fahrer, zumal diesen, auf dem Weg zu Butschis Schule mit hartgekochten Eiern zu versorgen, schien mir übertrieben.

«Raaaalf?»

Ich habe Dörtes Stimme schon von Weitem gehört, und es dauerte noch eine kleine Weile, bis sich ihr *Hermes*-Lieferwagen auf der linken Abbiegerspur und unsere Zuhälterkarre rechts daneben auf Augenhöhe begegneten. Das war nun wirklich nicht eingeplant, dass meine Lebensgefährtin mich auf dieser Mission quasi «erwischt», aber sie konnte ihr Erstaunen über so manche Zusammenhänge mit mir schon immer ganz gut verbergen.

«Ach, hallo Dörte», habe ich an Dragan vorbei aus der Fahrertür in ihre Richtung gerufen, nachdem der stumm die Scheibe runtergefahren hatte, als wir an der roten Ampel zum Halten kamen.

«Wir holen grad Butschi aus der Schule ab. Er hat jetzt noch Sport.»

«Aha.»

«Ilona und Micki kennst du ja. Und das neben mir ist Herr Dragan, ein ... Geschäftspartner von Ilona.»

«Guten Tag.»

«Guten Tag.»

«Ja, und du so, Dörte?»

Ich lehnte über Dragan und hielt mich mit der linken Hand am Türrahmen fest, damit ich nicht vornüber auf seinem Schoß lande. Er presste sich diskret in seinen Sitz, während ich so mit Dörte am Quatschen war. Das muss man ihm lassen: so ein steroider Tilsiterkopp, aber dann doch das nötige Feingefühl für solche Situationen.

«Ich mach gleich Mittag und fahr in den Baumarkt und wollte mal nach Farbe für den Jägerzaun gucken.»

Und dann ist die Ampel auch schon auf Grün gesprungen, und wir tauschten nur noch einen flüchtigen Abschiedsgruß aus, weil sie links abbiegen musste und wir weiter geradeaus gefahren sind. Andere Frauen hätten vielleicht Fragen gestellt, warum ihr Partner zusammen mit einem Zuhälter und einer Liebesdame in so einem Auto durch Hamburg Barmbek fährt, aber Dörte hatte ja schon immer diese Unerschrockenheit.

Die Farbe für den Jägerzaun.

Tja. Wir haben tatsächlich den Zuschlag für die Parzelle neben dem Ehepaar Jürgensen bekommen. Das Ehepaar, das zuvor dort gewohnt hatte, hat es als Paar dann doch nicht über den Winter geschafft, und vielleicht ist ein Blick über die Hecke in den Garten oder besser gesagt auf die Shiloh-Ranch der Jürgensens so was wie der Blick in die eigene Zukunft als Schrebergartenpaar, was bei einigen vielleicht den spontanen Wunsch nach sofortiger Trennung auslöst. Das ist das, was mir bei diesem ganzen Projekt am meisten Angst verursacht. Weil,

einen an der Marmel haben ausnahmslos alle in diesem Kleingartenverein.

Aber ich denke mal, Dörte hat einen gut bei mir. Und der
Jägerzaun bei unserer neuen Parzelle hat Grünspan. Das sieht
nicht aus. Da muss ich bei.

Wir nähern uns Butschis Schule, erkennbar an den ganzen
kleinen Hubbeln und Verkehrsinselchen auf der Straße, aber
auch an den vielen wartenden Autos. Offene Fahrertüren und
überwiegend Mütter mit übergroßen Coffee-to-go-Bechern, die
sich gegen ihre SUVs lehnen. Es sieht fast ein bisschen so aus,
als hätte man zwei verschiedene Spielwelten miteinander ge-
mischt: die dicken SUV und Coffee-to-go-Becher bzw. die übergroßen Lastenräder von dem einen Hersteller mit den zu kleinen Mama-Spielfiguren von einem anderen Hersteller. Ganz
genauso wie damals, als ich mit meinem Big Jim im Traummo-
bil von der Barbie von meiner Schwester fahren wollte und der
kleine Muskelmann mit seinen Füßen nicht an die Pedale von
Barbies Karre rankam. Genau so sieht das aus. Kleine Mamas in
viel zu großen Autos und auf viel zu großen Lastenrädern.

Wir fahren an der Abholschlange vorbei nach vorne zum
Schultor, dann noch hundert Meter weiter, wo wir wenden
und wieder zurückfahren, natürlich in Schritt-Tempo (!) und –
wieder von vorn. Genau wie die ganzen Autoposer früher auf
dem Jungfernstieg! Und es dauert wirklich keine zwei Runden,
bis all die Mütter und, okay, auch einige Väter, die aber durchaus als Großväter durchgehen könnten, hätten sie nicht diese
angeblich so geilen veganen Turnschuhe an, ihre Hälse und
Handys recken wie eine Horde empörter Erdmännchen.

«Hallo zusammen! Hab heute Nachmittag ein Zuhälterauto
vor der Schule von unserem Liebling auf und ab fahren sehen.
Wollte euch nur warnen.»

So oder so ähnlich stell ich mir das später in unserer Stadtteilgruppe auf *Facebook* vor, und ich weiß auch nicht genau, welcher Teufel mich da reitet. Manchmal frag ich mich, was wohl geworden wär, wenn ich Butschi damals, als er für mich noch das Arschlochkind war, nicht die Tür zu meiner Wohnung aufgemacht hätte. Dann würd ich jetzt vielleicht allein vor meinem Fernseher sitzen, *Drehscheibe* gucken und mich von Berni anmotzen lassen. Und das ist nun wirklich keine Alternative. Also nicht mehr. Freizeit hin oder Freizeit her. Am Ende geht sowieso *alles* von der Freizeit ab. Kannst du dich gar nicht gegen wehren.

Als es klingelt, bubbern wir langsam bis zur Feuerwehrdurchfahrt direkt vor der Schule und halten im Leerlauf.

Butschi kommt als einer der Ersten aus der Turnhalle. Gerannt. Wahrscheinlich die einzige Chance, die er hat, um schnell abzuhauen, bevor die anderen Arschgeigen aus seiner Klasse Witterung aufnehmen. Und prompt taucht auch schon dieser Leander hinter ihm auf.

«Nicht so hastig, Demirbay. Demirbaby! Warte mal, du dumme kleine ...»

Hup! Dragan drückt aufs Lenkrad und hebt seinen massigen Körper samt Tilsiterkopf aus dem Auto. Dann steige ich aus. Ich haue aufs Autodach und kassiere dafür sofort einen scharfen Blick vom Besitzer. Aber es nützt ja nix.

«Malik! Hier sind wir. Kommst du?»

Er guckt und braucht erst mal eine Sekunde, um die Situation richtig einschätzen zu können. Dann schälen sich auch noch Ilona und Micki aus dem Auto. Butschi lächelt, bremst seine Schritte und läuft jetzt deutlich aufrechter auf uns zu, bevor er grinsend auf der Rückbank verschwindet.

Das Riesenarschlochkind schaut ungläubig zu uns rüber und bleibt stehen. Wir schauen uns direkt in die Augen, und er kann meinen kleinen Gruß, den ich ganz langsam und stumm formuliere, von meinen Lippen ablesen: «Moskau-Team!» Dem Leander-Arsch schießt die Röte in die arrogante Visage.

Ich selbst hatte auch mal einen einzigen Bad-Boy-Moment in meinem Leben, als ich in mehr oder weniger demselben Alter damals zusammen mit Helge Lütjens durch den großen Drogeriemarkt um die Ecke getigert bin, um uns zwei von diesen damaligen «Gummigetränken» *Dreh und Trink* zu kaufen. Angestachelt von Lütjens, so die offizielle Version später gegenüber meiner Mutter, habe ich mich dann tatsächlich dazu hinreißen lassen, als Mutprobe eine Packung eingeschweißte dicke Batterien vom Angebotstisch durchzubrechen und liegen zu lassen. Keine zwei Sekunden hat es gedauert, bis ich den harten Zeigefinger vom Ladendetektiv auf meinen Rücken pickern gespürt habe. Wie ein Specht, der sich in mein Gewissen geklopft hat.

«Die kaufst du jetzt, Freundchen, oder ich ruf die Polizei.»

Mit einem ebenso kräftig durchbluteten Kopf wie dieser Leander heute habe ich mich dann mit meinen zerbrochenen Batterien, die ich übrigens überhaupt nicht brauchen konnte, an die Kasse gestellt. Und erst als ich rauskam, wo Helge Lütjens schon auf mich gewartet hat, habe ich gemerkt, dass ich mir in die Hose gemacht hatte.

Tja.

Ich glaube, genauso fühlt sich dieser Junge gerade.

Wird er nicht dümmer von.

23

Zum zweiten Mal! Zum zweiten Mal schon hat mich diese anonyme Nummer angerufen, erst heute Morgen und dann vor zwei Stunden. Und ich habe jetzt schon keinen Bock mehr – was soll so was? Ist doch wahr. Also ich gehe davon, dass es ein und dieselbe Nummer war, die mich versucht hat anzurufen, und ich weiß auch, dass eine Nummer einen nicht anrufen kann, wie meine Schwester Silke mich immer sofort korrigiert, als wenn das das Thema wäre. Das Einzige, was zählt, ist, dass ich nicht weiß, wer zum Geier da versucht hat, mich zu erreichen. ES MACHT MICH WAHNSINNIG! Wer ruft heutzutage noch Leute mit Rufnummernunterdrückung an?

«Du selbst, Ralf Prange», ätzt Silke sofort am Telefon los, als ich einfach mal meine Gedanken teilen will. So viel zum Verständnis, auf das man in der Familie trifft.

«Silke, ich mach das nur noch, wenn ich recherchiere.»

«Aha.»

«Aber ganz normale Leute rufe ich doch ganz normal an. Ich versteck mich doch auch nicht unterm Türspion, wenn ich irgendwo klingel.»

«Hast du auch schon gemacht, Ralfi, weil dir dieser Typ mit der Kohlsuppe aus dem Dritten nicht mehr aufmachen wollte.»

«Weißt du was, Silke? Du bist mir heute zu anti. Tschüs erst mal!»

Wer könnte das wohl gewesen sein? Ganz ehrlich? Ich hätte es vielleicht geschafft, noch rechtzeitig ranzugehen, als ich heute Morgen vom Zähneputzen aus dem Bad zurückkam. Aber als da «anonym» auf dem Display stand, habe ich gezögert ranzugehen – nach all dem Scheiß der letzten Tage. Ich mache ja schließlich auch nicht die Tür auf, wenn ich keinen durch den Spion erkennen kann. Und es bringt mir auch nichts, wenn Silke mich darauf hinweist, dass früher jeder Anruf von jedem und jeder immer anonym war – gab ja keine Displays –, und da sei man schließlich auch rangegangen, aber die Technik sei nun mal da.

Okay – meine Oma mütterlicherseits hat es immer zweimal klingeln lassen und wieder aufgelegt, damit wir wissen, dass sie es ist, und dann nach zwei Minuten noch mal richtig angerufen. Funktionierte tadellos – bis auf das eine Mal, als mein Klassenlehrer genau die zwei Minuten nach dem Geheimsignal meiner Oma angerufen hatte – ein teuflischer Zufall! –, um mit meiner Mutter über mein Verhalten im Unterricht zu sprechen.

«Das ist gerade sehr schlecht, Herr Dr. Vogel. Wir erwarten genau in diesem Augenblick den Anruf meiner Oma und müssen die Leitung wieder freigeben.»

«Das kannst du deiner Großmutter erzählen, Ralf Prange!»

«Hä?»

Wie dem auch sei. Heute ist heute, und in einer Zeit, in der beinahe alle mir mit ihrer Rufnummer auch einen kleinen Vertrauensbeweis übermitteln, kommen einem die, die darauf verzichten, wie zwielichtige Typen vor, die was zu verbergen haben.

Anonym. Das könnten also sein: Verbrecher, Telefonabzocker, Enkeltrickwichser, irgendwelche Kinder, die Telefonstreiche machen wollen – vielleicht Butschi? –, oder eben die Polizei, die aus Ermittlungsgründen ihre Nummer unterdrückt.

Als die Horst und mich auf die Wache beordert haben, haben sie das schriftlich mit einer Vorladung gemacht. Von daher weiß ich es gar nicht hundertprozentig, ob die das gewesen sein könnten. Ich habe dann auf dem Revier angerufen. War mein erster Gedanke. Immerhin werfen die mir Verstrickungen ins Milieu vor, auch wenn Dörte meint, dass die Horst und mir nur mal einen ordentlichen Schreck einjagen wollten.

«Die haben sich wahrscheinlich 'n Spaß gemacht. Weil ihr euch vielleicht ein bisschen zu ... wichtig genommen habt? Ein bisschen zu viel eingemischt?»

«Das sehe ich anders, Dörte. Die Dinge mit dem Fernsehmann sind, wie sie sind. Und wenn wir da unglücklich ins Fadenkreuz geraten ...»

«Ins Fadenkreuz?»

«Du nimmst das nicht ernst genug!»

Vielleicht ist sie ein bisschen eifersüchtig auf Horst, weil wir uns öfter austauschen und diese Polizeierfahrung zusammen gemacht haben. So was schweißt zusammen, gewissermaßen. Wir sind auch Nikolaus und Knecht Ruprecht und bei uns im Haus so was wie das Dreamteam aus dem Hochparterre, habe ich das Gefühl. Obwohl ich selbst mit Horst immer wieder an Grenzen stoße und dann erst mal Ruhe vor ihm brauche. Aber wenn die Sache geklärt ist, habe ich den Kopf auch freier für Dörte. Auf jeden Fall habe ich heute Vormittag bei denen in der Abteilung, die den Fall Fernsehmann behandelt, angerufen und gefragt.

«Prange mein Name. Haben Sie heute Morgen bei mir angerufen?»

«Einen Augenblick.»

Klöter. Und dann über zehn Minuten lang keine Telefonschleife, sondern den Hörer einfach danebengelegt, und ich musste mir eine Ewigkeit dieses Bürogeklimper, Getippe, Getacker, diffuse Sprechfunkdurchsagen und Gemurmel anhören, bis ich irgendwann die Nerven verloren und in meinen Hörer gebrüllt habe.

«Hallo! HALLO! WAS IST DENN JETZT? GEHEN SIE WIEDER ANS TELEFON!»

Dann, endlich.

«Hören Sie?»

«Ja?»

«Nein.»

Und dann hatte sie auch schon aufgelegt. Wer war es dann? Es ist zum Verrücktwerden! Je stärker man sich mit dieser ungelösten Frage beschäftigt und abwägt, welche Indizien für welchen möglichen Anrufer sprechen würden, desto besessener wird man. Irgendwelche Fernsehmann-Entführer? Oder die neue Hausverwaltung? Oder, mein neuester Verdacht, der mir kürzlich durch den Kopf schoss? Hat der Glotzer vom Balkon gegenüber vielleicht mit der Sache etwas zu tun? Oder warum taucht er gerade dann auf und observiert unser Haus, als der Fernsehmann verschwindet? Dörte meint, ich schaue zu viel *Aktenzeichen*, das würde abfärben. Aber genau so muss es diesem Staatsanwalt aus dem JFK-Film gegangen sein. Jahrelange Ermittlungen, und am Ende immer noch die offene Frage «Wer hat Kennedy erschossen?».

Diese ungelöste Frage arbeitet wie ein pochendes Furunkel in meinem Kopf, als wäre das so ein *cold case* wie im Fernsehen, bei denen mit ein bisschen zeitlichem Abstand tatsächlich wieder Bewegung ins Spiel kommt. Dann liege ich im Bett, bin kurz vorm Einpennen, und dann – booom! – rattert das plötzlich wieder in meinem Kopf.

«Wer hat mir das Stoff-Häschen vor die Tür gestellt?»

Zum Beispiel. Es war nämlich so, dass neulich ein kleines Stoffhäschen auf meiner Türmatte neben einem Tütchen Geleegummis stand – und ganz allein wird es da wohl nicht hingelaufen sein. Nur der Hase – und ein kleiner anonymer Zettel: «Muttu naschen». Von Dörte war er nicht, die mag keine Nagetiere, da macht sie keine Unterschiede, und Häschen sind auch nur Schadnager mit einem Lächeln, sagt sie. Horst will es ebenfalls nicht gewesen sein, meine Schwester auch nicht, und in der *WhatsApp*-Gruppe im Haus wollte ich nicht fragen. Manchmal gehen die Leute, die so was als kleine Aufmerksamkeit verschenken, davon aus, dass man sofort erkennt, von wem das ist, weil vielleicht dem Ganzen eine süße kleine Kuschelhäschen-Vorgeschichte mit Häschenwitz-Sprache vorausgegangen ist, von der ich nur leider überhaupt nichts mehr weiß. Und dann wäre es peinlich und verletzend. Und seitdem grüble ich, wem ich vielleicht einen Gefallen getan habe oder wer vielleicht auf Häschensprache steht. Oder hat da einfach nur einer einen geschenkten Hasen mit Häschensprache-Zettel an mich weiterverschenkt? Oder einfach nur schnell entsorgt, weil der Naschkram vielleicht scheiße schmeckt? Oder waren das dieselben Leute, die ich schon auf dem Kieker hab und die mir eine Warnung geben wollen? Weil ich vielleicht zu viel nachfrage? Die italienische Mafia legt den Leuten schließlich tote Haustiere vor die Tür oder Pferdeköpfe ins Bett ...! Was weiß ich denn schon über die Bräuche der Grauen Wölfe? Bei *Google* steht nix. Ich weiß es nicht! Und ich werde es wohl nie erfahren!

Genauso wie ich nie erfahren werde, wer mir damals einen Sack Kartoffeln an die Türklinke gehängt hat. Hing da einfach. An einem Donnerstag vor zwei Wochen. Auch kein Absender und nix. Nur Kartoffeln. Wahrscheinlich ein Blindgänger und für jemand anders gedacht. Erstens, weil ich in der Öffentlichkeit nicht als Kartoffeltyp gelte, denke ich, weil ich auf Nachfrage kein Problem damit habe zuzugeben, dass ich Team Kroketten bin und echte Kartoffeln nur in Verbindung mit Senfeiern zu mir nehme. Und zweitens, weil ich selbst nur einmal in meinem Leben Kartoffeln verliehen habe: Als die Stehlers noch hier wohnten und spontan Kartoffelpuffer machen wollten. Ich kann mir nicht vorstellen, dass die nach Jahren extra noch mal nach Barmbek fahren, um mir endlich meine Kartoffeln zurückzubringen – weil, dann klingelt man doch oder lässt einen Zettel da! Oder ist das Ganze viel größer als ein schnöder Sack Kartoffeln? Nämlich auch ein Zeichen, eine Warnung! Erst die Kartoffeln, neulich der Naschhase, und jetzt diese Anrufe. Das kann doch kein Zufall sein. Und es macht einen fertig!

Ich spüre erst, dass die Anspannung aus meinem Nacken weicht, als Dörte mich beruhigend massiert. Wieder mal.

«Ralf, manche Sachen bleiben offen und für immer un-geklärt. Ist doch scheißegal, wer da angerufen hat. Wenn's wichtig ist, dann probiert er's ja wohl noch mal.»

Von wegen. Alles schon erlebt. Als ich seinerzeit mit der Familie meiner Schwester auf Mallorca war und nach zehn Tagen zurückkam und meinen Briefkasten geleert habe, als Allererstes, noch mit dem Koffer im Flur, hab ich sofort die Postbenach-richtigungsscheine zwischen den sonstigen Umschlägen und Kataloggutscheinen und einer Postkarte von Horst aus dem Erzgebirge entdeckt. Einschreiben, Abholfiliale bla bla bla. Ich bin sofort losmarschiert, noch mit Mallorcasand am Rücken, weil die Dusche im Hotel keinen ordentlichen Strahl hatte und alles an meinem Sonnenöl kleben geblieben ist – es war zum Ausrasten! –, und komme kurz vor Feierabend bei der Postfiliale an, die es damals noch gab, um mein Einschreiben abzuholen.

«Prange mein Name. Ich komm wegen dem Einschreiben ....»

Okay. Fehler. Ich gehe immer davon aus, dass die Leute bei der Post genauso aufgeregt auf mich warten, wie ich aufgeregt bei denen in die Filiale komme. Also von wegen «Leute, da ist ja endlich dieser Prange, der sein Einschreiben abholen will». Aber nee.

«Abholschein?»

«Ich hab sogar zwei.»

«Ja, einer reicht. Aber ich seh schon. Das Ding ist schon wieder an den Absender zurückgeschickt worden.»

«Wieso das denn?»

«Sieben Tage Aufbewahrungsfrist.»

«Ja toll. Können Sie mir denn sagen, an wen das zurück-ging?»

«Steht hier nicht.»

«Das muss doch bekannt sein! Damit ich da mal anrufen kann! Ich will doch wissen, was es war!»

«Wie gesagt, aber das ist auch bekannt, nach sieben Tagen wird das zurückgeschickt.»

«Ach! Und dann soll ich vorher 'ne Rundmail an ganz Deutschland schicken, dass ich in Urlaub fahre und in der Zeit leider keine Einschreiben entgegennehmen kann?»

«Es sei denn, Sie fahren kürzer als eine Woche.»

Der Postmitarbeiter schaute mich aus toten Augen an, aber ich hielt dem Blick stand. Es hätte wahrscheinlich nicht viel gefehlt, und ihm wär ein Spuckefaden aus dem Mund gelaufen – dann kam aber doch noch eine menschliche Regung.

«In der Regel bringen die das Einschreiben dann ja noch mal aufn Weg. Warten Sie mal 'ne Woche.»

Das ist mittlerweile Jahre her, und ich weiß bis heute nicht, wer oder welche Institution mir ein Einschreiben hatte schicken wollen. Es kam einfach nix mehr! Eine Anzeige? Eine Geschwindigkeitsüberschreitung? Eine Räumungsklage? Irgendeine Vertragskündigung? Oder nur irgendein Scheißer, der sich einen Gag daraus macht, arglose Leute mit gefälschten Abholscheinen in die Postämter zu schicken? Okay. Letzteres wohl nicht, die Post wusste schließlich von dem Einschreiben.

Ich dachte, diese Art Post hat immer eine gewisse Portion Wichtigkeit, sodass sie persönlich übergeben werden muss. Liegt in der Natur der Sache. Wie kann man dann als Absender sagen, wenn das Ding nach einer Woche zurückkommt, «Ach komm, scheißegal, dann eben nicht. Versuch war's wert»? Wochenlang lag ich nachts wach, weil mir alle möglichen Szenarien durch den Kopf gingen, wer mir weshalb auf diesem Wichtig-popichtig-Postweg schreiben wollte und es dann doch sein gelassen hat. Und vielleicht, eines Tages, wird dieses Geheimnis gelüftet und irgendein Mahnbescheid trudelt wie eine verschollene Flaschenpost nach Jahren bei mir ein. Das wäre schön. Ich will es doch nur wissen.

Das war in meiner Jugend schon so. Also in meiner kurzen Jugend: Bis vierzehn war ich Kind, würde ich sagen, dann Jugendlicher bis ran an sechzehn, wo dann mein Vater von diesem Besoffenen mit dem Bagger überfahren wurde, und von da an war ich im Grunde genommen Mann im Haus und in der Ausbildung zum Lebensmitteltechniker mit dem späteren Erwerb des Räucherer-Scheins. Erwachsen. Ja. Hat sich so ergeben. Egal.

Also in meiner Jugend gab es dieses Ur-Erlebnis, als meine Schwester noch zu Hause wohnte und nach dem Arztbesuch bestens gelaunt nach Hause kam, weil sie sich zur Belohnung noch eine neue *Jinglers*-Jeans («Nur echt mit der Fun-Glocke») gegönnt hatte.

«Ich soll dich grüßen, Ralfi.»

«Von wem?»

«Das ist das ja. Das weiß ich nicht.»

«Ja toll. Mann oder Frau?»

«'n Mädchen. Sie sagt, sie kennt dich von der Schule.»

«Woher kennst du sie denn?»

«Gar nicht. Sie hat nur mitgekriegt, dass ich Silke Prange heiß, als ich im Wartezimmer aufgerufen wurde.»

«Wo?»

«HNO. Und da fragte sie, ob ich mit Ralf Prange verwandt bin.»

Herzklopfen.

«Nee, ne? Sah sie gut aus?»

«Total hübsch. Tolle Beine.»

«Ohhh nee, ne? Wieso hast du denn nicht gefragt, wie sie heißt?»

«Wieso, stehst du auf sie?»

«Das weiß ich doch nicht! Wer ist sie denn?»

Gierig wie ein junger Rüde. Aber man wird wohl fragen dürfen. Ist doch wahr. Ich war 15 und hätte unterm Strich sowieso auf *jede* gestanden; ich gehörte zugegebener Weise nicht zu den ganz Coolen. Im Gegenteil. Ich war schüchtern, und ich war im Faustball-Team. Wenn man da von einem Mädchen mit tollen Beinen gegrüßt werden soll, führt das allein schon durch die Vorstellungskraft zu erotischen Wallungen. Umso stärker dann die Verzweiflung, wenn man feststellt, dass man nie die wahre Identität dieses Mädchens rausfinden wird, niemals, weil die eigene Schwester sich selbst bei einer Fotogegenüberstellung mit dem Schuljahrbuch als absolut unbrauchbar herausstellt. Auf eine Art und Weise, dass ich mich gefragt habe, was eigentlich das Gegenteil von fotografischem Gedächtnis ist! Und der Anruf in der HNO-Praxis war dann auch nur noch ein letzter Versuch, und dass die mir die Namen aller Mädchen zwischen vierzehn und sechzehn, die an dem Tag in der Praxis waren, ausdrucken würden, habe ich sowieso nicht wirklich geglaubt.

Seitdem geistert diese Bein-Schönheit durch meinen Kopf. Immer noch. Obwohl ich nach Jahren der Durststrecke mit Dörte endlich mein Glück gefunden habe. Und meine Befürchtung, dass ich auch nie erfahren werde, wer da versucht hat, mich anzurufen, macht mich fast wahnsinnig. In solchen Situationen merke ich, wie ich Dörte ein bisschen auf den Keks gehe, wenn ich einfach nicht ablassen kann von etwas. Wenn dann noch Berni seinen üblichen Saukram beisteuert, denkt sie sich wahrscheinlich auch, in was für einem Irrenhaus sie da …

«Tüdelüdelüt!»

Der Festnetzklingelton! Mein Puls geht ab. Ich greif zum Apparat. Selbst Dörte hält die Luft an. Auf dem Display: «Anonym». Dörte nickt mir zu. Ich stelle auf Lautsprecher.

«Ja. Hier Prange …»

«Herr Prange …»

«Ja?»

«Hören Sie bitte ...»

Ich erkenne die Stimme natürlich sofort. Es ist der Fernseh-mann!

«Na das ist ja 'ne Überraschung. Was meinen Sie denn?»

«Ich bi... gr... Istanbu...»

Er ist schwer verständlich. Aber immerhin lebt er. Mein Herz klopft bis in meinen Hals.

«Können Sie sprechen? Behandelt man Sie gut?»

«Hören ... sss... bitte ...! Wa haben Sie denn blo...»

Der Empfang wird immer schlechter, dann reißt das Telefonat ab. Dörte und ich schauen uns erschrocken an. Es dauert einen Moment, bis ich diesen Schock verarbeitet habe und das Offen-sichtliche ausspreche, während ich mich zitternd auf meinen Küchenstuhl gleiten lasse.

«Die haben ihn tatsächlich entführt, Dörte. Deswegen war er auch so erregt.»

Sie schaut mich verunsichert an.

«Dörte, vielleicht hat er diesen einen Moment erwischt, wo er vielleicht unbeobachtet war ...»

«Und dann ruft er ausgerechnet *dich* an?»

«Weil er *meine* Festnetznummer im Kopf hat. Weil die seit Jahren im Treppenhaus hängt, am Schwarzen Brett! Für die Paketleute! *Falls Klingel zu leise, bitte anrufen, Festnetzmobil-teil stets am Mann!*»

«Ich weiß nicht, Ralf ...»

«Er ist ja wohl offensichtlich in der Türkei. Versuch du mal, von da aus die deutsche Polizei anzurufen. 0049, und dann die Null weglassen? Obwohl da gar keine Null als Vorwahl ist bei 110? Oder wählt er dann für Hamburg 004940110?»

«Ralf ...»

«Da gehst du doch auf Nummer sicher, wenn du schon mal die Gelegenheit hast. Und ich bin in seinen Augen ja zuverlässig. Er vertraut mir seine Post an.»

Es sprudelt nur so aus mir raus, und alles, auch wenn es noch so unglaublich erscheint, ergibt einen Sinn. Ich gucke grübelnd aus dem Fenster in den Innenhof und schaue direkt in das Gesicht vom Glotzer, der wahrscheinlich schon seinen Beobachtungsposten bezogen hat, falls er wirklich mit den Leuten unter einer Decke steckt, die dem Fernsehmann gerade den Apparat aus der Hand gerissen haben und per Rufnummernverfolgung genau wissen, wen er da wo anrufen wollte.

«Dörte, ich brauch 'ne Fangschaltung. Dann wissen wir, wo er ist.»

Ich spüre richtig, wie Dörte mit sich kämpft, mir recht geben zu müssen. Sie stöhnt auf und streichelt sprachlos meinen Rücken, während ich über meinen Schatten springe und noch mal bei der Polizei anrufe.

«Herr Prange, wir sind es jetzt echt langsam leid. Ihr *Fernsehmann* lebt. Bei uns hat er sich auch gemeldet. Und jetzt lassen Sie uns bitte in Ruhe.»

Okay. Dann ist die Sache wohl offiziell.

«Verstehe. Ich will mich auch nicht weiter einmischen.»

Ich flüstere verschwörerisch.

«Aber eine Frage hätte ich dann schon noch, interessehalber...»

«Ja ...»

«Wie hat er sie aus der Türkei aus angerufen? Lässt man gar keine Null weg, sondern die erste Eins von 110, oder muss man über die Hamburger Vorwahl ohne Null?»

Aufgelegt. Glaubt man das?

24

Das Ledersofa knautscht, seit ich nervös versuche, eine einigermaßen entspannte Sitzposition einzunehmen. Das geht jetzt schon seit zehn Minuten so. Neben mir sitzt Horst und harkt mit einer Miniharke durch den Sand eines Mini-Zen-Gartens, der auf dem Tisch vor uns steht. Die Kuhle in der Mitte des glatten Sofas lässt Horst und mich immer wieder zusammenrutschen, sodass sich unsere Hosenbeine berühren.

Wir sitzen beim Fernsehmann in der Wohnung.

Als Mitbringsel gab es von uns ein kleines Pampasgras für die Dachterrasse, die Horsts Tochter im Baumarkt für uns ausgesucht hatte, und eine Flasche Crémant, von dem Horst behauptet, dass er besser schmeckt als die meistens «Schammpannjas», und dass das einzige Problem an dem Getränk ist, «dass man das immer noch extra dazusagen muss, beim Schenken. Weil sonst denken die Leute, das taugt nix.»

Ich bin sowieso nach wie vor dagegen, sich beim Fernsehmann für all die Umstände mit der Polizei und dem neuen Türschloss usw. zu entschuldigen, weil den Fernsehmann ja wohl mindestens eine Teilschuld trifft durch seine mangelnde Kommunikation, möchte ich mal sagen, aber Horst bestand drauf.

«Sei mal froh, dass ich überhaupt mitkomm, Prange, weil das meiste hast du ja wohl angerichtet.»

«Ich bin Nachbar, und ich bin Bürger. Ich hab überhaupt nichts angerichtet.»

Na ja, der Fernsehmann lebt. Er ist wieder zu Hause, und als Geste des guten Willens bin ich mit hoch in den Vierten. Man ist ja auch neugierig. Aber dann wird der Fernsehmann sofort ein bisschen pampig.

«Da ist man mal drei Monate weg in der Türkei, macht *Digital Detox* und tankt Energien – und plötzlich hab ich Tausende Mails und Nachrichten auf dem Handy, auch von der Polizei!»

«*Digital Detox?*»

«Ja, meine Güte. Ich war auf einer Wellnessfarm in Istanbul.»

«Wie, Wellness?»

«Wellness eben und so Sachen.»

«Eine Farm gleich? Mitten in Istanbul. Wie viel Hektar hat die denn?», fragt Horst berechtigterweise.

«Sie wissen ja wohl, wie ich meine!»

Der Fernsehmann sieht tatsächlich um Jahre jünger aus. Gebräuntes Gesicht, aber nicht so Grillhähnchenbraun wie bei Dieter Bohlen oder Ilona. Außerdem wirkt er total entspannt, also mal abgesehen von der kleinen Irritation zwischen uns.

«Warum haben Sie denn aber niemandem Bescheid gegeben? Nicht mal im Sender!»

«Herr Prange, das geht Sie zwar gar nichts an, und ich weiß auch gar nicht, warum ich Ihnen das erzähle – ich wollte das Ganze möglichst diskret halten, wenn Sie verstehen, was ich meine, und daher bitte ich auch Sie, nicht weiter über dieses Thema ...»

«Was denn diskret halten?»

«Hammirdhaamalassen ...»

Er nuschelt schüchtern.

«Was haben Sie machen lassen?»

«ICH HABE MIR DAS HAAR MACHEN LASSEN! So! Haarverpflanzung! Transplantation! In einer Wellnessfarm mit Klinik! Wie Klopp und Lindner! Zufrieden? Und deshalb war ich so lange weg! Damit das keiner merkt und ich erst zurückkomm, wenn alles wieder nachgewachsen ist!»

«Hm ... jetzt ... okay.» Jetzt seh ich es auch. Eine volle, pralle, prächtige Matte.

«Aber die Aufmerksamkeit hab ich jetzt ja.»

«Hm ...»

«Dank Ihnen.»

Der Fernsehmann spürt, dass ich seine neue Wunderfrisur überprüfe. Ich merke gar nicht, dass ich wie von selbst aufgestanden bin und den Fernsehmannschädel von oben herab mit offenem Mund anschaue, von vorne bis hinten, als wäre ich eine kleine Kameradrohne für «der Fernsehmann von oben» auf *Arte*. Horst zieht mich am Hosenbein wieder runter. «Dann war das mit Ihren Haaren wohl das Angebot, dass Sie nicht ablehnen können, was?», frage ich.

«Wie?»

«Och, ich hab da nur so einen Zettel im Altpapier gesehen. Flüchtig.»

«Können wir das bitte alles unter uns lassen?»

Das ist doch wohl klar. Da bin ich ja Nachbar. Also wirklich. Taucht monatelang ab, nur um sich in der Türkei die gefärbte Friese in der Haarklinik aufforsten zu lassen, und bringt damit in der Heimat alles durcheinander. Der hat Nerven.

«Können Sie mir mal sagen, warum Sie überhaupt auf den Aufnahmen in meinem Schlafzimmer sind, vom letzten Jahr?»

Wir stutzen.

«Herr Prange, Herr Rohde, auf den Aufnahmen, die mir die Polizei gezeigt hat.»

Horst und ich schauen uns an.

«Das ... das hatte sich damals so ergeben», sage ich.

«Wir dachten damals, da wär ein Marder unter ihrem Fußboden zugange», meint Horst.

«Und so kam das», ergänze ich. «Und jetzt sollten wir auch nicht unnötig Sägemehl sägen, wenn Sie verstehen, was ich meine.»

Die leichte Spannung spürt man. Und dass wir hier wie zwei Schuldige sitzen, liegt eigentlich allein an Horst. Er hatte mich damals erst in die Wohnung vom Fernsehmann mitgenommen, mitgeschnackt, mich überredet, sich da mal beim Handwerkerreinlassen ein wenig umzuschauen, und ja, mich hatte das auch nicht kaltgelassen. Einblicke in das Leben von Prominenten aus erster Hand, und ist noch mal viel direkter als jede Sendung mit Frauke Ludewig. Auf jeden Fall hat Horst mich dadurch erst in die ganze Szenerie reingezogen.

«Herr Rohde und ich dachten einfach, Ihnen ist was Schlimmes passiert. Weil, normalerweise entgeht uns hier ja nichts. Von daher.»

«Das glaub ich Ihnen gerne...», sagt der Fernsehmann mit so einem komischen Unterton und steht auf. «Na ja. Es war mir einfach wichtig, dass wir noch mal drüber reden.»

«Von unserer Seite auch Schwamm drüber, würd ich mal sagen», meint Horst, und während ich mich schon für unseren Aufbruch in Stellung bringe, bleibt er ganz unbekümmert mit seinem Hintern am Sofa kleben. Das merkt auch der Fernsehmann.

«Kann ich Ihnen sonst vielleicht noch etwas zu trinken anbieten?»

«Ja. Vielleicht ja 'n Gläschen von der Prickelbrause, die wir mitgebracht haben. Der war schon kalt gestellt.»

Horst nu wieder...! Der Fernsehmann nimmt die Flasche in die Hand und sagt, dass er mal eben in die Küche wechselt, weil da die Gläser sind, und Horst ruft ihm noch hinterher: «Das ist ein Crémant von der Loire. Und der soll noch besser sein als die meisten Champagners, die man so kaufen kann. Also wirklich was Gutes.»

«Okay!», ruft der Fernsehmann aus der Küche zurück. Doch da ist Horst schon längst auf Erkundungsrundgang durch das Promi-Wohnzimmer, in seinen bescheuerten Lederslippern mit Trickabsätzen. Ich selbst trage Hausschuhe, weil ich mich vorhin gefragt habe, warum ich mich rausputzen sollte für einen kurzen Besuch beim Fernsehmann. Das wäre ja wohl ein komplettes Schuldeingeständnis gewesen. Nein, nein.

Während der Fernsehmann in der Küche auf der Suche nach Sektgläsern sämtliche Schranktüren aufreißt, hat Horst seine Arme hinter dem Rücken verschränkt und geht die Fotowand ab. Ein Selfie mit irgendeinem Tatortkommissar o. Ä. beim Promi-Golfen auf Sylt oder so, auf jeden Fall Dünenlandschaft im Hintergrund, ein Gruppenfoto mit seiner ganzen Fernsehcrew, ein Schnappschuss von einem Charity-Grünkohlessen mit Olaf Scholz, damals noch Bürgermeister, und und und.

Und dann muss Horst niesen. Er niest völlig ungebremst gegen die halbe Fotowand. Fast drei Jahre nach Coronastart! Der Fernsehmann hat inzwischen die Gläser voll gemacht, sagt er von nebenan. Und ich bekomme Panik, und Horst bekommt Panik, und in dem Augenblick, wo der Fernsehmann mit dem Tablett um die Ecke kommt, steckt sich Horst den kleinen verschmierten Bilderrahmen mit Scholz und dem Fernsehmann unter seinen Hosenbund und unter seine Bequemjacke aus Teddyplüsch. Ich fasse es nicht! Wie ein Fünfjähriger, der eine Vase schrott gemacht hat – und Mama kommt nach Hause. Und als er sich aufs Sofa setzt, hör ich auch noch das Glas in seiner Hose kracken. Und schon wieder bin ich wegen dem feinen Herrn Rohde in so einer Situation. Genau deswegen beschränke ich meinen Kontakt zu ihm am liebsten nur auf unser gemeinsames Hochparterre. Dann belästigt man wenigstens keine anderen. Das letzte Mal, dass ich mit Horst einen gewissen Punkt der Freundschaft erreicht hatte, aber mir dann im Nachhinein eingestehen musste, dass wir beide als Team keine Zukunft haben, weil Horst am Ende immer auch etwas Unangenehmes mit sich führt, war, als er mich damals mit zum HSV genommen hat. Business-Seats!

In der Consulting-Firma seiner Tochter gibt es diese geilen VIP-Tickets normalerweise nur für die Bosse. Wenn die aber am Wochenende segeln müssen, dann wird das auch mal an «die Damen» aus dem Backoffice weitergegeben – also ein eher noch traditionell aufgestellter Arschgeigenhaufen –, und so bekam Horsts Tochter die zwei Tickets. Außerdem war es auch ein eher ödes Spiel gegen Darmstadt 98, zwar noch vorm Abstieg aus der Bundesliga, aber eben gegen Darmstadt 98, und sie musste aber noch zu einem Lagerverkauf nach Harburg, und so schlug unsere Stunde.

Anreise in der S-Bahn, mit Bierdose in der Hand. Also Horst. Ich habe selbst in meinem Alter, wo einem sowieso alles egal sein könnte, immer noch Hemmungen, in öffentlichen Verkehrsmitteln Alkohol zu trinken, außer in Flugzeugen oder Bahnbistros.

Je weiter wir Richtung Volksparkstadion kamen, desto mehr HSV-Fans standen in den Waggons und desto mehr und hemmungsloser biederte sich Horst Rohde dem Mob an. Wirklich wahr. Man muss es so sagen.

«Hier. Regiert. Der Ha-Es-Vau! Hier. Regiert ...»

Ein Gebrüll, und immer schön mit der Faust gegen das Waggondach, und Horst als eine Art Gentleman-Supporter mittendrin. Dabei ist er nicht mal richtig Fußballfan. Das war so peinlich, wie wenn unser ehemaliger Verteidigungsminister Guttenberg auf einem AC/DC-Konzert mit Teufelshörnern am Kopf die Pommesgabel macht. So oder so ähnlich war das auf jeden Fall damals in der *Bunten*. Ich möchte wetten, dass *Karl-Theodor Maria Nikolaus Johann Jacob Philipp Franz Joseph Sylvester Buhl-Freiherr von und zu Guttenberg*, ich habe es gerade noch mal gegoogelt, höchstens die erste Strophe von «Highway to Hell» mitsingen kann, und genauso wenig interessiert sich Horst Rohde für den HSV, geschweige denn überhaupt für Fußball. Wenn Micki und ich bei mir zu Hause Bundesliga gucken, sitzt er auf seinem Fitnessfahrrad und guckt dabei *Poletto* oder *Mälzer*. Das weiß ich, weil ich mal bei ihm klingeln musste, als Micki mir ein polnisches Schnäpschen zeigen wollte, für das man Thunfischöl aus der Dose braucht, und ich hatte nix im Haus. Da sitzt also einer während der Bundesliga und guckt Kochshows beim Sportmachen, wie so ein Masochist, aber wenn dann irgendwelche Kuttenträger in der S21 HSV-Lieder grölen, ist Horst Rohde sofort dabei und trägt sogar einen HSV-Schal, den er sich im Internet bestellt hat und der vor ein paar Tagen bei mir abgegeben worden ist.

«Ich trag die Raute im Herzen, Prange.»

«Du redest einen Scheiß, Rohde.»

Kleine Frotzeleien unter Nachbarn. Und manchmal ist es vielleicht besser, wenn es dabei bleibt. Damals war es schon zu spät, und wir bekamen so VIP-Bändsel um die Handgelenke gemacht, und Horst hat sofort seine Jackenärmel hochgeschoben, damit man das auch sieht.

Also ehrlich, man sah uns sofort an, dass wir da nicht hingehören. Richtig unangenehm. VIPs zweiter Klasse. Da würde ich lieber mit den ganzen anderen Mittelklasse-Fans irgendwo in der Kurve sitzen.

Aber dann ging das Spiel los, und alle Schlipspisser aus der Gin-Tonic-mit-Gurke-Fraktion verwandelten sich hinter dem Durchgang zu den Business-Seats auf der Tribüne zu Salon-Hooligans, die den Schiri sofort als «schwul» beschimpften – glaubt man das? –, aber auch kein gutes Haar an «ihrem» HSV ließen.

Dann Halbzeitpause. Alle wieder zurück in den VIP-Bereich. Und all die Krawallheinis, die eben noch mit hochrotem Kopf rumgeschrien hatten, dass man befürchtete, ihre Augen würden platzen, stellten sich ganz artig und fast weltmännisch an die kleine Schlange vorm Scampi-Grill. Als wäre der Durchgang dieser Zauberschrank aus diesen *Narnia*-Filmen und dahinter nicht ein zauberhaftes Königreich, sondern nur Geschrei. Glaubt man nicht, ist aber so.

Ab in die Schlange zum Buffet.

Horst stellte sich hinter einen Typen, der über einen Kopf größer als er war, und der Zipfel von seinem VIP Armband blieb im Meerrettich hängen. Unangenehm. Dann lutschte er das auch noch reflexartig ab – es sah verheerend aus. Na ja. Es waren schon fünf Minuten Pause abgelaufen, aber ich war erst zwei Meter vorangekommen und stand immer noch beim Räucherfisch. Ich wollte mir schon den Teller mit Pfeffermakrele satt vollwerfen und abdrehen.

Ich fand es eigentlich immer bescheuert, wenn irgendwelche Omas auf Hochzeiten oder Geburtstagen das Buffet abfilmen. Aber vielleicht wäre es gar nicht so doof, diese Filme als Vorbereitung und zur Orientierung für die Gäste vor der Buffeteröffnung ins Internet zu packen, damit man das Ganze schon vorab quasi abfahren kann. Bei Skirennen zu Olympia oder so zeigen sie den Zuschauern ja auch den Streckenverlauf, von wegen «Jetzt kommt die Linkskurve mit dem langen Sprung in die Hocke», und genauso könnte man bei einer Buffetfahrt zeigen, wo der Lachs liegt und ob da kurz vorm Ende noch irgendwas Warmes, vielleicht sogar Putenbraten in Soße (!) kommt. Dann würden nicht alle so ewig lang mit gestreckten Hälsen in der Schlange stehen, und nix geht voran. Ist doch wahr.

«Na? Ob da hinten noch 'ne schöne warme Geschichte kommt?»

Horst hat tatsächlich einfach den Typen vor sich angequatscht. Ohne Sichtkontakt. Einfach von hinten drauflosgesabbelt.

«Meinen Sie mich?»

«Ja, was meinen Sie? Soll das da hinten noch mal Fleisch geben, oder war's das schon?»

«Also der Erfahrung nach kommt da noch was.»

«Aha. Gut. Danke. Arbeiten Sie hier?»

Der Mann guckte etwas irritiert. Und gerade als ich noch überlegte, woher ich den kenne, drängelte sich ein anderer Kerl, wichtig-popichtig mit Umhängeausweis, in der Schlange vor und haute Horsts Vordermann mit der Faust neckisch auf den Oberarm.

«Na Fummel? Das war ja noch nix! Was 'n los?»

Ich ging mal davon aus, dass er damit das Spiel und nicht die ersten Buffetmeter meinte.

«Keine Ahnung. Zweite Hälfte wird besser.»

Bezog sich das jetzt vielleicht doch aufs Buffet? Ich werde es nie erfahren. Auf jeden Fall war auch Horsts Aufmerksamkeit geweckt. Er hat eine Antenne für Gelegenheiten und sofort geschnallt, dass irgendein HSV-Promi vor ihm steht. Und dann platzte das Unvermeidliche aus ihm heraus.

«Können wir vielleicht 'n Selfie machen?»

Ganz Profi, drehte ich sich der – wie ich heute weiß – Europapokalsieger von 1983 und heutige Vereins-Tausendsassa Bernd Wehmeyer, genannt Fummel, um und ließ sich mit Buffetteller vorm Bauch und Horst Rohde neben sich ablichten – auch das ist harte Vereinsarbeit. Und für den Fußballstar folgten noch einige aufreibende Meter am Buffet, mit meinem Nachbarn im Nacken.

«Ich muss gleich erst mal googeln, wer das war. Fummel ...»

Und das ist Horst. Keine Ahnung vom Fußball, sich aber im Volkspark gesellig durchfressen. Keine Ahnung von Bernd Wehmeyer, aber das Selfie mit ihm hängt heute gerahmt in seinem Badezimmer, damit jeder das sehen kann.

Na ja. Das Spiel lief schon wieder, und der halbe Businessblock war noch am Nachtisch. Das soll sich mal einer in der Elbphilharmonie trauen, dass, was weiß ich, Lang Lang schon wieder am Klimpern ist, vor halb vollen Rängen, weil die Hamburger Kulturszene, junge Dandys in Rollkragenpullovern und ältere Damen, die nach *Tosca* riechen oder meinetwegen *Poison*, noch mit Hähnchenschenkeln vom Fingerfood-Buffet auf der Plaza rumstehen und den Elbpötten hinterhergucken. Für mich war es eine Erfahrung.

Auf dem Nachhauseweg hat Horst dann noch in den Volkspark gepinkelt und saß mit nassen Sprenkeln auf seinen Wildlederslippern mir gegenüber in der S-Bahn. Spätestens da war mir klar, dass ich mit ihm nur innerhalb unseres Flurs klarkomme. Am Ende ist er wie so ein peinlicher Verwandter, mit dem man durchaus mal lachen kann oder sich gegenseitig Bohrmaschinen ausleiht, den man aber vor der weiteren Öffentlichkeit lieber versteckt. Kann so was echte Freundschaft sein?

Stocksteif sitzt er jetzt in der Wohnung vom Fernsehmann auf dem Sofa neben mir, um sich mit dem zerbrochenen Bilderrahmen nicht noch zu verletzten. Dann auch noch an der Stelle. Man schweigt so vor sich hin, weil Rohde die Zähne gar nicht mehr auseinanderbekommt, und ich fühle mich genötigt, den Small Talk in Gang zu halten, bevor es unangenehm wird.

«Ich muss sagen: Man sieht es nicht.»

«Wie bitte?», fragt der Fernsehmann.

«Ihre neuen Haare. Also man sieht natürlich die Veränderung. Aber darüber hinaus. Man sieht nicht, dass es *gemacht* wurde. Wie bei Peter Alexander oder Sean Connery früher.»

«Da waren es Haarteile.»

«Ja, sag ich ja. Und hier ist es jetzt einfach nur fülliger. Mutter Natur. Und von daher versteh ich ja, dass man das erst mal in Ruhe gedeihen lassen will und sich dann erst wieder zeigt, wenn alles fertig ist.»

«Ja. Wir müssen das Thema jetzt auch nicht auswalzen.»

«Ach, woher denn? Meine Schwester hatte Rollrasen bei sich auf der Nordseite.»

«Wie bitte?»

«Auf der Schattenseite. Da war der Rasen kaputt. Solche Löcher überall. Und dann haben die sich Rollrasen geholt. Und das dauert auch seine Zeit, bis man da keine Kanten mehr sieht und alles eine schöne Fläche ist.»

«Ja, okay, Herr Prange.»

«Weil bei Ihnen ist jetzt ja alles eine schöne Fläche, wenn ich das sagen darf.»

«Danke.»

«Und wir dachten ja schon sonst was hier im Haus. Weil im Altpapier konnte man ja lesen, dass Sie am Ende *vielleicht alles verlieren.*»

«Ja, meine restlichen Haare.»

«Weiß ich ja jetzt. Aber wir dachten sonst was. Dann *das angebliche Angebot, das sie nicht ablehnen können.*»

«Ja. Das war ein Gutscheincode.»

«Und wir dachten sonst was.»

«Ja.»

«Jetzt können wir natürlich drüber lachen.»

«Na ja. Geht so …»

Während er das sagt, lässt er seinen Blick durch den Raum gleiten, und da entdeckt er diese offensichtliche kleine Lücke an der Wand, wo vorher mal das Foto mit dem heutigen Kanzler hing. So ist das eben, wenn man einen Kaminofen hat. Es bleiben Ränder. Auf jeden Fall guckt der Fernsehmann erst ein bisschen irritiert und dann zunehmend sparsam. Und das ist dann eigentlich auch das Zeichen zum Aufbruch für Horst und mich. Wir schlürfen hastig unsere Gläser aus und stehen auf. Horst hält seinen Unterleib wie eine Schwangere auf dem Weg zur Entbindung, und ich bete, dass keine Glassplitter aus seinem Hosenbein rieseln.

«Wir müssen dann auch mal wieder ...»

«Okay, vielen Dank für Ihre Zeit.»

Der Fernsehmann ist misstrauisch. Das spüre ich. Horst hat sich, vielleicht auch wegen dem Schlückchen Alkohol, langsam wieder gesammelt.

«Wenn Sie diesen Crémant morgen weitertrinken und erst mal in 'n Kühlschrank stellen wollen, machense 'n Teelöffel rein. Weil die Korken sind zu dick!»

«Und das bei dem Preis!», ergänz ich noch, «dabei kann das ja schon immer jeder Sekt!»

Schnell schlüpfen wir beide durch die Wohnungstür ins Treppenhaus. Mit Horst muss ich mal ein ernstes Wort reden.

Und der Fernsehmann? Also seine Überwachungskamera ist noch nicht wieder scharf gestellt, seit die Polizei das ganze Material sichergestellt hat.

Der kann uns gar nix.

25

Es ist einige Zeit vergangen, und ich stehe tatsächlich auf einer Gartenparty. Das Rauschen der Berberitzenblätter im Wind schluckt jedes Gespräch. In kleinen Gruppen stehen die Gäste beisammen, und ich weiß, dass ich zu keiner einzigen dazugehöre. Wie Kühe, die sich auf der Weide schweigend gegenüberstehen, gruppieren sich in der einen Gruppe alle anwesenden Kleingärtner um die Jürgensens. Die andere Gruppe besteht aus ein paar Nachbarn aus Dörtes Haus, und auch hier hört man kein aufgeregtes Getratsche oder mal ein Lachen oder ein albernes Gekicher. Wie auf einem Totenschmaus steht man mit dem Teller in der Hand beieinander, und nur das Bewegen der Lippen deutet darauf hin, dass da überhaupt kommuniziert wird. Hin und wieder drehen sich die Leute zu mir um und glotzen mich an. Als wären alle Gäste diese fiesen Kinder aus dem *Dorf der Verdammten* und machen ihr eigenes Ding, ihre eigenen Gespräche – und beobachten mich die ganze Zeit, weil ich eben doch anders bin.

Wenn ich auf dieser Feier eingeladen wäre, könnte ich mich erst mal über Wasser halten, indem ich mit einem Glas in der Hand rumlaufen und so tun würde, als würde mich dieses oder jenes interessieren. Dann würde ich mir in der Küche die Zettel am Kühlschrank durchlesen, mir Fotos angucken, die im Flur hängen, das eine oder andere Buch aus dem Regal nehmen und darin rumblättern oder im Garten mal ein Blatt abbrechen und daran riechen. Vielleicht würde ich sogar ein zweites Glas in die Hand nehmen und so tun, als würde ich auf jemanden warten, der auf der Toilette ist. Auf jeden Fall würde ich das Gefühl ausstrahlen, dass ich etwas mit mir anzufangen weiß und auf diese ganzen Arschgeigen, die sich da in Grüppchen zusammenrotten, überhaupt nicht angewiesen bin!

Das Problem ist: Es ist meine eigene Feier.

Es ist mein Schrebergarten oder, besser gesagt, der Schrebergarten von Dörte. Von ihr *und* mir. Sie wollte es unbedingt ausprobieren, und ich hab mich von dem Gedanken anstecken lassen, dass man im Grünen, auch wenn es am Bahndamm liegt, mal so richtig abschalten kann von diesem ganzen Nachbarschaftswahnsinn der letzten Monate und Jahre. Ist doch wahr. Was hab ich den Leuten denn getan? Ständig wird man in irgendwelche Sachen mit reingezogen. Egal ob man Pakete für sie annimmt, sie besoffen bei sich auf dem Klo sitzen hat, gegen

Mitschüler verteidigen muss oder gegen die Miet-Mafia oder ob die einen einfach vom Balkon aus belästigend angucken. Da ist es doch wohl verständlich, dass man sich einredet, dieser ganze Scheiß könnte in einem Schrebergarten aufhören, und wenn auch nur stundenweise als kleine Erholungsinsel mitten in der Stadt.

Die Jürgensens ziehen einen in gar nix mit rein. Das steht mal fest. Hinter der Hecke hört man es Rascheln und Hacken und Schaufeln, und hin und wieder dröhnt der Rasenmäher, oder der Gartenschlauch läuft, aber von den Jürgensens selbst hört man keinen einzigen Ton. Keinen einzigen Gesprächsfetzen. Sie sind wie Kanarienvögelchen im Käfig, die die ganze Zeit von Stange zu Stange hüpfen, aber nicht einmal piepen oder flöten. Stumm verrichten sie ihre Gartenarbeit nebeneinander. Manchmal hört man ein Becherchen klappern oder ein Gäbelchen auf einem Tellerchen kratzen, aber auch dabei findet kein einziges Gespräch statt. Nur auf Ansprache reagieren sie sofort.

«Frau Jürgensen?»

«Ja, hier drüben!»

«Ah, ich wollt nur mal hören, ob Sie da sind. Weil, man hört ja gar nichts.»

«Nein, nein, wir sind hier. Wir trinken gerade Kaffee.»

«Ah ja, dann mal guten Hunger.»

«Den werden wir haben.»

Und dann wieder absolute Ruhe. Nur Geklapper. Kein Vergleich in Sachen Diskretion zu dem, was bei uns im Haus im Innenhof so zum Besten gegeben wird. Und schleichend, wie von selbst, besprechen auch Dörte und ich nur noch das Nötigste miteinander. Ich weiß nicht, ob es ein gutes Omen ist, die Gartenlaube neben den Jürgensens zu beziehen. Immerhin scheinen alle Beziehungen, die hier an den Wochenenden und

Feierabenden ausgelebt werden sollten, in die Brüche gegangen zu sein. Vielleicht ist es dieser Blick in die eigene Zukunft, der einen irgendwann die Notbremse ziehen lässt, damit man nicht doch eines Tages selbst so wird wie die Jürgensens und stumm nebeneinanderher werkelt und im Anschluss auf der Mini-Terrasse stumm seine Mandarinen-Quark-Schnitte in sich reinschaufelt.

Falls ich irgendwann so wie Frau Jürgensen dazu übergehen sollte, einen Häufchenbeutel mit mir rumzutragen, in dem ich im Bedarfsfall die Scheiße von fremden Hunden entsorge, werden wir diese Kleingartenvereinsmitgliedschaft kündigen. Dieses Versprechen hab ich Dörte abgenommen. Ich meine, bei uns im Haus liegt manchmal tagelang irgendein *Snickers*-Papier oder eine alte FFP2-Maske auf dem Boden rum, für die sich dann auch niemand zuständig fühlt. Aber Fremdscheiße in einem Häufchenbeutel aufzuheben, obwohl man selber nicht mal einen Hund hat – das geht selbst mir zu weit.

Egal. Für Dörte ist ein Traum in Erfüllung gegangen. Und seit zwei Wochen ist das hier unser kleines Paradies. Seitdem hängen Einladungen für heute in unseren zwei Treppenhäusern und auch im Aushang des Kleingartenvereins.

«Weißt du, Ralf. Dann mach ich so Bowle mit Basilikum aus dem eigenen Garten.»

«Der Basilikum ist doch aus'm Supermarkt, oder welchen meinst du?»

«Wenn ich den in so ein Hochbeet pflanze, dann ist der doch aus'm eigenen Garten. Das ist doch nicht so abgefuckt wie aus'm Supermarkt.»

«Meinst du jetzt wegen ‹regional›?»

«Vom ganzen Feeling her.»

«Und dann kommt das in so komische Marmeladengläser und nicht in Sektkelche?»

«Meine Güte! Ich möchte auch EINMAL in meinem Leben mit meinen Gästen aus Marmeladengläsern mit Deckeln trinken. Weil das hat Art! Das kannst du überall gucken! Ist das denn zu viel verlangt?»

«Nein. Natürlich nicht.»

Die Anspannung war da, kein Zweifel. Seit ich Dörte kenne, guckt sie irgendwelche Sendungen, wo sich Landfrauen gegenseitig einladen, ein Menü kochen und die Tische hübsch machen mit Deko aus dem eigenen Garten, und dann besucht man sich gegenseitig und testet das Essen und vergibt Punkte – aber richtig sympathisch ist eigentlich niemand in diesen Sendungen. Man spürt einfach permanent diese Anspannung wie an Heiligabend, wenn man sich gegenseitig anfaucht, weil die Gänsesoße nicht werden will wie geplant.

Von einer solchen Landfrauenatmosphäre jedenfalls träumt Dörte schon ewig, und vielleicht muss sie es nur einmal selbst erleben, um geheilt zu werden. Wer weiß denn das? Ich selbst war z.B. jahrelang fest davon überzeugt, einen Beo haben zu müssen. Und was soll ich sagen? Nach einem Vormittag mit Berni war ich quasi geheilt. Aber da war es schon zu spät. Ist manchmal so im Leben, und ich unterstütze Dörte dabei, das alles für sich rauszufinden.

Und nun stehen wir hier. Als Erstes kamen die Leute aus der direkten Nachbarschaft im Kleingartenverein. Die Jürgensens von der Shiloh-Ranch, Kai und seine Frau aus dem «Neverland», Klaus von der «Ponderosa» und Rieke und Holger von der «Casita Rieke y Holger» liefen wie Gutachter durch den Garten und scannten alle Beete.

«Herzlich willkommen, mein Name ist Dörte Krampitz, und das hier ist mein Lebensgefährte und Mitgärtner Ralf Prange.»

«Ja, wir hörten. Und: Nacktschnecken?»

«Wie bitte?»

«Haben Sie Nacktschnecken?»

Die Frage nach den Nacktschnecken scheint in diesem Umfeld so was wie eine gängige Begrüßung zu sein. Ich bin kurz rein in die Gartenlaube, um ein erstes Tablett Bowle-Gläser zu holen, und als ich wieder rauskam, stellte ich mich samt Tablett in den Halbkreis um Kai vom «Neverland», der gerade ziemlich engagiert das Thema Schwundstrom im Gemeinschaftszähler zu fassen hatte.

«Auf jeden Fall, bei über 5000 Kilowattstunden Schwundstrom ist ja wohl mal 'ne Umlage fällig. Und dann wird der Wegeverteiler erneuert und 'ne Elektro-Ordnung verfasst und klargestellt, dass die Zuleitung bis zur Wegverteilung Eigentum der Pächter ist und diese dafür selbst verantwortlich sind. Nech?»

«Das will ich ja wohl meinen», hat Klaus von der Ponderosa dann noch ergänzt. Aber Kai war schon weiter.

«Dann musst du vor Inbetriebnahme die Isowiderstände von der Pächterleitung prüfen.»

Und so ging das in einem fort weiter. Ich stand mit meinem Tablett daneben und habe genickt und genickt, aber im Grunde war es so, als wäre ich im Kino in den falschen Saal in den falschen Film gegangen. Da sitzt man auch seine zehn Minuten, um dann möglichst unbemerkt wieder rauszugehen. Und nach zehnminütigen Auslassungen über eine mögliche Kleingarten-Elektro-Ordnung habe ich dann einfach den einen Schritt zurück gemacht, aus dem Kreis raus, und hab aus lauter Verzweiflung mit dem Zeigefinger den Wasserstand im Hochbeet überprüft.

Niemand hat überhaupt bemerkt, dass ich mich a) dazugestellt und b) nach zehn Minuten Schweigen wieder verpieselt hatte. Hätte man sich über die aktuelle Xyladecor-Holzschutzlasur-Farbpalette unterhalten, hätte ich bestimmt etwas Interessantes beisteuern können, weil ich mich gerade in die ganze Thematik eingelesen hatte, zum Beispiel über den Farbton «Echtbraun», der in seiner Bräune echter zu sein scheint als alle anderen Brauntöne wie Lärche oder Nussbaum.

Aber das absolute Nichtwissen in Sachen Kleingarten-Elektro-Ordnung raubt einem ja geradezu den letzten Fitzel Selbstbewusstsein in so einer Situation. Schwundstrom!

Dann hab ich noch mal versucht, an die Gruppe mit den Leuten aus Dörtes Hausgemeinschaft anzudocken. Sie selbst stand im Kreise ihrer Nachbarn, und alle haben irgendeiner uralten Story von diesem einen Älteren aus dem zweiten Stock darüber gelauscht, wie damals im Haus die letzten Nachtspeicheröfen ausgetauscht wurden. Und meine Freundin hing regelrecht an seinen Lippen und hat ihn auch noch angefeuert!

«Das kann man sich ja heute gar nicht mehr vorstellen!»

«War aber so. Wenn man das abends warm haben wollte, musste man das morgens schon wissen.»

«Kann man sich wirklich nicht mehr vorstellen.»

Bis ich dann die Nerven verloren hab.

«Wir haben's ja aber auch schön hier draußen, ne?»

Und niemand hat reagiert. Nicht mal Dörte. Als wäre ich gar nicht da. Der alte Sack hat einfach weitergemacht und aufgezählt, wo er überall in seiner Wohnung Nachtspeicher hatte und dass das zum Wäschetrocknen gar nicht mal so unpraktisch war, und ich stand dabei, in meinem eigenen Schrebergarten (!), und war doch nur geduldet. Ich will das Dörte nicht vorwerfen, sie hat eben auch die Funktion der Gastgeberin, was die Leute aus ihrem Haus angeht, aber man fühlt sich direkt wieder wie ein Sechsjähriger, der im Einkaufswagen mit durch den Supermarkt fährt und sich dieses ewige Gequatsche seiner Mutter anhören muss, wenn sie irgendeine Bekannte trifft. Da möchte man nur schreien: «Mama, ich bin auch hier! Fahr mich weiter in die Joghurtabteilung oder binde mich in das Gespräch ein!»

Zu Hause wäre ich jetzt einfach unter irgendeinem Vorwand für eine halbe Stunde im Keller verschwunden und hätte irgendwas gepuzzelt. Wahrscheinlich hätte das sowieso kein Schwein gemerkt. Aber hier kann man sich beim besten Willen nicht einfach verdrücken.

Und dann endlich – ein Zeichen.

Zunächst nur zwischen den geilen Trieben der Berberitzenhecke hindurchschimmernd, setzen sich die einzelnen neongrellen Farbflächen schließlich zu einer vertrauten Silhouette zusammen. Zwei Fahrradhelme nähern sich hintereinander auf der schmalen Zuwegung unserer Gartenpforte, und das Gefauche und Genöle darüber, dass man nun doch zwei Minuten später am Ziel sei, als auf dem Fahrrad-Navi angegeben, und warum man sich dann überhaupt noch solche teuren Geräte kauft, wo das doch eigentlich auch jedes Handy kann, verrät lautstark die Ankunft vom Ökospießer und dem Blassen – die ersten Gäste aus meiner Hausgemeinschaft in Barmbek-Süd. Beide haben dem Anlass angemessen eine Art Ausgeh-Outdoorklamotten an, also dinnertaugliche Funktionswäsche, von der ich gar nicht wusste, dass es sie gibt. Wahnsinn. Beide überreichen mir einen Blumentopf, in dem nur ein Holzstock steckt, und versichern mir, dass das mal ein ganz tolles und seltenes Tomatenpflänzchen wird. Na, ich bin gespannt. Am Ende ist da wahrscheinlich gar nichts drin, sondern nur der Stock, weil man sich zu spät um irgendwas gekümmert hat, und wenn da keine Tomate rauswächst, bin ich selber dran schuld. Am Ende ist es nämlich immer der Gärtner. Na ja. Aber ich freue mich sogar.

«Hallo, Herr Prange. Danke für die Einladung. Ist ja wunderschön hier.»

«Ja. Schön. Aber es ist noch 'ne Menge zu tun.»

«Das kann ich mir vorstellen. Wir hatten früher auch einen Garten, also meine Eltern, da war immer viel zu tun.»

«Na ja, man will ja auch was zu tun haben.»

«Nee, das ist klar.»

«Ja.»

«Aber das ist das.»

Also, okay. Ich habe nie gesagt, dass ich der Small-Talk-König bin. Es fällt mir halt leichter, wenn ich mich über irgendwas aufregen oder über irgendjemanden ablästern kann. Und es hatte schon immer was Beklemmendes, sich mit dem Ökospießer zu unterhalten, selbst wenn sein Blasser dabei ist. Aber hier und heute bin ich richtig froh, dass die beiden gekommen sind und ich nicht mehr alleine in der Ecke steh.

Und dann trudelt einer nach dem anderen ein.

Die Nazi-Oma wird von ihrem Sohn gebracht, und eigentlich hätten wir sie nicht eingeladen, aber der Aushang hing ja nun für alle da.

«Eigentlich weiß ich nicht, was ich hier soll. Aber meine Familie will mich wohl mal 'n paar Stunden loswerden. Sind Sie dicker geworden?»

«Schön, dass Sie da sind, Frau Hardefeld.»

Na ja!

Fast unscheinbar läuft Ilona hinter ihr her. Sie trägt 7/8-Hosen, einen Pullover um die Schulter und könnte ohne Weiteres als *Volle-Kanne*-Moderatorin durchgehen. So sieht sie also aus, wenn sie nach der Arbeit noch mal zu Hause war, um sich umzuziehen.

Dann kommt Butschi mit seiner Familie und trägt voller Stolz sein Deutschland-Trikot, das kurz nach unserer kleinen Ausflugsfahrt in der Zuhälterkarre in seinem Fach in der Schule abgegeben wurde. Er hat Pina dabei und begrüßt mich extracool mit einer Gettofaust, die ja schon so ein bisschen Lässigkeit eingebüßt hat, seit sich die auch Politiker auf aller Welt geben. Da muss man sich als Zehnjähriger jetzt langsam mal wieder was Neues einfallen lassen.

«Sehen Sie, Herr Prange, am Ende hat er das Trikot einfach so wiederbekommen», sagt seine Mutter zur Begrüßung. «Kinder regeln das immer noch am besten unter sich.»

«Mmh. Wollen Sie sonst erst mal 'ne Bowle?»

Es wird immer lebhafter um mich herum im Garten. Die anderen beiden Grüppchen stehen nach wie vor unter sich und mit ihren eigenen Gesprächen beschäftigt auf dem Rasen und drehen sich alle um wie die Kühe, als eine kleine Delegation aus der WG, der Bumser und der Hackenläufer, eine Hanfpflanze im Topf überreichen und sich wegen dieser Mutprobe, sage ich mal, beinah einnässen wie die Zwölfjährigen.

«Prange!»

Horst ruft schon von Weitem meinen Namen, und ich antworte mit «Rohde», und ich möchte fast behaupten, dass diese Form der Begrüßung durch den Ausruf des Nachnamens die eigentlich viel traditionellere norddeutsche Form ist als immer dieses «Moin» auf «Moin». In einem ausgedienten Plastikschraubglas für Instant-Zitronentee bringt er mir den abgefüllten sogenannten Wunderdünger seiner Tochter aus dem Homeshopping mit und brüllt noch in Richtung «Gartenvereinsmitglieder», dass die alles andere an Dünger und Bodenverbesserung ab sofort vergessen können, was pikiert zur Kenntnis genommen wird. Im Schlepptau hat er die Elblette, die ihre mitgebrachte Flasche Fertig-Hugo schon aufgemacht hat und sich wahrscheinlich auch alleine reinhauen wird.

«Dieses Fleckchen Erde schreit ja nach einem kleinen Kaninchen, Herr Prange. Da schon mal drüber nachgedacht?»

«Da ist er ja! Unser Hauspromi!»

Horst hat ihn zuerst entdeckt. Den Fernsehmann. Deshalb hat er auch den ersten Zugriff und ballert ihn mit Fragen voll, während sich der Rest der Hausgemeinschaft wie eine Fan-Traube um ihn herum sortiert. Er ist eine echte Attraktion und sieht ungelogen zehn Jahre jünger aus. Die Auszeit in der Türkei hat ihm gutgetan, und er saß auch schon bei Markus Lanz, um über sein neues Buchprojekt zu sprechen: «Zu Hause im Ich». Ich weiß nicht, ob er ahnt, was es mit dem verschwundenen Fotorahmen aus seiner Wohnung auf sich hat, und ich habe mir zwischendurch immer mal gewünscht, dass es vielleicht doch von einer Kamera festgehalten wurde, dass es Horst war, der das verbockt hat, damit ich wenigstens aus der Schusslinie rauskomme. Aber egal. Er ist hier. Er kommt auf mich zu und gibt mir die Hand und flüstert:

«Glauben Sie mal nicht, dass ich nicht weiß, dass Sie irgendwas mit meinem Foto mit Herrn Scholz zu tun haben.»

Oh. Dann doch. Ich spüre richtig, wie ich rot werde, und überlege kurz, Horst sofort zu verpetzen. Auf der anderen Seite ist er in Sachen Fernsehmann auch mein «Wingman», wie Butschi mir erklärt hatte.

«Welcher Herr ...?»

«Ist mir auch egal. Schnee von gestern. Man ist ja Nachbar. Glückwunsch zum Garten. Nur falls es das Foto noch irgendwo ...»

Und bevor wir die ganzen Vorgänge unangenehm aufarbeiten können, kommt schon die Elblette mit einem Gläschen Bowle um die Ecke, weil sie ihren Fertig-Hugo in all der Begrüßungsaufgeregtheit schon leer gemacht hat, und haut dem Fernsehmann etwas sehr selbstbewusst auf den Rücken.

«Es sieht richtig toll aus, wenn ich das sagen darf. Wie diese Fell-Heizdecken aus'm Internet. Man sieht ja nicht mal mehr Kopfhaut bei Ihnen.»

«Okay, ich weiß nicht ...»

«Ist Ihnen das unangenehm, wenn ich das so freiheraus frage? Weil, Sie gucken so. Es stand ja aber in der Zeitung.»

«Nein, alles gut.»

«Weil, sonst müssen Sie es sagen.»

Sie hat ein Stückchen Basilikum von der Bowle zwischen den Schneidezähnen hängen, und ich überlege noch, ob ich sie drauf aufmerksam mache, aber um was soll ich mich denn noch alles kümmern?

Es war ein anstrengendes Jahr.

Alles um einen herum verändert sich, und als wenn das nicht schon genug ist, wird man immer wieder in Nachbarschaftssachen reingezogen, dabei will man eigentlich nur wohnen. Okay, es ist noch mal alles gut gegangen. Die Lage im Haus hat sich beruhigt, der Flur wurde sogar neu gestrichen, und wir Mieter wurden nach unserer Meinung gefragt. Es wurde letztlich ein Grauweiß in Latex. Das ist angeblich superpflegeleicht, weil abwischbar. Warum man dann einen Farbton nimmt, der aussieht wie Dreckschimmer, der sofort das Bedürfnis weckt, ihn abzuwischen – weiß der Geier. Das ist der neue Geist im Haus. Aber man darf wohl noch fragen, denke ich gerade, als ich das sopranesque Gewieher von Tanja Kapella höre, das sämtliche Partygäste aus Dörtes Haus und aus dem Kleingartenverein zusammenzucken lässt, als wenn jemand unangemeldet einen Asthäcksler anwirft.

«Wenn der Frühling kommt, dann schick ich dir Tulpen aus Amsterdam!»

Und dann holen alle aus meiner Hausgemeinschaft Zettel mit dem Liedtext aus den Hosentaschen und singen mit, während Tanja Kapella mir eine große Schale mit Tulpenzwiebeln überreicht.

Und sicherlich hört sich die ganze Aktion am Reißbrett unglaublich rührend an, als wär's ein kitschiger *Telekom*-Spot oder irgendein Internet-Flashmob, aber in Wahrheit ist das hier ganz schön peinlich, objektiv betrachtet. Wirklich schlecht gesungen und überhaupt nicht in einem Rhythmus.

Übergriffig. Penetrant geradezu.

Und immer wieder begleitet von schrillem Gelächter und dem Klirren von Bowlegläsern.

Mir wird warm ums Herz. Weil: Es sind *meine* Leute!

Weitere Titel

Frühstück bei Stefanie

Wir sind die Freeses

Die Ralf Prange-Reihe

Man ist ja Nachbar